普通高等院校创新创业教育系列丛书

高校创新教育理论与实践

马英红　赵湘轶　主编

清华大学出版社
北　京

内 容 简 介

推进高校创新创业教育体系的建设不仅是高校自身发展的客观需求,也是我国经济社会发展对高校教育提出的迫切要求。本书遵循"理论—方法—实践—对策"的逻辑脉络,深入浅出地介绍了高校创新创业教育理论内容、创新训练方法设计、高校双创教育实践经验及地方高校提升双创教育水平的路径。在理论部分,首先梳理我国创新教育的发展历程以及创新教育在国家创新体系中发挥的作用,阐释、辨析创新教育的相关概念与外延、理论基础等;然后着重介绍了大学生创新思维能力培养的 6 个维度和创新能力的十余种提升训练方法,目的是提高学生将创新知识和专业知识相融合的能力,提升创新水平,并推动创新方法的实践应用。在实践部分,首先介绍了适合地方院校大学生参与的几类重要的创新创业活动、竞赛和项目,尤其是从创新创业项目选择、策划书的撰写,以及竞赛、项目评审等方面进行了详细的介绍;然后总结了山东省三所创新创业典型高校的经验,从政府、社会、高校的指导和引导,育人理念及平台支撑,创新创业教育课程体系建设等三个方面,提出了地方院校发展创新创业教育的对策与路径。

本书可为教育主管部门、高等学校、企事业单位、社会团体等研究、推进新时代高校创新创业教育提供参考。

本书封面贴有清华大学出版社防伪标签,无标签者不得销售。
版权所有,侵权必究。举报: 010-62782989, beiqinquan@tup.tsinghua.edu.cn。

图书在版编目(CIP)数据

高校创新教育理论与实践 / 马英红,赵湘轶主编. —北京: 清华大学出版社, 2022.1
(普通高等院校创新创业教育系列丛书)
ISBN 978-7-302-59778-0

Ⅰ. ①高… Ⅱ. ①马… ②赵… Ⅲ. ①创造教育—教学研究—高等学校 Ⅳ. ①G642.0

中国版本图书馆 CIP 数据核字(2021)第 281464 号

责任编辑: 王 定
封面设计: 周晓亮
版式设计: 思创景点
责任校对: 成凤进
责任印制: 朱雨萌

出版发行: 清华大学出版社
网　　址: http://www.tup.com.cn, http://www.wqbook.com
地　　址: 北京清华大学学研大厦 A 座　　　邮　编: 100084
社 总 机: 010-83470000　　　邮　购: 010-62786544
投稿与读者服务: 010-62776969, c-service@tup.tsinghua.edu.cn
质 量 反 馈: 010-62772015, zhiliang@tup.tsinghua.edu.cn

印 装 者: 北京同文印刷有限责任公司
经　　销: 全国新华书店
开　　本: 185mm×260mm　　印　张: 12.25　　字　数: 246 千字
版　　次: 2022 年 3 月第 1 版　　印　次: 2022 年 3 月第 1 次印刷
定　　价: 59.80 元

产品编号: 093097-01

前　言

党的十八大报告中指出,科技创新是提高社会生产力和综合国力的战略支撑。国务院在《关于大力推进大众创业万众创新若干政策措施的意见》以及《关于深化高等学校创新创业教育改革的实施意见》中指出,深化高校创新创业教育改革是推进高等教育综合改革、促进毕业生高质量就业的重要举措。2015年瑞士冬季达沃斯论坛上,李克强总理在开幕式上发表特别致辞,首次将"大众创业、万众创新"称为中国经济的"新引擎"。各级各类高等院校积极响应,教师们大力开展与之相关的教学改革、教学研究与探索,学生们的社团活动、竞赛、讲座、报告等第二课堂内容也紧跟创新创业的主题。一时间,创新、创业成了教育界的热词,与之相关的教学产出、研究成果百家争鸣,盛况空前。

尽管国家出台的创新创业政策措施和激励机制比较健全,但由于高校将创新创业作为专门的课程和主题纳入人才培养过程的时间还比较短,因此许多高校对创新教育意识、创新创业的理解还停留在解决就业问题的层面,对创新创业教育内容与学科专业的课程教学之间的关系认识得还不够透彻,且对创新创业教育的研究大多拘泥于创新创业课程设计、体系构建,以及大学生创新活动组织等方面的理论探讨。融合社会资源、学校资源和学生活动内容为一体的创新创业育人体系还不够健全,课堂教学和创新活动往往脱节。这些是许多一线教师在日常教学和指导学生时的切身体会,也是教学管理人员在教学改革和管理中切实面临的困境。如何提升高校创新教育理念?如何营造良好的创新教育政策环境?如何针对不同地域、不同经济发展层次和不同文化传统开展差异化的教学内容、创新训练方法、创新培养模式设计等工作?如何从整合社会资源、学校资源、学生活动内容及学科专业知识为一体的角度,全方位、全过程地建立育人体系?这些问题既是高校创新创业人才培养工作的挑战,也是高校对创新教育理论与实践开展有益探索的机遇。

地方高校在创新创业教育实施过程中,对本地区双创人才培养、地域经济发展有着举足轻重的作用。但是,地方高校教育支出由地方财政承担,与国家部委所属高校相比,在地方资源禀赋、政府财力、外部环境等方面不可同日而语。即使是办学类型相似的高校之间,也因地域的差异,在领导层的认识理念、制度的顶层设计及具体的人才培养体系构建等方面存在显著差异。

作者所在单位山东师范大学是山东省属重点高校,近年来结合国家和山东省出台的创新创业教育政策,积极开展相关教育教学改革,全面推进创新创业教育,实施了设置创新创业课程、设计创新创业实践活动及科技创新活动等一系列改革举措。山东师范大学于2016年成为全国99所深化创新创业教育改革示范高校之一，获得2016年、2017年及2020年中国"互联网+"大学生创新创业大赛国赛金奖，产出了一批有学校师范教育特色的创新作品。此外，山东省其他高校在创新创业教育方面也有丰硕的成果。例如，青岛大学先后培养出"状元水饺"常九矿、青岛市"创客形象大使"范旭、"山东省高校毕业生十大成功创业者"孙军波等100余位毕业生创业典型；山东大学在2021年第七届山东省"互联网+"大学生创新创业大赛中获得10项金奖的优异成绩。作者结合管理实践工作经验，以主持的山东省创新创业教学改革课题为依托，梳理了山东省高校创新创业教育相关案例和实践材料，撰写了本书，以期为地方高校构建不同层次、不同领域的创新创业培养体系等提供经验借鉴。

本书得到了山东省教育厅教学改革重点课题"创新驱动、聚焦育人、深度融合的创新创业人才培养体系构建与实施(Z2016Z025)"的支持，受到了山东师范大学领导的高度重视，学校教务处、招生就业处及团委在人才培养方案的制定实施、创新创业课程的开设、大学生竞赛活动数据材料的整理等方面给予了全方位的支持。本书从2018年冬开始着手撰写，直到2022年年初出版，三年时间里，每一位撰稿人都对本书有着不可或缺的贡献。本书的框架结构、内容安排由赵湘轶负责，前言执笔人为赵湘轶和马英红，第一章由张宗鑫编写，第二章由刘长玉编写，第三章由李海垒和路振勇编写，第四章由马英红和陈明泉编写，第五章由路振勇和陈会征编写，第六章由马英红和陈会征编写，第七章由马英红和刘伦编写，全书由马英红和刘伦统稿。此外，本书在出版过程中，还受到山东师范大学教材建设专项支持，得到了清华大学出版社的鼎力相助，王定主任提出的细致入微的修改建议为本书的完善提供了极大的助力。在此，作者一并致以诚挚的谢意。

由于作者水平所限，书中难免存在疏漏之处。敬请读者和高校同行提出宝贵意见，以便对本书进行修订和改进。

目 录

第一章 创新教育概述 … 1
第一节 创新教育的相关概念与发展历程 … 1
一、创新教育 … 1
二、创新教育与国家创新体系 … 2
三、创新教育的发展历程 … 3
第二节 我国创新教育发展历程及现状 … 5
一、我国创新教育发展历程 … 5
二、我国创新教育成就 … 10
三、我国高校创新教育现存问题 … 12
四、我国高校创新教育问题的应对措施 … 18
第三节 国外创新体系发展概述 … 21
一、欧美国家的创新体系 … 22
二、东亚地区国家的创新体系 … 34
三、新兴国家的创新教育 … 42

第二章 创新的基础理论 … 47
第一节 创新的相关概念 … 47
一、创新 … 47
二、创意 … 50
三、创业 … 51
四、创新、创意与创业的关系 … 53
第二节 创新的分类 … 55
一、典型的创新类型 … 56
二、创新的其他分类 … 65

第三章 创新人格与创新思维 … 67
第一节 创新人格的概念 … 67
第二节 创新人格的一般特征 … 68
一、经验开放性 … 69
二、模糊容忍性 … 71
三、好奇心 … 73
四、创新自我效能感 … 75
五、冒险性 … 77
六、坚韧性 … 79
第三节 创新思维的概念、基本原理及过程 … 81
一、创新思维的概念 … 81
二、创新思维的基本原理 … 83
三、创新思维的过程 … 84
第四节 创新思维的特征及表现形式 … 85
一、创新思维的特征 … 85
二、创新思维的表现形式 … 87
第五节 创新思维的作用 … 91
一、创新思维在人类历史文明发展中的作用 … 91
二、创新思维在科技创新中的作用 … 91
三、创新思维在应用领域的作用 … 92

第四章 创新能力培养 … 94
第一节 创新思维的影响因素与提升路径 … 94

一、大学生创新思维影响因素分析……94
　　二、提升大学生创新思维能力的
　　　　途径……………………………95
第二节　创新思维能力培养的
　　　　维度………………………………96
　　一、发散思维能力…………………96
　　二、收敛思维能力…………………97
　　三、灵感思维能力…………………97
　　四、直觉思维能力…………………97
　　五、类比思维能力…………………98
　　六、形象思维能力…………………98
第三节　创新能力提升训练方法……98
　　一、头脑风暴法……………………99
　　二、找缺点法……………………100
　　三、组合思维法…………………102
　　四、联想思维法…………………105
　　五、异想天开……………………106
　　六、市场需求法…………………110
　　七、分解法………………………111
　　八、逆向思维法…………………115
　　九、移植法………………………117
　　十、专利文献法…………………119
　　十一、TRIZ 理论 ………………122

第五章　大学生创新创业活动实践………124
第一节　大学生创新创业活动
　　　　概述………………………………124
　　一、中国"互联网+"大学生创新
　　　　创业大赛…………………………124
　　二、"挑战杯"全国大学生系列科技
　　　　学术竞赛…………………………136
　　三、"创青春"全国大学生创业
　　　　大赛………………………………137
　　四、大学生创新创业训练计划……138
第二节　大学生创新类活动实践……139
　　一、调研与选题…………………139
　　二、项目申请书的撰写要求……140
　　三、学术论文的写作要求………141
第三节　大学生创业类活动实践……143
　　一、参与创业比赛的要点………143
　　二、策划书的撰写示例…………145

第六章　创新创业政策及高校实践
　　　　案例…………………………………153
第一节　国家与地方有关高校创新
　　　　创业政策…………………………153
　　一、国家创新创业政策与措施……154
　　二、省级政府出台的创新创业政策
　　　　与措施——以山东省为例……157
　　三、各级机构组织的创新创业活动……160
第二节　高校创新创业教育实践
　　　　——山东三所高校创新
　　　　创业经验总结与分析………163
　　一、山东大学：大学生创新创业
　　　　能力的平台化教育体系建设
　　　　和实践……………………………164
　　二、青岛大学：全面深化创新创业
　　　　教育改革，着力构建创新创业
　　　　教育体系…………………………167
　　三、山东师范大学：多维课堂深度
　　　　融合的创新创业教育体系………170

第七章　地方高校创新创业教育
　　　　经验总结…………………………178
第一节　地方高校创新创业教育
　　　　宏观分析…………………………178
第二节　地方高校创新创业教育
　　　　对策与路径………………………179
　　一、政府和社会的持续引导与
　　　　支持………………………………180
　　二、先进的育人理念、坚实的制度
　　　　保障及平台支撑…………………181
　　三、科学、合理的培养体系………184

参考文献……………………………………189

第一章
创新教育概述

创新教育是将人培养成为创造性人才的教育。本章从创新教育的概念出发，探讨了创新教育在国家创新体系中如何发挥知识的生产、传播和应用的作用；随后，概述了中国创新教育的发展历程，并从创新创业教育项目、创新应用等方面总结了创新教育的成就，指出当前存在的问题以及应对策略；最后，介绍了国外的创新体系发展路径，以供读者参考。

第一节 创新教育的相关概念与发展历程

创新教育定位于创新型人才培养，使之具备创新精神、创新人格与创新能力。创新教育属于国家创新体系的一部分，担负着为着国家创新体系输送人才的重任。本节将在解析创新教育概念的基础上，阐述创新教育与建设国家创新体系的关系，并通过梳理创新教育的发展历程，展示创新教育在国家创新体系中的突出作用。

一、创新教育

关于创新教育的概念，代表性观点主要有：创新教育既是教育思想，更是付诸实践的教育行为；创新教育不仅注重对教育内容、教育方法等客体因素的变革，更强调教育思想、观念等主体意识的更新以及相关人文环境的营造；创新教育是素质教育的重要组成部分，是素质教育的核心和灵魂，并赋予了素质教育鲜明的时代特征和具体内涵，使之更具有可操作性；创新教育不是单纯地传授创造发明技巧的教育，而是以培养创新

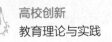

精神、创新能力为目的的全方位的学生成长教育的过程和改造教育的过程等①。

本书中的创新教育专指学校在实施教育的过程中,注重培养学生的创新精神、创新能力和创新人格,将学生培养成为创造性人才的教育实践活动。创新教育要解决的问题是培养学生的创新意识和创新能力,将创新理论运用到人才培养的过程之中,培养学生的创新精神、创新思维、创新能力。

人类的实践表明,社会发展的每一次科技革命和知识创新都给社会带来了巨大的进步。当前,我国为了适应经济新常态的发展形势,大力提倡创新创业教育,将创新理念融入创业过程中,强调两者的有机结合。而对于高校而言,无论是创新教育还是创业教育,培养创新型人才始终是第一位的,应着眼于大学生创新思维、创新能力和创新人格等创新素质的培养。高校创新创业教育的基础仍然是进行创新教育,高校需要改善自身的教育模式,倡导以学生为中心,大力发展创新教育,营造自由宽松的育人环境,着眼于培养创新型人才,方能为社会经济的发展源源不断地提供创新人才储备。

二、创新教育与国家创新体系

20 世纪 90 年代以来,一个以知识和信息为基础,竞争与合作并存的全球化市场经济正在悄悄形成,知识经济初见端倪。21 世纪以来,以知识和信息的生产、扩散与应用为基础的知识经济日益占据世界经济发展的主导地位,社会的发展和国家的富强更加依赖科技进步和知识的应用与普及,经济增长的可持续性更加依赖知识和技术进步的持续推动。当今世界,只有将强大的知识创新、技术创新和科技成果转化为生产力,才能带动产业结构的不断升级,才能在激烈的国际竞争中占据有利位置。因此,建设国家创新体系成为世界各国政府的迫切需要和必然选择。

早在 1997 年,中国科学院呈报的《迎接知识经济时代,建设国家创新体系》中就指出,国家创新体系是由与知识创新和技术创新相关的机构和组织构成的网络系统,其骨干部分是企业(大型企业集团和高技术企业为主)、科研机构(包括国立科研机构和地方科研机构等)和高等院校等。广义的国家创新体系还包括政府部门、其他教育培训机构、中介机构和起支撑作用的基础设施等。

国家创新体系可分为知识创新系统、技术创新系统、知识传播系统和知识应用系统②。其中,知识创新③系统是由与知识的生产、扩散和转移相关的机构和组织构成的网络系统,其核心部分是科研机构(包括国家科研机构和部门科研机构)和教学科研型大

---

① 熊吕茂,薄明华.创新教育理论研究综述[J].当代教育论坛,2003(2):50-52.
② 中国科学院.迎接知识经济时代,建设国家创新体系.国务院报告,2017(4):165-169.
③ 知识创新是指通过科学研究获得新的基础科学和技术科学知识的过程。

学；技术创新①系统是由与技术创新全过程相关的机构和组织构成的网络系统，其核心部分是企业；知识传播系统主要指高等教育系统和职业培训系统，其主要作用是培养具有较高技能、最新知识和创新能力的人力资源；知识应用系统的主体是社会和企业，其主要功能是知识和技术的实际应用。

在国家创新体系中，知识的生产、传播和应用渗透到经济活动的每一个环节，知识链与经济链正逐渐发展为一个有机的互动整体。国家的经济不仅越来越取决于知识在国家范围内的创新活动、应用活动和传播活动的活跃程度，而且取决于知识在国家范围内是否有一个促进创新活动、应用活动和传播活动的社会机制②。知识创新的关键在人才，没有人才，就不会产生新知识，更不会有知识的传播与应用，而人才的培养，关键在教育，尤其是高等教育。

1999年6月，我国颁布《关于深化教育改革全面推进素质教育的决定》，教育界开始注重创新教育的研究。2012年，教育部颁发了"高等学校创新能力提升计划"(简称"2011计划")，该计划提出"以机制体制改革引领协同创新，以协同创新引领高等学校创新能力的全面提升"。在我国高校开展创新教育是高等教育发展和社会发展的迫切需要，也是《国家中长期教育改革和发展规划纲要(2010—2020年)》的一项重要内容。

以我国目前的教育状况，距离建设国家创新体系，应对知识经济时代的需求尚有不少差距。我国学者霍明远指出，知识创新有两个根本：人才根本和教育根本，只有把这两件事抓好，知识创新才大有希望，没有这两个根本，其他都是权宜之计③。因此，我国当务之急就是要进行教育变革，尤其是在高校大力发展创新教育，才能为国家创新体系建设培养合格人才。

三、创新教育的发展历程

创新教育是伴随着人类的创新实践活动不断发展的，与社会经济的发展息息相关。创新教育不仅是一种教育理念，同时也是一种教育实践，是与经济和科技发展紧密联系的。

创新教育始于西方发达国家的高等教育，一般认为主要归因于两方面：一方面是西方教育的传统；另一方面是现代科技的发展主要来源于西方发达国家。随着工业革命和大机器时代的到来，之前西方教育传统不再适应社会发展，科技创新、知识创新及新型人才培养的需求使西方的教育家重新审视原有的教育目标问题。社会大生产使得很多大学迅速转变到知识创新型人才培养上来，促使起源于美国的"创造性教育"在19世

---

① 技术创新是指学习、革新和创造新技术的过程。
② 霍明远. 四论中国国家创新体系的有机构成——知识基础设施与管理工程建设[J]. 资源科学，2001(04)：92-96.
③ 霍明远. 一论中国国家创新体系的有机构成——知识与技术创新[J]. 资源科学，2001(04)：72-78.

纪末和 20 世纪初成为一种教育潮流，迅速传遍西欧、日本、东欧和苏联。1916 年，美国实用主义哲学家杜威率先提出培养创造性人才的学说，集中体现在《民主主义与教育》一书中。他一再强调学校教育必须尊重儿童个体的"自由"。他认为，这种自由是指理智上的自由，是指"理智上的创造性、观察的独立性、明智的发明、结果的预见性以及适应结果的灵活性"。

创新教育源于 20 世纪 30 年代美国的创造力教育。美国通用电气公司以早期的创造力研究成果为基础，开设创造力培训课程以提高员工的创造发明能力，是创造教育的最初发端。

20 世纪 40 年代，创造学的鼻祖美国亚历克斯·奥斯本(Alex Faickney Osborn)把杜威的创造教育思想付诸实践并发扬光大。1939 年，他提出了著名的头脑风暴法，继而又提出了集体创造思考方法(即智力激励法)。1941 年，他发表了世界第一部系统研究创造思维的专著《思考的方法》，认为创造教育的目的是促进人们创造能力的充分发展。他建议开设专门研究创造性的课程，促进在实践中运用创造原则与方法，倡导在学科课程教学中运用能产生丰富想象的创造性授课方式。

1949 年，奥斯本在布法罗大学开设了"创造性思考"课程，专门讲授发明创造的知识、经验和技巧，并开展创造力训练。20 世纪 50 年代前后，麻省理工学院、哈佛大学、加利福尼亚大学等高等学校开设了创造学以及创造活动的训练课程，但只是将工商企业中使用的创造力训练方法实验性地引入学校教育中。1950 年，美国心理学家吉福特发表著名演讲《创造性》，将创造力这一概念引入了科学研究的领域，创造力问题在全世界引起了强烈的反响，创造力的研究以及创造教育全面展开，并进入了一个新的蓬勃发展的时代，其重要特征就是将创造力培养作为教育的目标已然成为人们的共识。20 世纪 60 年代以后，世界各国政府、各个领域的学者都一致呼吁实施创造教育。例如日本，20 世纪六七十年代有关创造力培养的书籍达到 250 多种。苏联从 1957 年开始开展教育实验，将创造教育系统化。

直到 20 世纪 70 年代，系统地从事创造性教学研究的机构在美国国内大量出现，有力地促进了创造教育的发展。20 世纪 80 年代前后，日本、英国、德国、法国、荷兰等国家也纷纷开始进行创造教育的推广和传播，创新教育开始真正成为世界高等教育发展的主流。在 1983 年世界大学校长讨论会上，确立了理想的大学生应满足的三条要求，使得世界各国高等教育的重心都转移到创新能力和创新精神培养上来，这也就确立了"创新教育"的重要地位，主要体现在：一是以人为本的价值观；二是综合化的教学内容；三是灵活多样的教学方法。日本也在 1996 年提出，将"创新性"作为个人在急剧变化的社会里获得生存能力的重要内容。

培养创新人才不仅引起了各国政府的关注，而且引起了联合国教科文组织的关注。联合国教科文组织认为人的开拓创新能力是面向未来的"三张教育通行证"之一。1972 年,联合国教科文组织国际教育委员会发表了题为《学会生存:教育世界的今天和明天》的研究报告。该报告指出,"人们不断要求教育把所有人类意识的一切创造潜能都解放出来",但"教育既有培养创新精神的力量,也有压制创造力的力量,教育在这个范围内有它复杂的任务"。1996 年,联合国教科文组织国际 21 世纪教育委员会的报告《教育——财富蕴藏其中》也指出,"教育的任务是毫不例外地使所有人的创造才能和创造潜力都能结出丰硕的成果",并认为这一目标比其他所有目标更重要。

进入 21 世纪,随着知识经济的发展和新一轮科技革命的兴起,发展创新教育,培养创新型人才成为世界各国政府和教育界的重要课题。

第二节 我国创新教育发展历程及现状

随着我国近代化与现代化的发展,我国的创新教育经历了由探索起步到逐步发展完善,乃至如今繁荣兴旺的阶段,取得了显著的成就,但也存在一些需要进一步改善的问题。本节将介绍我国创新教育的发展历程以及目前已经取得的成果,使读者较为清晰地了解我国创新教育的发展历程;总结目前创新教育中存在的问题并提出应对措施,使读者对我国创新教育的当前与未来的总体情况有较为清晰的认知。

一、我国创新教育发展历程

中国的创新教育起始于民国时期,经过数代人筚路蓝缕的艰辛探索与不懈努力,历经了改革开放前的探索时期、改革开放后的发展时期以及创新驱动战略提出后的繁荣时期,目前已建立起比较完善的创新教育体系。

(一) 探索时期(20世纪初至1978年)

中国最早的创新教育是以创造教育的面目出现的,最初是引进日本的创造教育理念。1917 年,《教育杂志》第九卷第十号发表《儿童创造力养成法》,这是我国最早以创造教育为主题的文章。1919 年,创造教育得到广泛介绍和讨论。1920 年,特别是"五四"运动前后是我国创造教育讨论的繁荣期,创造教育已经成为中国教育界颇具影响的教育主张和理念,部分学者更将培养创造精神看成实现新文化运动所倡导的民主与科学的重要途径。

这一时期,对创造教育贡献较大的人物是陶行知。他既是创造教育思想的集大成者,也是创造教育实验的身体力行者。他在将创造教育与生活教育理论和儿童教育思想相结合方面，以及促进创造教育理论的中国化、通俗化方面做出了突出的贡献。他认为，创造教育的性质是超越传统教育的现代教育，创造教育的目的在于培养"手脑双全"之人，提倡"处处是创造之地，天天是创造之时，人人是创造之人"，呼吁五大"解放"，即解放学生的头脑、解放学生的双手、解放学生的嘴巴、解放学生的空间和解放学生的时间。1927年，南京国民政府成立后，在学校管理上强调服从和纪律，创造教育的研讨和实践空间也被无形地挤压了，此后逐步走向沉寂①。

新中国成立后，我国在学校中积极倡导对学生创造能力的培养，各校及省市都先后举办学生小发明、小创造展览。1959年，国家教育部、共青团中央在北京举办了"教育与生产劳动相结合展览"。与此同时，创造教育在我国台湾地区开始施行。20世纪70年代末，台湾创造学的基本理论与创造教育的一些理论也陆续传入大陆，大陆的学者也开始关注创造教育，但真正开展创造教育研究还是在改革开放时期。

(二) 发展时期(1979—2012年)

我国的创新创业教育起步较晚，受西方创新教育的冲击及高等教育改革的影响，在改革开放后逐步发展完善，具体又可分为起步阶段和发展阶段。

1. 起步阶段(1979—1995年)

改革开放后，全国恢复高考制度，知识的地位和作用日益提高，创造教育很快在全国兴起。1983年，中国创造教育研究会成立。1985年5月，《中共中央关于教育体制改革的决定》提出要培养具有"实事求是、独立思考、勇于创造的科学精神"的各类人才，明确地将"勇于创造"纳入党的教育方针。同年10月，中国发明协会成立，武衡任会长，标志着创造学的研究机构正式成立，推动了创造发明在国内的开展。1988年6月28日，中国创造学会成立，标志着创造学研究和创造教育正式开展。1989年，联合国教科文组织在"面向21世纪教育国际研讨会"上正式提出了"创业教育"的概念，并把"创业能力"作为继学术能力、职业技术能力之后的"第三本教育护照"。此时，我国"挑战杯"全国大学生课外学术科技作品竞赛(简称"大挑")也开始发展起来。

1992年，邓小平南方谈话为创造教育在全国迅速蓬勃发展开辟了广阔的道路，创造教育积极向高等教育领域拓展，进入了持续、蓬勃发展阶段。1993年9月，在徐州召开了"首届全国高等学校创造教育与创造学研讨会"。1994年，中国创造学会和创造教育专业委员会相继成立。1995年，中国发明协会成立了高校创造教育分会，定期召开全国高等学校创造教育研讨会。这些举措为创造教育在高等院校的开展提供了必要的保障。

这一时期，我国创新教育主要是积极引入国外创造学理论和技法，开展创造教育

---

① 王伦信. 创造教育理论研究回溯[J]. 南京师大学报(社会科学版)，2007(4)：91-96.

及其普及活动,成立各类研究团体,使创造教育不断和我国自身科技、教育、文化相结合,有力推动了创造教育的深入发展。

2. 发展阶段(1996—2012年)

20世纪90年代,面对知识经济初露端倪的挑战,中共中央深刻认识到创新的重要性以及增强民族创新能力的紧迫性,更加重视教育在科技创新中的重大作用。1995年,全国科学技术大会召开,中共中央决定实施科教兴国战略,江泽民在讲话中指出,"创新是一个民族进步的灵魂,是一个国家兴旺发达的不竭动力"。1998年,江泽民在庆祝北京大学建校一百周年大会上的讲话中指出,"全党和全社会都要高度重视知识创新、人才开发对经济发展和社会进步的重大作用,使科教兴国真正成为全民族的广泛共识和实际行动","大学应该成为科教兴国的强大生力军,教育应与经济社会发展紧密结合,为现代化建设提供各类人才支持和知识贡献"。1999年6月,第三次全国教育工作会议召开,该会议指出教育要培养学生的创新精神和实践能力。2000年,中央经济工作会议提出人才强国战略,壮大人才队伍。2001年通过的《国民经济和社会发展第十个五年计划纲要》首次提出建设国家创新体系,建立国家知识创新体系,促进知识创新工程,实施"跨越式发展"的宏伟战略。"十一五"规划中,提出加强自主创新能力,健全知识产权保护体系建设。2006年,《国家中长期科学和技术发展规划纲要(2006—2020)》提出:"深化体制改革,完善政策措施,增加科技投入,加强人才队伍建设,推进国家创新体系建设,为我国进入创新型国家行列提供可靠保障。"

随着国家科教兴国、人才强国以及国家创新体系等一系列国家战略政策的提出,创新教育逐步深入发展。1998年,中央教育科学研究所提出"创新教育"的理念,并联合了20多个省市的教育研究机构和各类学校开展了创新教育研究与实验,有力推动了创新教育改革[①]。时任中央教育科学研究所所长的阎立钦对创新教育做出了这样的论述:"创新教育是以培养人的创新精神和创新能力为基本价值取向的教育,其核心是在认真做好'普九'工作的基础上,在全面实施素质教育的过程中,为了迎接知识经济时代的挑战,着重研究和解决基础教育如何培养中小学生的创新意识、创新精神和创新能力的问题","'创新教育'的根本目标是进行教育的综合改革,强调整体性、综合性、系统性"。1999年6月召开的全国教育工作会议通过并颁布《中共中央国务院关于深化教育改革,全面推进素质教育的决定》,强调培养学生的创造精神和创新能力,创造教育面临新的任务和更高的要求。之后,创新教育的概念开始在全国主要报刊广泛传播。

与此同时,与创新教育相关的创业比赛也在高校得到开展。1998年,清华大学首

---

① 中央教育科学研究所《创新教育研究与实验》课题组. 创新教育——面向21世纪我国教育改革与发展的抉择[M]. 北京:教育科学出版社,1999.

次举办全国创业计划大赛(简称"小挑"),拉开了大学生创业教育的大幕。2002年,教育部批准清华大学、中国人民大学、北京航空航天大学、上海交通大学、西安交通大学、西北工业大学、武汉大学、黑龙江大学和南京财经大学等9所高校作为首批大学生创新创业教育试点工作高校,创新创业教育逐步发展完善。2010年5月,教育部颁行《关于大力推进高等学校创新创业教育和大学生自主创业工作的意见》,这是第一个推进高校创新创业教育的全局性文件,正式提出了"创新创业教育"这一概念,并明确地将其定义为"适应经济社会和国家发展战略需要而产生的一种教学理念与模式"。

卓越人才培养走向深入。教育部联合中组部、财政部于2009年启动实施"六卓越一拔尖"计划,即卓越工程人才、卓越法治人才、卓越新闻传播人才、卓越医生、卓越农林人才、卓越教师,以及培养造就世界一流科学家和科技领军人才的拔尖计划。"拔尖计划"正是教育部为回应"钱学森之问",培育21世纪杰出科学家而出台的一项人才培养计划。首批入选的高校包括北京大学、清华大学、西安交通大学等11所,后来逐渐扩展为20所,涉及数学、物理、化学、生物、计算机科学5个学科。截至2012年年底,20所试点高校共培养出4500余名毕业生,获得支持的本科生总数累计达8700余名。前四届毕业生中,96%的学生继续攻读研究生,其中有65%的学生进入了排名前100名的国际知名大学深造,10%的学生进入了排名前10的世界顶尖级大学深造,初步实现了成才率、成大才率高的阶段性目标,带动了学校的全方位创新人才培养改革,发挥了很好的示范辐射作用。

在这一时期,创新教育概念的提出,乃至衍生概念"创新创业教育"在高校的发展,都体现了与国家社会经济发展战略的相互激荡、交织共进的关系。无论是国家层面,还是社会、学校层面,创新教育理念逐渐清晰完整,创新教育实践活动日渐成熟,并发展成具体的组织、制度、竞赛等具有规范性的社会实践,深刻影响并支持着这一时期我国社会经济的高速发展。

(三) 繁荣时期(2013年至今)

以创新驱动战略实施为标志,我国创新教育进入了繁荣期。自党的十八大以来,我国进入了建设中国特色社会主义的新时代。知识经济的方兴未艾和新一轮科技革命的孕育兴起所引发的产业革命,为我国的发展创造了新的战略机遇。2012年,党的十八大正式提出了实施创新驱动发展战略。2015年5月,国务院印发《中国制造2025》,提出了迈向制造强国的"三步走"计划,即到2020年,基本实现工业化,制造业大国地位进一步巩固,制造业信息化水平大幅提升;到2025年,制造业整体素质大幅提升,创新能力显著增强,全员劳动生产率明显提高,两化(工业化和信息化)融合迈上新台阶;新中国成立100年时,制造业大国地位更加巩固,综合实力进入世界制造强国前列。2016年,《国家创新驱动发展战略纲要》出台,明确提出在2020年进入创新型国家行列,到2030年进入创新型国家前列,到新中国成立100年时成为世界科技强国。2017年,工信部发布《中国制造2025》重点领域技术创新路线图。2018年,《国务院关于全面加强基础科学研究的若干意见(国发〔2018〕4号)》出台,强调加强基础科学研究,提升原始创新能力,夯实建设创新型国家和世界科技强国的基础。

随着创新驱动战略的提出,高等教育面临着深刻变革。党的十八大后,经济发展进入新常态,经济结构发生了深刻调整,产业升级步伐加快,人才供给与需求关系发生了深刻变化,特别是创新驱动发展战略的实施,使得高等教育结构性矛盾更加突出,高校同质化发展倾向严重,毕业生就业难和就业质量低的问题仍未有效缓解,生产服务一线紧缺的应用型、复合型、创新型人才培养机制尚未完全建立,人才培养结构和质量尚不适应经济结构调整和产业升级的要求。在这一背景下,部分地方本科高校开始向应用型转变,高校育人模式也开始发生转变,高校创新教育亟待深化发展。此外,职业教育蓬勃发展。国家出台《关于加快发展现代职业教育的决定(国发〔2014〕19号)》《关于开展现代学徒制试点工作的意见(教职成〔2014〕9号)》,现代学徒制作为企业和高校共同推进的育人模式,得到广泛推广。2015年和2017年,分别遴选出现代学徒制试点单位。

以创新创业教育为引领的创新教育在高校蓬勃发展。2015年5月,国务院颁行《关于深化高等学校创新创业教育改革的实施意见》,站在国家实施创新驱动发展战略、促进经济提质增效升级、推进高等教育综合改革、促进高校毕业生更高质量创业就业的高度,明确了深化高等学校创新创业教育改革的指导思想、基本原则、总体目标。从2015年开始,陆续公布了三批"全国高校实践育人创新创业基地",举办了首届"互联网+"大学生创新创业大赛,把创新创业教育推向深入。2015年12月1日,教育部公布了《关于做好2016届全国普通高等学校毕业生就业创业工作的意见》,规定所有高校都要设置创新创业课程,对全体学生开设创新创业教育必修课和选修课,并纳入学分制课程体系,允许在校学生休学创业。2017年,国务院发布《关于做好当前和今后一段时期就业创业工作的意见(国发〔2017〕28号)》,指出:"着力推进小微企业创新发展,推动小微企业创业创新示范基地建设,搭建公共服务示范平台。加大科研基础设施、大型科研仪器向小微企业开放力度,为小微企业产品研发、试制提供支持。鼓励高校、科研院所及企业向小微企业转移科技成果,有条件的地区可推动开放共享一批基础性专利或购买一批技术资源,支持小微企业协同创新。"2019年,教育部出台了《国家级大学生创新创业训练计划管理办法》。由此,创新创业教育逐步注重创新创业平台的搭建和创新成果的转化。

国家日益重视高校科技成果转化,相继出台《中华人民共和国促进科技成果转化法》(2015年修订)、《国家技术转移体系建设方案》《"十三五"国家科技创新规划》《促进科技成果转移转化行动方案》，重视全国科技创新中心建设，搭建产学研合作平台，鼓励研究开发机构、高等院校通过转让、许可或者作价投资等方式，向企业或者其他组织转移科技成果。2016 年，教育部、科技部出台《关于加强高等学校科技成果转移转化工作的若干意见》，提出高校作为人才培养的主阵地，要引导、激励科研人员教书育人，注重知识扩散和转移，及时将科研成果转化为教育教学、学科专业发展资源，提高人才培养质量。尤为重要的是，知识产权保护制度更加完善。《中华人民共和国专利法》于 1984 年制定，在 1992 年、2000 年和 2008 年分别予以修订，2015 年，发布《中华人民共和国专利法修改草案(征求意见稿)》，启动第四次全面修改。同年，国务院发布《关于新形势下加快知识产权强国建设的若干意见(国发〔2015〕71 号)》，提出 2020 年要基本形成权界清晰、分工合理、责权一致、运转高效、法治保障的知识产权体制机制，基本实现知识产权治理体系和治理能力现代化。支持高校图书馆建设知识产权信息服务中心，促进高校科技成果转化，为高校知识产权的创造、运用、保护和管理提供全流程的服务。2019 年，国务院印发《关于强化知识产权保护的意见》，提出到 2025 年，知识产权保护社会满意度达到并保持较高水平，保护能力有效提升，保护体系更加完善，尊重知识价值的营商环境更加优化，知识产权制度激励创新的基本保障作用得到更加有效的发挥。2019 年，国家知识产权局出台《关于新形势下加快建设知识产权信息公共服务体系的若干意见》，2020 年，教育部、国家知识产权局、科技部出台《关于提升高等学校专利质量促进转化运用的若干意见》。2020 年，中共中央政治局以"加强我国知识产权保护工作"为题举行第二十五次集体学习。习近平总书记主持学习并发表重要讲话，强调全面加强知识产权保护，推进知识产权治理体系和治理能力现代化，为我国制定面向 2035 年的知识产权强国战略纲要奠定基础，指明方向。2021 年，国家知识产权局办公室、教育部办公厅联合印发《高校知识产权信息服务中心建设实施办法》以充分发挥高校在知识产权创造、运用、保护、管理、服务全链条中的重要作用，切实提升高校知识产权工作的能力和水平，不断提高高校的创新质量和效益，助力提升高校服务经济社会发展的能力。

二、我国创新教育成就

(一) 新时代我国创新教育成果显著

教育部 2020 年的统计数据显示，全国建立了 19 个国家级双创示范基地，建设了 200 所深化创新创业教育改革示范高校；发布了《普通高等学校本科专业类教学质量国家标准》，明确了各专业类别创新创业教育的目标要求及课程要求；打造了创新创业的线上线下"金课"，200 所示范高校建立了 3400 门创新创业教育在线开放课程，6500

多门"专创融合"特色示范课程,大学生选课人数达到了 3400 万人次,创新创业课程体系不断健全;聘请了各行各业优秀人才担任创新创业教育专兼职教师,其中各示范校专职创新创业教师 17 000 多人,兼职教师 42 000 多人。教育部还组织了近 4000 场双创教师培训,培训双创教师 34 万人次,有效提高了创新创业师资水平。大学全面实施弹性学制,支持学生创新创业,建立了创新创业学分积累与转换机制,在线开放课程学习认证和学分认定制度,各示范校为 206 万名大学生建立了创新创业成绩单,5 年期间有 3700 多名大学生暂时休学创业。国家级大学生创新创业训练计划启动,全国有 1088 所高校的 38 000 多个项目立项,参加立项的大学生有 16 万多人,项目经费达到 7.6 亿元,有效提高了大学生创新创业的实践能力。全国创新创业教育改革呈现多点突破、纵深发展的良好态势。

(二) 专利发明数量持续上升

2020 年,我国发明专利申请量为 149.7 万件,同比增长 6.9%;授权发明专利 53.0 万件,同比增长 17.1%。截至 2020 年年底,已授权并维持有效的发明专利拥有量为 305.8 万件,同比增长 14.5%。我国每万人发明专利拥有量(不含港澳台)达到 15.8 件。中国高校国内专利申请公开量为 524 385 件,其中发明、实用新型、外观设计专利各为 350 880、151 524 和 21 981 件。

2020 年,全社会研究与试验发展支出达到 2.44 万亿元,占 GDP 比重为 2.40%;大众创业、万众创新示范基地 212 家,国家级科技企业孵化器 1173 家,国家备案众创空间 2386 家;全年授予专利权 363.9 万件,比上年增长 40.4%;PCT 专利申请受理量 7.2 万件。截至 2020 年年末,有效专利 1219.3 万件,其中境内有效发明专利 221.3 万件,每万人发明专利拥有量 15.8 件。全年商标注册 576.1 万件,比上年下降 10.1%。全年共签订技术合同 55 万项,技术合同成交金额 28 252 亿元,比上年增长 26.1%。

(三) 创新指数提升

创新是中国持续发展并保持领先的最根本驱动要素,是由"中国制造"向"中国创造"转型的关键因素。在 2020 年全球创新指数中,我国连续两年排名第 14 位,同时在中等偏上收入经济体分组中排名首位,也是全球创新指数排名前三十的经济体中唯一的中等收入经济体。我国在单位 GDP 本国人专利申请量、本国人实用新型申请量、本国人商标申请量、本国人外观设计申请量、创意产品出口在贸易总额中的占比等重要创新指标上均位居第一。在全球科技集群的排名中,我国深圳—香港—广州科技集群位列第二,北京科技集群位列第四。由此可见,基于创新的影响发挥了巨大的拉动作用,高等教育注册人数和研究与开发发挥了积极作用,有效促进了人力资本的提升。

(四) 大学生创新创业热情高涨

麦可思研究院调查得出的一组数据分析或许能说明创业能力的提升。2019 届本科毕业生自主创业比例为 1.6%，高职毕业生自主创业比例为 3.4%。随着毕业时间的延长，毕业生自主创业比例持续上升，毕业三年内上升至 8.1%[①]。

三、我国高校创新教育现存问题

与新时代中国特色主要矛盾相对应，新时代我国高校创新教育面临的主要矛盾也体现在发展的不平衡不充分上。其问题主要体现在国家政策、教育资源配置、创新教育教学体系、社会接受度、高校自身定位等方面。

(一) 国家政策环境有待改善

良好的制度环境有利于高效率地配置创新资源，有利于形成激励创新的社会氛围，有利于创新成果快速而广泛地实现应用。2020 年度全球创新指数评价结果反映出中国在制度和基础设施方面排名较低，研究人力资本方面，高等教育国外留学生比例不高；基础设施的生态可持续性方面，GDP 的单位能耗、环保表现不佳；商业成熟度方面，ICT 服务进口不力；国产电影产出、印刷和出版占比、维基百科编辑次数都明显落后。上述指标排名也反映出中国创新创业依旧面临较大的体制机制障碍，未来需要进一步加大制度建设力度，为创新营造良好的生态环境。

作为现代机构中最重要的组织机构之一，大学的社会职能中，服务市场逐渐成为高校第三职能，与社会经济发生了难以割裂的联系，高校与产业部门等社会组织间的联系对于一个国家的可持续发展和创新能力具有重要影响。但是，我国的大学在对国家创新系统的支持方面仍存在很多问题，比如研究经费不足；专利申请的沉淀和积压过于严重，转化率低；论文引用率低；人才培养不符合市场需求等。

为鼓励大学生创新创业，国家层面相继出台了一系列优惠政策，主要涉及收费减免、小额贷款、创业培训、项目资助、服务支撑等，但许多政策不能相互配套实行，缺乏规范的制度约束，在执行过程中往往很难保证连贯性与持续性。目前，我国创新创业指导服务机构无论从数量上还是从规模上都不能满足创新创业大学生的实际需求，创业培训机构提供的创业政策咨询、创业培训、跟踪服务、创业评价等服务措施也有待进一步完善。

---

① 麦可思研究院.2020 年中国本科生就业报告[M].北京：社会科学文献出版社，2020.

(二) 创新教育资源配置相对短缺

创新教育资源配置的相对短缺体现在两个方面：一方面是缺乏调动资源配置的相关引导与激励机制；另一方面是资源投入不足。

1. 缺乏教师队伍的激励机制与专业导向

教师队伍是创新创业教育的"引擎"，教师素质的高低直接影响创新创业教育的质量。社会对创新创业素质教育不断高涨的现实需求与高校创新创业素质教育师资极度紧缺的矛盾，已成为制约目前高校创新创业教育深入发展的主要矛盾，主要表现在两个方面：一是教师缺乏晋升平台，大部分高校尚无创新创业系列的职称评定，难以找到准确归属的学科；二是教师队伍缺乏专业性，目前高校创新创业教育教师队伍主要来自辅导员、行政人员、思想政治教育教师、企事业单位工作人员，创新教育没有能够很好地融入专业课程和课堂教学，创新教育与专业教育结合度不够。

2. 创新教育的资源配置不足

创新教育的资源配置不足主要体现在师资力量、创新课程、创新平台等方面。

(1) 师资力量不足。创新不仅需要理论，还要与实践紧密结合，高校现有教师队伍中缺少既有丰富实践经验又有深度理论修养的"双师型"导师。有些老师不具备创新创业和投资的经历，对创新实践操作不熟悉，难以对学生创新作品进行有效指导。

(2) 创新课程缺乏。系统、有效的课程体系可以对创新教育进行有效的指导，也是创新教育的核心。建立一套行之有效的创新教育课程体系是创新教育的基础，而当前高校的课程体系有待完善，通识教育课程严重不足，难以满足学生学业发展和知识拓展的需求，缺少对创新教育的有效指导，对学生的创新创业教育大多停留在讲座阶段。

(3) 创新平台难以满足需要。创新平台是锻炼学生创新能力，增加创新实践可能的重要手段，大学生创新实习基地、创新创业孵化基地、科技成果专利申请和认定机构是高校进行创新教育的重要平台。高校在创新教育过程中需要整合各种资源，积极进行创新知识的指导和培训，给大学生提供更多的机会，通过一些软硬件的支持提高学生创新创业的成功率。当前大学生创新创业常常存在目标不明确的问题，大部分以参加比赛为目的进行创新活动，很多学生将创新等同于开办企业，在学习过程中过于注重技能的训练。同时，学校有关创新教育的机构没有明确的分工，没有形成校、院两级分工明确，学生积极参与的工作机制。

(三) 创新教育教学体系有待完善

目前，很多高校都开设了创新创业教育课程，但其培养体系、培养目标和培养方法都不明确,仅停留在毕业生就业指导层面,距离提高大学生创新创业能力的要求还有差距,主要表现在以下方面。

(1) 课程体系设置缺乏整体性。大部分高校的创新创业教育课程体系建设较薄弱,培养方式流于形式,课程设置脱离人才培养方案,与专业课程缺乏有机的融合,大多数创新创业教育课程体系缺乏系统性和整体性。

(2) 教材缺乏专业性。目前大多数高校的创新创业教育教材普遍采用《大学生职业生涯规划》《大学生创业就业指导》等,内容缺乏专业性。

(3) 教学方式和方法缺乏灵活性,主要体现在"三重三轻",即重讲授轻辅导,重理论轻实践,重形式轻内容,没有结合学生的个性和专业特点,严重影响了学生的创新意识和创业兴趣。

(4) 创新教育与专业教育结合不够紧密。高校根据社会经济发展需求,规划调整学科专业布局,注重专业教育的发展,教学和科研活动均是对专业知识与技能的训练,不能有效融入创新教育。当下,为了响应"双创"热潮,高校轰轰烈烈开展创新教育,普遍对专业教育和基础理论知识重视不够,片面强调创业技巧,急于求成,导致学生没有扎实的知识素养,创新基础不牢固,创新活动后继乏力。

(四) 创新教育的社会接受度低,各地区发展不均衡

对我国而言,开展创新教育尚存在一定的社会文化障碍,大致表现在以下几方面。

(1) 社会人文环境。长期以来,我国对创新人才的培养中,重视人文素养的训练,缺乏对技术知识的有效传承。传统上,社会公众重视经验知识传承,崇拜权威,不鼓励突破,不提倡"越轨",视祖宗家法为圭臬,墨守成规,这在重视生产、生活经验与知识的积累和传承的农业社会是有其合理性的,但在科学技术是第一生产力的市场经济时代,则难以推动技术进步、社会创新。这种潜在的社会心理深刻影响着大学生的择业观念和创新意识,导致大学生对创新风险认识不足,对创业失败深怀忧惧,注重选择挑战性弱、稳定性高的职业,优先从事文职和管理工作。

(2) 企业环境。改革开放 40 多年来,由于资本稀缺和劳动力丰富,中国企业创新主要依靠发达国家的技术转移和模仿世界前沿技术,鼓励国内企业在劳动密集型产业环境下进行廉价成本的创新,"山寨"产品较多。随着我国由劳动密集型产业向高新技术产业转型,企业对自主创新的要求变得更加迫切。但是,一方面大多数企业依赖技术转移和模仿,追求短期效益,加之自身资金不足,对创新投入严重不足,难以实施不确定性较大的创新项目。据调查,在创新动向指数组成部分中,中小型企业与大型企业的主要

差距在于创新战略、创新投入、创新潜力和创新效果,其中创新潜力差距最为明显[①]。另一方面,我国金融市场不完善,存在行政垄断现象,信贷市场管控更加严格,使得金融为实体经济服务尤其是为中小企业服务困难。中小企业是最具创新潜力的企业,面临经济增速下行的大环境,融资和盈利状况持续恶化,难以有足够的资金进行创新。此外,我国知识创新与技术创新相脱节,高校科研机构向企业扩散和应用创新知识的机制不完善,渠道不畅通,这对创新知识的转化极为不利。从需求环境来看,短期内消费市场难有大幅提升,大众消费层次普遍较低,结构不合理,对创新性、个性化的产品需求不具规模,难以形成中小企业产品的创新环境[②]。在这种情况下,企业尤其是中小企业满足于技术工种的需求,对创新产品和人才的接受度较低,即便高校能够培养创新人才,也不能在该区域落地生根,产生创新集聚效应。

(3) 家庭观念。家庭观念是影响创新教育的一个重要方面,传统家庭教育讲求"父母在,不远游""落叶归根",有着深厚的乡土观念,很多父母希望子女选择稳定、体面的工作,很多大学生不愿意背井离乡,也不愿意选择创新风险较大的行业。此外,在日常家庭教育中,某些家长拥有很大的权威,不鼓励子女的叛逆行为,较早地将从众、讨好、顺从等社交技巧传授给子女,过度包装子女,不利于子女创新意识的养成。这在经济市场活跃的沿海与相对低调内敛的内陆之间差异尤其明显,内陆地区的大学生往往家乡观念较浓,职业选择和地域选择面比较窄,就业求稳;沿海经济发达地区的大学生则较具有开拓精神,具有务实、创新的特点,对新环境适应性比较强,也较容易走上创新创业的道路[③]。

(五) 高校自身对创新教育的定位不准、资源投入不足

高校是大学生创新教育和创业能力培养的主战场。高校自身对创新教育的认知存在误区,是当前创新教育接受程度较低的一个主要因素,这一点也经常容易被忽略。近年来,随着大学扩招,高校大学生数量急剧增加,校区扩张,有限的教学资源已经难以满足生源增长的需要。随着高校由规模扩张和在校生数量增长转向内涵式发展,"双一流"建设的影响也在持续发酵,高校之间的竞争尤其是高端人才竞争不断加剧,对科研日益重视,而作为高校最重要的功能——教学未得到足够重视,更遑论在培养人才方面投入资金资源进行改革创新了。在这种背景下,创新教育普遍等同于创业教育,创

---

① 仲为国,李兰,路江涌,等. 中国企业创新动向指数:创新的环境、战略与未来[J]. 管理世界,2017(6):37-50.

② 王宇,郑红亮. 经济新常态下企业创新环境的优化与改革[J]. 当代经济科学,2015(6):99-106.

③ 王颖,李慧清. 地域文化、制度环境与发展路径选择[J]. 当代青年研究,2015(1):101-106.

新创业教育的创新导向被忽视,导致创新创业教育只是少数精英学生的专利,不具有普遍效应。高校日益追求短、平、快的学生创业成果产出,而对创新教育在高校人才培养机制中的基础性作用缺乏全面的考量,更没有将之提高到战略性教育政策进行布局。

上述问题在地方院校中表现尤为明显,与国家重点院校相比,地方院校缺乏明显的创新教育的优势。地方高校,是相对于部属高校来讲的,指隶属于省、自治区、直辖市、港澳特区,由地方财政划拨经费的大学。与部属高校相比,在软件上,地方高校的学科建设水平不高、学科梯队建设滞后、学科优势不明显、高层次创新性人才相对缺乏;在硬件上,由于财政体制原因和自身创收能力的影响,地方高校办学经费来源单一的现象可能会继续持续下去,办学经费和资源短缺导致很难吸引到足够数量的优秀创新教育人才。在这种形势下,地方院校日渐失去了创新教育的优势,致使一些地方高校在大学生创新教育中缺乏竞争意识。此外,地方高校在开展创新教育的过程中,缺乏差异化发展的意识,同质化现象比较普遍。

(六) 山东省创新创业教育现状

下面以山东省创新创业教育为例,概括说明地方层面上创新创业工作中面临的实际问题。

截至 2020 年 6 月,教育部公布的地方高校共有 2653 所,山东省有普通高校 149 所,数量位列全国第四。在第七次全国人口普查中,山东省常住人口为一亿零一百万,而近几年的高考生人数在 80 万左右。山东省的本科院校中,教育部所属的 3 所"双一流"大学之外的高校承载着山东省绝大部分的高等教育任务。对于一个常住人口约 1 亿的人口大省,山东省省属地方高校几乎都认识到了创业教育对本地的经济发展和社会稳定的重要性。与教育部所属高校的创新教育环境和资源相比,山东省的地方高校财力和外部环境居于明显的劣势,而省内高校资源分布的不均衡现象也是一个严重的问题。根据 2020 年 12 月 16 日山东教育新闻网发布的消息,山东省 2019 年的教育总经费为 2900 亿元,以济南和青岛为例,投入普通高等学校的生均一般公共预算教育经费分别是 16 223 元和 92 162 元,后者是前者的 5.7 倍;两地市的生均一般公共预算教育事业费分别是 14 814 元和 79 561 元,后者是前者的 5.4 倍。仅从财务数据就能推测教育经费的短缺和不均衡。经费的不足和在校生的失衡是大部分高校的创业教育机构不健全、职能界限不清晰的主要原因之一。创新创业教育的顶层设计和课程体系的构建与"双一流"高校差距较大的原因也是多方面的,一则来自大学生自身和家庭环境,二则来自高校和社会的外部环境。

大学生对创新创业的理解带有片面性和错误性。在济南市 6 所高校[①]600 余名大学生的抽样调查研究中发现，大学生对创业教育的理解还存在差异[②]。一方面，多数大学生对创业教育概念了解甚少，多数的学生把创业当作自己没有理想工作的过渡或跳板，一旦有事业编制或者公务员等工作岗位，他们就会就放弃现有工作。还有的大学生认为只要把自己专业知识学好，创业与自己无关，公务员等相关的工作才是自己的首选，内心深处缺乏创新的意识。也有的大学生认为创业教育的对象应该是那些创新能力突出、敢闯敢干以及家境殷实的人。事实上，上面的所有观点都是片面的，创新创业是每一个人都应该知道、了解乃至学习的知识。另外，大学生的创业项目创新度不够，技术含量低，难以持续。从大学生自身角度而言，大学生的创业计划往往不具有可操作性，创业项目不成熟，对后期的风险预测不足，导致创业项目难以持续。从社会角度而言，公众对大学生创新创业的支持力度低，社会普遍认为大学生创业失败率高，缺少大学生创业的积极社会环境，不利于大学生创新创业活动的开展和创业能力的提升。

高校和社会的外部环境对创新创业的态度差别很大。山东省省属地方高校几乎都认识到了创业教育的重要性，但是大部分高校的创业教育机构不健全、职能界限不清晰，对创业教育活动的实施和管理等方面缺乏专项支出；由于部门的职责不清，造成了创业教育体系设计中存在交叉和空白地带，存在实施不流畅的现象。就目前来看，山东省高校的创业教育大多处于理论阶段，缺少创业教育的孵化基地或者实践基地。高校的创业教育机构主要来自校内，各专业依据培养方案开设相应的创业教育课程，主要形式是为大学生讲授创新创业理论知识，而校内创业实习、实践基地等建设非常少，有些院校能提供的创业岗位都被物业化管理。如何建立更多校内创业教育孵化基地与长期的、成熟的校企合作创业实践基地，是目前山东省高校要解决的实际问题。调查显示，山东省大多数地方高校把"大学生就业与创业指导"和"大学生职业生涯与发展规划"这两门课程纳入大学生培养方案的公共课，课程设置一般为 16～32 学时，侧重于创业教育基础理论和就业指导。在 16～32 个学时的时间里，课程的主要内容是创业教育相关的概论或导论性的知识，想结合不同专业的特点进行特色的教学与指导，实现起来很困难。同时，创新创业教育课程的学分在各高校培养方案中基本上在 4 学分左右，而且学校开设的创业教育实践课程大多以专业拓展课为主，专业主干课程里面基本没有涉及创业教育的内容，没能结合学生所学专业的特点和个性有目的地开设创业教育课程体系。通过调研和统计得知，目前山东省高校开设的创业课程和项目，与学生自己所学专业课

---

① 山东大学(洪楼校区)、山东建筑大学、山东体育学院、济南大学、山东师范大学、齐鲁工业大学，涵盖部属院校、省属院校以及文、理、工等多种发展特色院校。

② 孙琳芳，巩磊. 山东省大学生创业教育现状研究[J].才智，2019(14)：6-7.

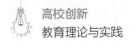

程的相关性不大。创业教育的课程内容与专业知识的相关度很低,创业教育的课程内容未能真正融入学生所学的专业课程中。

高校对创新创业课程的定位不够准确在一定程度上导致创业教育师资力量不被重视。师资力量不足和师资质量的问题已经成为制约山东省大学生创业教育发展的一个重要因素。受限制于师资的数量和质量,高校的创业教育课程只能以专业选修课、讲座以及第二课堂的形式开设。承担创新创业课程教学任务的多是兼职教师或学生管理者,其理论水平和知识结构都相对有限。同时,高校为教师提供的大学生创业教育师资培训的机会较少,教师能够参与的也是以讲座为主的培训,真正能够与优秀企业家交流的机会较少。

创新创业服务及监督体系尚待完善①,创新创业的政策落地难。另外,山东省缺少较为系统的创业服务体系②。山东省虽然成立了不少创业孵化器,但是在服务方面,仍没有成立针对大学生的创新创业服务机构,为大学生提供全面创业及经营指导培训等尚未纳入创新创业服务体系,大学生创新创业在注册登记管理等方面没有得到系统的社会帮助。山东省政府目前出台了许多鼓励大学生创新创业的文件,但是创新创业措施执行与实施监督体系不健全,还没有针对大学生创业公司进行规范管理和监督的相关规定,山东省政府对于大学生创新创业的经营管理监督体系、评价系统和管理机制还需要逐步完善。目前,大学生创新创业的相关数据难以采集,创业公司后期开展的工作无法跟踪,经营状况也得不到及时监督和管理,无法对标措施与效果的达成度,不能对创新创业效果和成效进行准确评价。因此,山东省省内的高校需要进一步加强高校、政府与社会的综合协同服务,为山东省大学生创新创业的实施提供保障。

四、我国高校创新教育问题的应对措施

如何应对我国高校创新教育中面临的问题,解决创新教育中存在的痛点,是当前高校创新教育改革的重点,这有赖于国家、地方、社会、高校各层面的积极联动与共同努力,需要每个创新教育参与主体凝心聚力,共同推动我国高校创新教育实现高质量发展。

(一) 营造创新教育的社会和人文环境

创新教育需要充分调动社会各界的资源优势,社会、企业和家庭要形成合力,协同配合。在科技创新被越来越多的国家上升为国家战略行为的形势下,政府的作用必不可少。政府应该成为创新教育的推动者,积极引导科技创新,从科技政策制定到科技创

---

① 徐艳华,季大鑫. 山东省大学生创新创业实施保障机制研究[J]. 企业科技与发展,2018(10):169-170+176.
② 刘兆民,徐宗玲. 山东省地方本科高校推进创新创业教育改革研究[J]. 中国商论,2016(26):171-173.

新实施,再到科研成果转化,通过经费投入、组织协调、政策保障、资源配置等途径,参与到创新教育的各个环节,各方创新力量紧密协作,构建创新协同服务保障机制,推动科技项目的实现。

国家需要建立一套比较完善的创新激励制度,包括知识产权制度、教育制度、反垄断制度、投融资制度等,并在全社会形成尊重知识、尊重科学、尊重人才、崇尚成功、宽容失败的文化氛围。

(二) 改革育人理念

在知识经济时代,政府和高校系统不仅要鼓励创新,还要提高学生的综合素质,特别是培养有利于创新的心智。对于我国而言,创新教育面对的首要压力来自传统的社会观念,社会观念的转变有利于形成鼓励创新的良好氛围。创新是突破已有范式,提出新思想、新方法的智力活动,因此,创新教育要培养出富有创新精神和具备创新能力的人才,有必要改变一些不能适应创新教育要求的传统社会观念,而首要的是要改变崇尚权威、崇尚经验的传统观念,树立创新教育观、质量观和人才观,鼓励学生敢于发问、敢于质疑。经过实践的创新教育经验已证明,质疑是创新思想的重要来源。鼓励学生敢于发问和敢于质疑就是鼓励学生对未知的领域保持求知的欲望,并通过自身的探索解决问题。另外,要转变教学活动中以教师为中心的观念,树立以教师为主导、平等互动、尊重质疑、促进学生个性全面发展的教学观念,激发学生的创造力,充分提高学生利用现代信息技术和手段获取知识、整合知识的能力。还要转变重视知识、轻视能力的人才培养观念,树立知识与能力并重、全面发展的创新人才发展观。

(三) 建设师资队伍

创新教育承担着为社会培养创新人才、推进国家创新战略进程的历史重任,随着现代技术的高速发展,基本的学科体系已经满足不了创新人才的培养模式,急需探索和构建新的高校创新教学体系。现实状况对高校教师提出了更高的要求,高校教师不仅需要专业的相关知识,同时还需要很强的实践能力。只有教师走在创新的前列,才能教育学生创新,所以创新教学师资队伍的构建刻不容缓。

要想更好地为创新教学提供环境,首先,应该注重教师考核体制改革,摒弃重科研轻教学的教师考核体制。创新教学所要达成的目标是培育有创新知识、创新品质、创新思维的实践型人才,创新教学的过程更多地在于让学生去实践,教师必须有足够的时间参与到教学实践中,只有这样才能确保创新教育的顺利实施。其次,要对高校教师提供合适的企业培训。加强对高校青年教师的创新培养是创新教学育人的基础和前提,让高校青年教师走出学校,走向企业,定期组织青年教师进行创新教学研讨,将实践中的成果融入创新教学中，构建符合社会经济运行的创新教育体系，激发青年教师对创新教学的深入研究和积极实践，更好地服务创新教学的育人模式。最后，高校应积极引进创业家、投资者、社会创业导师以充实师资力量，可以邀请国内外优秀师资开展线上授课。

(四) 创新教学模式

高校开展创新教育，必须改变传统的教育模式。我国传统教学制度强调以教师为中心、以课堂为中心、以教材为中心的模式，其弊端是满堂灌，教学脱离社会实践，更难以跟上知识经济的发展。我国著名的教育工作者刘道玉创立 SSR(学生自学、课堂讨论和研究探索)模式，这种创新教育模式建立在创造教育特点和原则的基础上，广泛吸收我国传统的自学方式、美国的课堂讨论教学方式以及德国教学与研究结合的经验，将学生自学、课堂讨论和研究探索相结合，更加注重学生的自主学习精神和创造能力培养。实际上，这反映了世界教育趋势，即以学生为中心的教育理念。课堂教学注重创造性思维的培养，教师在课堂上起提纲挈领的引导作用，并善于使用肢体语言，比如通过一个眼神、一个手势等来调动学生的积极性。教育形式的多样化表现在除课堂教学外，还有高比例的课外实践、参观博物馆和文化艺术中心，甚至出国交流学习等活动。课堂上主要强调学生的发展，注重培养学生的独立思考和分析的能力。教师引导学生通过图书馆获取资料，在阅读资料、查阅文献的基础上吸收知识并解决问题。教师在此过程中的主要工作是进行方向性的指导，引导学生从不同角度进行探索，而非为学生早早准备好一个标准答案。学生通过自身的努力将原本模糊的知识清晰地内化于大脑中，这不仅有助于学生知其然，更能帮助学生知其所以然，避免出现囫囵吞枣的情况。同时，在线的开放式课程为学生提供自主学习的平台，已经成为传统线下课程的有益补充。

此外，引导和组织学生参与科研活动，可以提高学生的科研能力和创造能力。在高校推行导师制，在导师的直接引领下更快、更好地提升大学生的创新能力，是国内外高校创新人才培养过程中积累的有益经验，也是拔尖创新人才培养的重要路径。本科生导师制不仅有利于差异性教学和个性化教学，而且也十分有助于开发大学生的创造性潜能，培养其独立钻研和开拓进取的创新意识及创新精神。

(五) 优化课程体系

要想更好地培养创新人才，最关键之处在于对传统课程设置模式和教学内容进行更新和变革，建立更加适合创新人才形成的课程体系，从而为创新人才培养提供重要支撑。优化课程体系，首先，要不断完善人才培养方案，建设专业知识拓展平台，推进个性化教育，处理好专业调整和相对稳定性的关系，注重专业特色及其发展前景，加强内涵建设。通过整合、交叉、渗透等形式，对传统专业进行提升和改造，使传统专业教学更好地适应现代经济社会发展的实际需求。帮助学生跳出狭隘的专业视角，拓展能力，开阔视野，培养学生专业之外的兴趣和技能。其次，要构建创新课程体系，将大学通识课程、创新创业课程、专业课程、实践实习课程有效结合，将创新贯穿大学课程的全过程。再次，要重视实践实习环节，提倡和鼓励学生在课外组织富有科学性、趣味性和创造性的活动，提高其组织能力、实践能力和创造能力。最后，要改善评价方式。

(六) 搭建实践平台

发展创新教育需要强化和开展创新实践，构建科学、有效的实践平台。

(1) 构建学科竞赛平台，以培养学生专业技能为导向，教师对学生进行与专业知识结合的学科竞赛、科技训练、培训就业系列训练，提高学生学习专业技能的兴趣和学生的实践创新能力。

(2) 建立大学生创新实践基地，以大学科技园、创新实践基地、创新创业学院、科技成果转化平台、创业孵化基地等为依托，为学生创新实践活动提供科技训练计划、充足的活动经费、必要的活动场所及设备器材等，资助学生开展研究性学习和科技创新实验，支持和帮助学生发表、出版、推广和应用自身的创新研究成果。

(3) 积极与企业、研究所等第三方机构合作，协同创新。例如清华大学创立"清华大学——东方意德实验室"，为学生提供了科技创新的优良环境，促进了学生科技创新成果向现实生产力转化。上海农行为上海理工大学金融专业捐资建造国内第一个模拟银行教学实验室，缩短了金融理论教学与实践的距离，提高了学生的金融素质和实务能力。我国也积极引进"三螺旋"创新模式，促进高校创新成果转化，增强城市和区域创新能力。

第三节 国外创新体系发展概述

为了应对知识经济的发展和新一轮技术革命，世界各国均在寻求应变策略，积极推行创新驱动战略，建设创新型国家。截至目前，世界公认的创新型国家有20多个，其中大多为欧美发达国家，如英国、美国、德国、法国等，这些欧美发达国家早在两次工业革命之后就已经奠定了良好的工业基础和发达的教育系统，创新经济发展成熟。也有"二战"后迈向经济繁荣的东亚国家，如日本、韩国、新加坡，这些国家紧紧抓住了第三次产业革命的机遇，为发展知识经济奠定了基础，逐步创建了完善的国家创新体系。也有些国家经过经济转轨、市场开放，如俄罗斯、印度，调整国家发展战略，积极应对新一轮技术革命，发展为新兴经济体。知识经济发展成熟的国家，其动力无不在于教育机制的革新和创新教育的实施,为经济的持续繁荣和创新战略的实施提供了雄厚的人力资本。本节将从政策、教育、风险投资、社会、产学研结合等角度介绍上述创新型国家的创新教育情况,以拓展创新教育的研究视野。

一、欧美国家的创新体系

依托两次科技革命的热潮,欧美国家最早开始了国家创新体系的构建,下面主要介绍英国、德国、美国的创新体系概况。

(一)英国创新体系概况

英国的国家创新体系的组成部分主要包括创新政策、教育改革、产学研结合、风险投资四个方面。

1. 英国的创新政策

英国是工业革命的发源地,工业革命的发生离不开技术创新和制度变革。1215年,英国颁布了《大宪章》,以法律的形式确定了对私有财产及公民个人权利的保障,奠定了市场经济制度的核心。1558年,伊丽莎白女王推行垄断政策,给予新兴工商资产阶级引进新产业和技术的垄断经营特权,打破行会和贵族势力的封锁,激励人们引进和开发新产品,刺激经济发展。1624年,英国颁布世界第一部《专利法》,明确规定把专利权授予最早的发明者,专利年限在 14 年以内,确立了尊重私有产权和个人劳动、鼓励投资和保护创造的基本经济制度,使创新成果得到有效保障。《专利法》的实施,刺激了英国技术应用和对发明的生产应用,17 世纪后期,英国迎来了发明创造的高峰期。这期间的专利技术,包括蒸汽机、珍妮纺纱机、搅钢法等一批对工业革命产生深远影响的技术成果,使生产效率大幅提高,英国的工业、军事和经济实力快速增强,建立起庞大的殖民帝国。

第二次科技革命中,尽管英国出现衰落趋势,但是仍然保持强劲的创新实力。英国在科学技术研究方面仍然取得了一些杰出成就,包括白炽电灯、电话、电磁波、雷达系统、青霉素、电视、喷气式发动机等一批重大技术发明,但这些成果没有实现大规模商业化应用。比如,英国人亚历山大·格雷厄姆·贝尔于 1876 年首先发明了电话,但在美国率先实现了大规模商业化。其原因在于这一时期的英国政府,在创新政策方面乏力,加上资本家热衷于商品输出、资本输出和原材料的输入,对新技术、新设备革新缺乏投入。

随着知识经济的到来,英国于 1993 年颁布了"新科技政策宣告",即《实现我们的潜能:科学、工程与技术战略》白皮书,其后连续发布一系列白皮书和国家创新战略报告,首次启动了科技预见计划,对未来5~10年的重要科技发展前景做出预测,分析和确定未来科学、技术与工程的发展可能提供的机遇及产生的不利影响,为政府制定科技政策、确定优先发展领域提供依据,也为研究机构和企业提供参考。由此,英国逐步强调基础研究和国际合作研究,并加强政府在创新政策实施中的作用,由此英国国家创新体系渐次形成。

2002年,英国政府启动了"10年科技发展规划",将"服务于创新全过程"定为英国创新文化建设的核心内容。2008年,英国创新大学和技能部发布了《创新国家》白皮书,从政府的作用、需求创新、支持企业创新、国际创新、创新人才及公共部分创新等角度出发,具体介绍了英国的创新政策和战略。2011年,英国政府发布《政府创新和研究战略》政策文件,提出通过对研究与创新进行投资促进英国经济增长的计划。2012年9月,英国政府又发布了《英国产业战略:行业分析报告》,指出政府要与产业界建立长久的战略伙伴关系,加强官产学研的沟通合作,共同培育商业发展机会,刺激经济增长,创造就业。2020年,英国国防部发布《2020年科技战略》,提出至少将国防预算的1.2%直接投资于科技,着力发展人工智能、数字技术等。

2. 英国的教育改革

英国国内大力兴办和革新教育,早在12—13世纪,英国就建立了牛津、剑桥这些不同于中世纪神学院的新型大学。英国的剑桥和牛津大学一直把"探测、挖掘和开发学生的潜在能力,激励个人的创造精神"作为其办学思想。政府大力支持科研活动,奖励发明创造,给予科学家和技术发明者极高的荣誉与社会地位。17—19世纪中期,英国是当时的世界科技创新中心,科学研究、技术发明和创新呈现出欣欣向荣的气象,不仅涌现出培根、达尔文等一批伟大的自然科学家和社会科学家,还涌现出以瓦特为代表的一批伟大的发明家和创业者,产生了蒸汽机、电报机、机动轮船、铁路机车等一批影响世界的伟大发明。但从19世纪后期到20世纪初期,英国科技创新的领先优势逐步丧失,全球科技创新的中心开始向德国、美国转移。19世纪70年代,当以电力为代表的第二次工业革命兴起的时候,技术发明和创造的主要国家已不是英国,而是后起的德国和美国。由于英国对采用新技术、新设备缺乏足够的主动性、积极性,以致生产率日渐相对落伍。

1997年发表的《迪林报告》(*Dearing Report*)是1963年《罗宾斯报告》之后具有里程碑式意义的政府报告。该报告由罗纳德·迪林(Ronald Dearing)领导的国家高等教育调查委员会完成,旨在总结过去几十年来英国高等教育的发展经验,提出知识经济时代的英国高等教育的整体规划。在知识经济时代,高等教育的作用不仅在于培养拥有高水平技能的劳动力,也在于提供新思想和新知识,促进创新是大学的主要任务之一;

需要重视大学与其他社会机构之间的交互作用；大学科研是促进经济增长的重要因素。

21世纪以来，英国政府加大了对高等教育的投入。2005年，英国政府发布《2004—2014年科学与创新投资框架》报告，提出要增加高等教育创新基金额度以加强大学和企业以及社区的联系。政府启动了"高等教育创新基金"，支持大学科研成果向商品化转移。此外，还设有"大学挑战基金""科学创业挑战基金"，设立"大学挑战基金"的目的是帮助大学度过把研究成果转化为市场产品的最为关键与困难的初期阶段；"科学创业挑战基金"则致力于为学生、教师和商业机构提供创业知识和技能。英国政府对大学的研究与发展项目给予很大的支持。2000年，英国通过高等教育投资的研究与发展项目占GDP的0.4%，2008年，该投资已占到GDP总额的0.5%。2003年，英国政府颁布了高等教育白皮书《高等教育的未来》，这份白皮书作为英国政府进入21世纪面向知识经济和全球化所制定的国家发展战略的一个重要组成部分，提出了"卓越"战略，把提升教学和科研质量、培养科技创新人才作为高等教育的重要目标[①]。

为了能培养更称职的毕业生，提高高校毕业生的创新技能和创业能力，英国发布了《国家技能战略》《发展技能》，为高等技能人才培养提供全面的框架。设立了针对重要提议的咨询委员会，致力于帮助企业和高等教育部门更加有效地阐述、发展和提供受雇就业技能，诸如团队工作、解决问题、分析技巧、领导水平以及与大学和客户建立并保持关系的能力等技能。同时，大学通过知识转让影响劳动力职业及专业技能的参与程度也得到显著地加强[②]。此外，英国加强高端人才储备。1996—2006年，英国高校理工科类学生人数比例由36.6%上升至41.7%。英国政府计划调整现行的"学徒计划"，为年轻人提供高质量的培训机会。目前，英国每10万人中科学和工程博士毕业总人数在世界居于首位[③]。

3. 英国的产学研结合体系

在英国，包括大学在内的公共部门和私营部门之间的联系一向比较薄弱，为了加强两者之间的联系，尤其是通过合作项目促进科学基地和产业界之间的联系，英国政府自20世纪80年代以来推出了一系列研究计划，如法拉第伙伴计划[④]，以及大学挑战计划、前瞻计划、教研公司计划、院校企业计划等。经过努力，英国大学与企业合作研究日益紧密，良好的公私部门联系成为英国创新体系的重要特色。2010年，英国搭建起国

---

① 吴波. 英国国家科技创新政策的战略规划[J]. 世界科技研究与发展，2003，31(2)：380-384.
② 周洲. 英国高等教育的创新战略——基于《2004—2014科学与创新投资框架》及年度报告的分析[J]. 教育发展研究，2011，31(Z1)：103-107.
③ 陈强，余伟. 英国创新驱动发展的路径与特征分析[J]. 中国科技论坛，2013(12)：148-154.
④ 该计划由贸工部、工程与物理科学研究理事会于1997年共同发起，通过鼓励建立伙伴关系使科学、工程和技术研究机构与产业界密切联系在一起。

家级科技成果转移转化平台——国家技术创新中心(Technology and Innovation Centers，TIC)，促进研究成果向生产力转化。2010—2011 年，英国大学知识交换收入中有 26%来自大学与企业的合作研究。英国政府将高等教育管理纳入 BIS(The Department for Business，Innovation & Skills)，从制度上加强高等教育和经济的联系。BIS 的职能在于通过人力资源和教育方面的投资繁荣经济，推动创新，帮助人们不断创新和创业。高校为了解决资金限制问题，也更加注重产学研合作，形成了以公司为载体的产学研合作模式，例如牛津大学成立牛津创新协会，爱丁堡大学成立 ERI 有限公司，负责管理技术转移、公司孵化和咨询服务，有效促进了工商界和大学之间的联系。

4. 英国的风险投资

英国致力于成为欧洲风险投资发展的最佳场所。英国具有在欧洲领先的风险资本市场，规模大、发展程度完善，占整个欧洲风险资本投资市场的 1/3，仅次于美国，位列世界第二。20 世纪 70 年代，英国开始引进美国风险投资经验，到 90 年代中后期，一批英国本土的创业成功者、科学家和金融家们逐渐在伦敦、剑桥和苏格兰建立起一批拥有领先技术的风险投资基金，对高新技术领域的投资开始逐渐增加。

英国自 1994 年开始实施风险投资计划(venture capital scheme，VCS)，为符合条件的风险投资者提供税收优惠，是全球成功的典范，具有良好的政策效果。该计划包含若干子计划，其中最主要的三个部分为企业投资计划(enterprise investment scheme，EIS)、种子企业投资计划(seed enterprise investment scheme，SEIS)和风险投资信托计划(venture capital trust scheme，VCT)。

企业投资计划于 1994 年实施，对购买小企业新发行股票的个人投资者给予个人所得税收优惠，但小企业和个人投资者都必须满足特定条件。种子企业投资计划于 2012 年实施，鼓励企业新技术的前期开发，为购买小型初创企业股票的个人投资者提供税收优惠，以缓解小型初创企业特有的融资困难。风险投资信托计划于 1995 年开始实施，对合格的风险投资公司及个人投资者提供税收优惠，鼓励个人投资者购买合格的风险投资公司的普通股票以间接投资众多的非上市小企业，是引导资金流向初创企业的一项有效工具，目的是让个人购买风险资本信托公司的股份，从而间接向小型高风险企业投资①。

2005 年 7 月，英国政府出台了企业资本基金计划，这一基金主要是为成长型中小企业提供合适的风险投资。政府为有资格的中小企业提供 25 万～20 万英镑，作为企业的股本金，以带动私有基金和其他资金的投入。公司壮大后，应优先向政府偿还企业资本基金，并支付利息和部分盈利。政府和私人部门共同投资，以弥补中小企业在资金获取中市场失灵的鸿沟，消除资金获取中的障碍，使中小企业获得平等的融资机会。在风

---

① 薛薇. 英国"风险投资计划"税收优惠制度及启示[J]. 国际税收，2015(12)：50-54.

险资本的支持下，英国诞生了许多世界级的高技术企业。英国风险投资中，超过 50% 的资本投资于高技术企业。

(二) 德国创新体系概况

德国的国家创新体系的组成部分主要包括创新政策、教育体系、创新资金投入、产学研结合与科技成果转化四个方面。

1. 德国的创新政策

德国自 1871 年实现统一以来，大力引进英国、法国、美国的先进技术，将理论、实验和科学技术紧密结合，推动大学的"教育-研究-生产"现代教育体系建设，培养了一支庞大的科技队伍，为超越发展提供了强劲动力，从而迅速发展成为世界工业强国。21 世纪以来，德国创新能力一直处于世界前沿，引领世界知识创新发展走向。德国政府于 2006 年发布了《国家高技术战略》，这是德国首次在国家层面发布的中长期创新战略，对德国后续产业政策具有十分重要的指导意义。该战略的总体思路是推行创新驱动发展战略，重点培育和发展若干重大技术，继续推行熊彼特式非价格竞争战略。2010 年，德国联邦政府进一步整合了各部门的研究和创新资源，推出了《国家高技术战略》的升级版，即《国家高技术战略 2020》，主要包括政府资助战略性新兴技术的突破，全流程优化创新环境，加速创新成果的产业化等内容。2012 年，德国有 1307 家中小企业位列世界"隐形冠军"的统计范畴，美国有 366 家，日本有 220 家。2013 年开始，德国积极推行"工业 4.0"战略，成为引领全球新一轮工业革命的典型模式之一。2020—2021 年，德国所属欧盟组织发布《2021—2027 年度财务框架》《塑造欧洲数字未来》《人工智能白皮书》《欧洲数据战略》等顶级科技战略文件，拟投入巨额资金支持人工智能、超级计算、量子通信、区块链等颠覆性和战略性技术发展。

2. 德国的教育体系

德国最早建立了现代大学体系，提出大学的任务是教学与科学研究。德国大学分为社会与自然类综合大学和技术类专业学院。前者主要进行没有商业化目标的基础研究，后者主要推动科学发现所带来的技术发明与应用。此外，德国拥有完备的职业教育与培训体系，尤其是融合学校和企业需求的学徒式双元制教育体系，不仅有利于学生从学校学业过渡到工作实践中，更能灵活适应市场变化的劳动力需求。因此，德国"双元制"职业教育体系(见图 1-1)为社会生产提供了充足的人才资源。青少年既在企业里接受职业技能和与之相关的专业知识培训，又在职业学校里接受职业专业理论和普通文化知识教育。

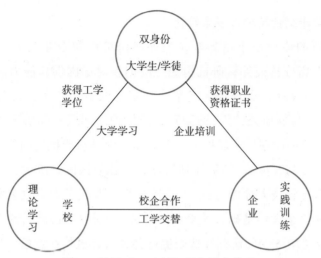

图1-1 德国"双元制"职业教育体系

德国通过"双元制"职业教育体系充分调动了企业界及用人单位的积极性,促使全社会都来关心职业教育,从而推动了高技能人才的培养,其主要特点是企业承担了其中大部分经费和主要责任。这种半学半工体制,既保证了工人的高素质和动手能力,也潜移默化地使德国精益求精、一丝不苟的职业精神得以传承。

3. 德国的创新资金投入

德国是联邦制国家,现有16个联邦州,实行地方分权制,通常由政府负责决定做什么,各联邦州负责组织和实施,联邦政府不做过多的干预。德国联邦政府、州政府、大学、大学外科研机构、中介机构和企业共同构成了德国的科技创新体系。联邦政府和州政府为公共科研机构提供资金,包括建设及运行费用。企业或者经济界等也为合作研究提供资金支持。科研基金联合会除了为公共研究机构提供资金支持外,同时与经济界合作,对经济进行分析,为州政府或者联邦政府提供咨询服务。德国92%的创新研发项目由企业自己执行。国家资金支持的主要对象为大专院校、其他研发机构及中小企业。德国工业应用研究所与工业界联合会是其创新网络体系的重要组成部分。企业和研究机构都可以利用创新网络体系获得支持和合作。工业界联合会主要提供设备及创新费用资助,目的是提升中小型企业的核心竞争力。为了鼓励创新研发,德国制定了相对完善的科研政策、税收政策和人才政策,同时,从各个层面提供相对充足的扶持基金,建立相应的教育体系、科研体系,形成了一个相互影响、相互促进的创新体系。与其他国家相比,德国更加注重国家政治经济和科技发展相结合,更加强调中小企业与科研机构的合作,重视科研创新领域投资,注重专利保护与储存更多、更好的人力资本。

4. 德国的产学研结合与科技成果转化

德国协同创新的成功在于由高校、校外科研机构和企业三大主体构成的创新体系，高校与企业、高校与校外科研机构的协同创新对德国创新能力的提升均有重要贡献。2006 年，联邦政府、州政府从国家战略高度推出"三大公约"，即"精英计划""高校公约""研究与创新公约"，均鼓励校研机构之间联网和协同实现更多的创新目标。高校发起的"精英计划"明显扩大了高校和大学外科研机构间的协同规模，并使之达到前所未有的密度与强度。"精英计划"具有以建设国际顶级大学为目标，加强大学基础研究，培养青年科技人才的特色。"高校公约"改变了大学过去发展单一，研究内容雷同的现象，强化了大学基础人才培养的特征。"研究与创新公约"则通过每年递增3%(2010 年起每年递增 5%)的研究经费来促进各大研究机构在竞争中形成各自杰出的实力和开拓具有远见卓识的新战略研究领域①。

2010 年 7 月 14 日，德国内阁通过了由联邦教研部主持制定的《2020 高科技战略》，该战略中提出了"研究型校园"计划，旨在激励和支持德国大学与校外科研机构或企业建立新型的协同合作机制，把知识和想法尽快转变成创新。创新型高校通过机构间合作推进知识与技术的转化，包括高校与经济界的合作以及与其他社会机构的合作。该项目主要面向应用科技大学、师范大学、艺术及音乐类高校，以及规模较小的综合性大学。近年来，德国加快推进大学与其他创新主体协同创新，充分利用大学、科研机构的人才潜力与集聚优势，利用大学、科研机构的人力资源优势，通过专项课题资助的方式，支持人才培养与项目创新。

德国为了促进专利保护和科技成果转化，对大学做出了相应要求。2002 年之前，德国大学科研人员的科研成果均属个人所有，对专利权人无强制性限定。从 2002 年开始，德国进行改革，规定大学中所有科研人员的科研成果均归大学所有，大学有义务对本校科研人员完成且同意公开的科研成果进行专利登记。德国鼓励科研人员进行科技发明，所有的发明者都拥有该项科研成果 30%的经济收益权。德国大约 80%的专利是由团队发明的，20%是由个人发明的。各个大学会根据学校的发展定位和学科特点，在科研发明方面有所侧重。德国专利转让费的支付方式分为两种情况：一是一次性支付转让费；二是每年支付数额相对固定的专利费，或根据销售额按比例支付，一般为所创造效益的 30%。为扶持新成立的公司，往往第一年免除专利费。为支持科研成果保护与转化政策，德国大学单独或区域内多所大学联合设立专门的科技转化服务机构(如创新创业中心、股份制科技成果转化服务公司)，全方位负责专利的遴选发现、价值评估、专利注册、专利保护。通过寻找合适的企业(包括德国以外的客户)，帮助发明者自主创

---

① 周小丁. 德国高校与国立研究机构协同创新模式研究[J]. 科研管理，2014，35(5)：145-151.

业、申请公共资金等途径，建立以企业为导向的科研合作机制，开展科技成果转化和市场化。科技转化服务机构经费的 40%来自联邦政府，40%来自各州，20%来自成果转化后的收益。

(三) 美国创新体系概况

美国的国家创新体系的组成部分主要包括国家创新战略、知识产权法律、高等教育改革、科技成果转化、创新教育、风险投资六个方面。

1. 美国的国家创新战略

20 世纪 70 年代后，为了应对日本和欧洲的兴起，美国政府更加注重科技政策的体系化发展，深入创新发展的过程和细节，如技术转让、研发合作、专利保护等。注重中小企业的培育，促进中小企业与非营利机构合作，将创新技术向小企业转移。这些政策奠定了美国 20 世纪 90 年代"新经济"的繁荣。克林顿政府时期实施了"信息高速公路计划"，于 1993 年成立国家科学技术委员会，强调创造新的知识和培养人才是未来发展的关键，技术是经济增长的引擎，而科学是这个引擎的燃料。信息产业实现了大发展，促进了大众创新创业，使美国经济实现了 10 年的高速增长。此时，美国创新体系也日渐形成，即大学、产业、政府的"三螺旋"模式，政府更加积极地制定科技战略和产业发展战略，制定全面的政策和法律促进大学科研院所的科技成果转化[①]。

奥巴马政府时期，美国科技创新政策呈现出注重顶层设计、强调基础投入、重视创业环境、引领关键技术、树立高远目标的特点。2008 年美国金融危机之后，奥巴马政府在 2009 年发布了《美国创新战略：推动可持续增长和高质量就业》报告。在 2011 年 1 月 25 日发表的国情咨文演讲中，奥巴马强调了创新和科技进步对美国的重要性。同年 2 月，美国政府再次发布《美国的创新战略：确保美国的经济增长和繁荣》，强调创新是美国赢得未来的关键，提出"私营企业是创新的动力"。6 月，推出《先进制造合作伙伴计划》，整合联邦政府、产业、研究型大学和研究机构的资源，通过官产学研合作的途径，发展先进制造业。2015 年，美国发布了新版《美国国家创新战略》，特别提出了支撑美国创新生态系统建设的新政策，更加强调全民共享创新成果，创新战略聚焦三大目标：一是加强对新兴产业领域的投资力度；二是勾勒出了九大领域，推动共享繁荣；三是提高政府的创新服务意识，为全民创新提供更好的环境。美国十分强调政府在创新活动中的推动和干预作用、私营部门的创新引擎作用，提出政府、企业、民众应当合力创新并形成举国创新体系。2020 年，美国白宫发布《关键和新兴技术国家战略》，重新定义 20 项关键和新兴技术，提出全力维护美国在量子、人工智能等尖端技术领域

---

① 王胜光. 创新发展政策学导论[M]. 北京：科学出版社，2016.

的全球领导地位。

2. 美国的知识产权法律

美国是第一个将保护知识产权写进宪法的国家，规定国会有权"通过保障作者和发明人对其作品和发明的有期限的排他权"。美国早在 1790 年就颁布了《专利法》《版权法》，极大地调动了发明创新的积极性。1836 年，美国对《专利法》进行了大规模修订，确立了可授予专利的主题类型的范围；建立了规范化、专业化的专利审查标准和程序；同年，联邦专利局正式成立。美国专利制度也进入高速发展时期，大量专利得到授权，专利诉讼也呈快速增长趋势[①]。林肯称："专利制度是在天才的创造火焰中添加了利益的燃料。"与此同时，美国也很注意防止专利权的滥用而扼杀竞争，于 19 世纪后期制定了《不公平竞争法》和《反托拉斯法》。20 世纪中期之后，随着美国逐渐成为世界第一强国，基础研究、国防军工技术研究、前沿性技术研究投入大量增加。在这种情况下，为加快研究成果向应用技术转化，美国先后出台了《塞勒—凯弗维尔法》《国防航空和宇宙航行法》《购买美国产品法》等法案，建立和完善了军民融合、技术转移和支持中小企业发展等制度，逐步形成以企业、大学、国立科研机构为主体的完备的创新体系。

1980—1987 年，美国国会通过了多项法案以促使科研成果商业化，核心法案是《专利与商标法修正案》（《拜杜法案》），辅助法案有《史帝文生·怀德技术创新法案》《小企业创新开发方案》《联邦技术转让法案》。为了鼓励创新和保护创新者的权益，美国的《专利法》对可申请专利的对象几乎没有任何限制，并且发明专利的保护期从 1994 年起由原来的 17 年延长至 20 年。《拜杜法案》及随后的辅助法案为美国大学的技术商业化提供了制度和法律的保障，刺激了大学专利和授权许可活动：第一，它代替了在单个大学与联邦政府部门之间用相同政策谈判的做法；第二，该法案表达了国会对由联邦资助的大学研究成果与产业部门之间专利谈判的支持；第三，它构成一个由国会认可的协议，即对联邦资助的大学研究如果没有明确的专利所有权保护，那么会限制这些科研成果的转化[②]。《拜杜法案》及随后一系列鼓励大学技术转移的政策法规极大地激励了大学与产业部门之间进行技术转移的规模与质量，通过形成一个统一的专利政策来消除大量的关于大学授权许可方面的限制，从而推动了大学研究成果的市场化。随着研究过程的进行，许多新的知识发现都会以专利转让的形式进入产业部门，研究成员自然涉入后续的创新过程中，这一做法极大地夯实了学生的研究基础，并提升了其创新能力。美国大学年度专利数量从 1980 年的 300 个增加到了 2010 年的超过 4000 个，新技术的许可自 1991 年以来也增长了 3 倍，从专利中获取的收益也从 1991 年的 1.6 亿美元

---

① 朱雪忠. 美国专利改革法案内容机器影响评析[J]. 知识产权，2011(9)：78-89.
② 王志强. 大学在美国国家创新系统中主体地位的制度演变[J]. 教育研究，2015(8)：139-150.

增加到了 2010 年的 20 亿美元，占当时美国大学研发支出总额的 2.5%。

21 世纪以来，为了促进美国经济繁荣，奥巴马政府推行了专利改革，2011 年颁布《美国专利法》修正案，简化专利申请程序，降低法律纠纷成本，有效促进企业家将发明成果转化为市场产品。为了打击"专利流氓"现象，重振经济，提升国家竞争力，2013 年奥巴马政府推行《创新法案》，重点对专利诉讼程序进行改革，提高了专利权属的透明性①。此后，2015 年，美国政府又提出了《创新法案》《专利法案》《索赔函透明法案》《打击流氓及不透明信函法案》等一系列法案，其目的旨在遏制专利流氓，恢复美国专利制度的活力，保持美国在国际上的创新地位。

3. 美国的高等教育改革

为吸收英国技术，美国的高等教育首先改革，采纳了德国高校的"教研统一"原则，在理论教学外，强调知识的实用性和服务性。1862 年，《莫雷尔法》等系列法案颁布，联邦政府向各州赠地，以建立大学，并发展农工机械教育与研究。当时，大学科研成果属于公有，大学成果专利化与商业化必须通过科研公司进行。为革新技术，联邦政府也成立国家实验室开展研发工作。随着技术的进步，美国工业逐渐发展，资本与生产因规模效应而愈发集中，从而形成大型企业。大企业效仿国家实验室的集体研究形式，建立内部实验室进行研发。1890 年，《谢尔曼法》出台，防止企业垄断导致创新无法外溢。20 世纪 60 年代末，《国防教育法》等 80 余项提案出台，联邦政府向研究型大学投入巨额资金，加强科学教育与研究，并管理重要国家实验室。热战与冷战的筹备，使美国大力发展国防技术，以信息、航空航天和新材料等技术发展为目标，聚焦航空、电子通信、计算机产业领域。"二战"接近尾声时，报告《科学：无尽的前沿》出台，敦促政府促进创新，大力资助公共基础研究，同时继续限制公共研究专利权，并强调执行反垄断法。

20 世纪 40 年代之后，美国成为全球科学研究和技术创新潮流的引领者，并一直保持到现在。全球诺贝尔奖得主近一半是美籍人，世界大学百强排名中美国大学占到一半以上。此外，美国创新讲究全民全面创新，具有实用性。《美国创新史》对 53 位创新者进行论述，涉及各行各业，绝大多数创新都来自社会草根阶层的能动者、实践者。正如作者哈罗德·埃文斯所指出的："实用性创新是让美国出类拔萃并让其他条件优越的国家落后乃至失败的首要原因。"②

---

① 易继明. 美国《创新法案》评析[J]. 环球法律评论，2014(4)：146-166.
② 哈罗德·埃文斯. 美国创新史：从蒸汽机到搜索引擎[M]. 北京：中信出版社，2011.

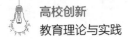

4. 美国的科技成果转化

自 1951 年硅谷的斯坦福科技园创立后，大学科技园在美国得到了迅速发展。大学科技园将研发机构、企业孵化器、种子资本、技术转移与许可办公室等多种功能整合在一起，从而有效地促进了知识和技术在创新过程中的扩散。这些科技园致力于推动区域内部大学与产业部门及其他组织之间的知识流动，通过鼓励大学教师创办企业、加强与产业部门的合作、设立培育高技术企业的孵化器、提供具有创新能力的大学毕业生等方式，为一定区域内刺激技术外溢和经济增长提供重要源泉，也对区域社会经济发展起到了推动作用。

美国国家创新体系的一个明显特征就是大部分的基础研究都由大学承担，而并非如欧洲那样由政府实验室或如日本那样由产业部门来进行。大学进行基础研究所带来的最重要的结果就是形成科学研究与人才培养的完美统一。美国联邦政府拥有近千所研发中心，这些研发中心构成了全美基础研究和科技创新的主要平台，其主要任务是发展基础性研究知识，提供新知识和新思想，为对基础知识做出贡献的大学师生提供研究机会，其中许多规模较大、研究人员充足、设施一流的国家实验室都建立在大学。这些国家实验室受到联邦政府机构的资助，但是管理和运营则由大学负责。美国将一些国家实验室设立于部分一流大学，充分发挥了这些大学在基础研究资源和人才培养方面的优势，使大学成为国家创新系统中知识传承、知识创造和知识扩散的主要机构；同时，由联邦政府投资建立的国家实验室不仅为大学带来充沛的资金和科研项目，改善了大学的科研基础设施，更重要的是使大学中的教师和学生有充分的机会进行实际的科研探索与创新活动，最终提升了大学的创新能力。美国大学中的国家实验室在其长期的发展过程中成为推动大学创新能力的重要力量。这些实验室与所在大学之间形成的研发伙伴关系，极大地发挥了大学在基础研究领域所具备的优势。

美国对科技成果转化的基本模式有：①由高校、科研机构负责创新研究活动，进而将成果提供给企业的模式；②由高等院校、科研院所与企业分别承担的联合转化模式；③企业自主研发转化模式，即企业设有专门的研究开发机构，自身有较强的科技创新实力，自主实现产业化；④企业与政府共同承担风险，由企业提出项目、政府与企业共同确定的转化模式；⑤企业依据自身需求直接引进外国先进技术，自行吸收或二次研究开发，投入生产过程的转化模式；⑥政府计划推广的转化模式。经过数年的发展，美国建成了一套非常完善的科技成果转化保障制度[①]。

5. 美国的创新教育

美国哈佛大学在 1945 年发表的哈佛红皮书——《自由社会中的一般教育》中提出

---

① 余稳策. 美国创新驱动战略对中国的启示[J]. 亚太经济，2017(2)：94-98.

了知识和能力协调发展的原则,注重学生创新能力的训练。美国哈佛大学要求每个本科生必须完成人文、艺术与社会领域的 8~10 门课程。20 世纪 70 年代,美国教育界就明确提出了培养具有创新精神的人才教育目标。

美国从 20 世纪 70 年代起,在一些大学里设立了创新中心,以指导学生的创造发明活动。许多大学开设了一系列专门训练和培养大学生创造能力与方法的课程,如学科研究方法论、创造技能、智力与创造力训练等。

哈佛大学早在 20 世纪 50 年代就把"创造学"列为学生的基础课程。美国各类大学不但普遍开设了"创造学"和"创造力开发"等课程,还应用创造思维的系统理论,对工、理、文、管理等学科的 200 余门专业课程内容进行了修改。同时,美国在军政机关和大众企业中也开设了创造性思维的培训科目,从而形成了较完善的创新教育体系。20 世纪 50 年代后,美国的创新热潮迅速传播到世界各国,日本、苏联、芬兰、德国、瑞典等国家相继开展了对创造学的研究,其中日本、苏联的进展尤为突出。

美国大学较早采用学分制,每修完一门课程便得到若干学分,修完规定学分便可毕业。不同学校不同专业的学分不同,但一般为 120~140 学分,其中有 35~45 学分为主修科目,普通教育课程亦至少需要获得 35~45 学分。学生只要完成了规定的必修课程,就可以根据自己的兴趣、专长和自身学习情况任意选修其他感兴趣的课程。学生选修课程有很大的自由度,这样有利于培养学生的不同素质和个性。美国大学的修业期没有一定的限制,学生既可以在三四年内完成学分而获得学位资格,也可以在 10 年内完成其大学课程的学习。美国大学的专业课程体系比较灵活,除了一些基础课程和专业基础课程相对固定外,老师可以根据新的科研成果或人才市场需求开设新的选修课程。同样是一门课程,不同教师可以采用不同的教材;同一个教师在不同学期讲同一门课程,内容也会有所不同。这样,学生就能掌握最新的科研成果,或学到最紧缺的专门知识,利于新的学科较快进入高校,也有利于学生适应市场需要。例如,20 世纪末微电子学刚刚兴起时,芯片设计制造公司急需大批这方面的人才,很多高校及时开设了这方面的课程,有的学生仅仅学了一两门相关课程就被这些公司录用了。

美国相关部门制定了一系列政策法规引导创新教育的实施。1985 年,美国促进科学协会制定了《普及科学——美国 2061 计划》,旨在帮助美国儿童学会如何思考、学习和创造。1991 年,布什总统制定了《美国 2000 年教育战略》,大力推进教育创新改革。国会通过《美国竞争法》,用法律保障人才培养和教育创新。1998 年,"重建报告"呼吁在本科课程中打破学科界限是培养创新性人才的关键。此外,政府还通过职业移民、招收留学生及颁布国际交流与合作政策,吸引国外技术人才为美国的经济发展服务。政府通过直接拨款、科研经费的形式予以支持,民间基金会提供捐赠:1973 年,美国国家科学基金会资助麻省理工学院等高校建立"创新中心",组织学生从事技术创新和新产品开发；高校与企业合作，如微软委员会长期赞助华盛顿大学、麻省理工学院的创新研究；名人、富翁和校友以个人名义进行捐赠；大学通过学费、科研、资源收入和投资收益获得资金。

2009年，奥巴马政府实施新政，为了提高美国学生在科技、技术、工程及数学等多方面的能力，在全美范围内发起"创新教育"行动。奥巴马认为，"为了应对本世纪的挑战，重申和加强美国作为世界领先的科学发现和技术创新引擎的作用是至关重要的"。美国政府关于"创新教育"的举措赢得了社会各界的支持。

6. 美国的风险投资

美国是现代风险投资业的创始人和"领跑者"。美国现代的风险投资业始于20世纪30—40年代，其初衷是支持高科技企业在初创期的发展，对初创期投资占风险投资的比重长期稳定在20%左右。1946年，世界第一家风险投资公司——美国研究与发展公司成立。该公司的宗旨是组织资金，支持波士顿周边众多的科学家将实验室里的科研成果尽快转化为消费者所能接受的市场产品，其使命是为新兴的企业提供权益性的启动资金，推动新兴企业的发展。美国风险投资业经历了20世纪五六十年代的兴起，70年代的低谷与调整，80年代的复兴和90年代的规范与蓬勃发展几个阶段。随着90年代美国新经济兴起，风险投资业成为基本推动力，引起世界各国重视[①]。

风险投资活动集聚的区域通常有两个先决条件：拥有熟练的人力资源库和著名的、有能力孵化高科技初创企业的学术机构。1980－2000年，加利福尼亚州和马萨诸塞州成为美国高科技领域风险投资最集中的两个州。20世纪90年代后期，风险投资开始向多地扩散，得克萨斯州、马里兰州和北卡罗来纳州相继成为投资新热点。美国风险投资业的规模从20世纪80年代的5.68亿美元发展到2007年的300亿美元，其中有250亿美元(约占85%)投资于软件、医疗器械和设备等高科技领域，生物技术方面的投资占50%[②]。风险投资行业的发展为新兴产业提供了大量发展资金，激发了新兴技术创新，推动了技术进步与转化，为创新性企业的发展提供生存与发展的动力，为美国经济繁荣奠定了重要基础，使美国科技始终处于世界领先水平。

二、东亚地区国家的创新体系

"二战"后，东亚地区的日本、韩国、新加坡借助第三次科技革命的浪潮发展完善了国家创新体系，本节将依次对这三个国家的创新体系概况予以介绍。

---

① 陈柳钦. 美国风险投资业的发展及其对中国的启示[J]. 现代国际关系，2004(5): 46-52.
② 华蓉晖. 美国、英国和以色列三国风险投资业的比较与启示[J]. 上海金融学院学报，2013(1): 108-117.

(一) 日本创新体系概况

日本的国家创新体系的组成部分主要包括创新战略与政策、创新教育、产学研结合与成果转化三个方面。

1. 日本的创新战略与政策

日本是后发国家实现创新驱动发展的成功典范。"二战"后，日本始终坚持将科技创新作为支撑国家经济社会发展的首要选择与核心动力，注重推动企业技术进步和自主创新能力的提升，不断提高研发投入。

1955—1979 年是日本现代化经济建设的奠基期，确立了政府主导的市场经济体制，积极做好创新创业的基础建设，重视引进国外专家和先进技术，产业结构从劳动和资源密集型向资本和技术密集型过渡。1980—1994 年，日本确立了"科技立国"战略，政府坚持将科技创新作为支撑国家经济发展的优先选择和核心动力，始终保持将实体经济作为技术创新的主体，带动产业朝着信息化和服务化方向发展。

20 世纪 90 年代，随着泡沫经济崩溃，日本面对严峻的挑战。1995 年，日本颁布《科学技术基本法》，提出"科技创新立国"战略，积极推进原始创新，发展新兴产业。日本政府分别于 1996 年、2001 年、2006 年、2011 年相继制定了 4 期"科学技术基本计划"(5 年为 1 期)，提出了人才、基础研究、科技创新、重点技术、国际合作等科技创新发展战略，并把信息通信、生命科学、环境科学和纳米新材料等新兴技术领域作为研究与开发的重点领域。2013 年，日本发布《日本再兴战略》和《科学技术创新综合战略——挑战新维度的日本创造》等重要战略，致力于打造"依靠技术保持优胜"的日本。科技创新立国战略的实施有力地促进了日本产业的转型升级，提升了产业竞争力，使日本产业继续保持了强大的国际竞争优势[①]。

2. 日本的创新教育

日本的创新教育始于 1868 年明治维新，要求高等教育人才培养目标符合"富国强兵""殖产兴业"的国策。明治维新时期，日本高等教育结构层次比较齐全，出现了综合性大学，如东京大学、帝国大学；高校类型多样化，文、法、理、工、农、医、艺术、商业等各类学校基本齐全；管理体制朝着开放的现代化方向发展，不仅有国家办学，还有地方政府和私人办学；引进欧美学术研究成果，教学内容现代化；重视师资队伍建设，高薪聘请外籍教师，选聘留学人员。高等教育的蓬勃发展为日本提供了充足的人才储备，使其迅速发展成为资本主义强国。

"二战"后，日本的创新教育获得了长足发展，并且促使日本经济迅猛发展。日

---

① 谈力. 日本创新驱动发展轨迹与政策演变及对广东的启示[J]. 科技管理研究，2016，36(5)：30-35.

本首相吉田茂在《激荡的百年史》中指出,"创新教育在现代化中发挥了主要作用,这大概可以说是日本现代化的最大特点"。"二战"后,政府为提高全民族的科技文化知识水平,通过立法等多种渠道参与教育、鼓励教育、保护教育,在20世纪50年代发布的《经济自立五年计划》《新长期经济计划》《国民收入倍增计划》等重要国家战略中均提出"振兴科学技术"和"通过教育开发人的能力"。日本于20世纪50年代普及了九年制义务教育,70年代普及了高中教育,将教育的理念扩展到学校之外,实现了大学教育与技术研发、学校进修和企业培训的有机结合,逐步建立起覆盖校、企、政的完备的教育体系,培育出一大批高素质的政府官员、科技研发人员、企业家,满足经济发展对高质量劳动力的需求。

20世纪90年代后,面对社会经济结构的变化,日本政府开始倡导面向21世纪的全面教育改革,创新教育取得了很大成绩。20世纪90年代,日本大学强调创造性,该时期的创新教育发展也堪称日本历史上的全盛时期。日本教育界认为,面对严峻的社会经济形势,大学如果不加速改革,本国的21世纪将不可能得到发展。1991年,按照大学审议会提出的"高等教育个性化、教育研究高水平化、经营管理活性化"的方针,日本进行了大学设置基准等改革,引入了自由竞争机制,启动了大学创新教育改革。

2004年新春伊始,新任文部科学大臣的河村建夫发表新春致辞,开篇就是深化教育改革,教育文化立国,科学技术创新立国,建立新世纪的创新教育理念,调整现有的教育体系,为大学教育改革和创新教育的发展奠定基础、提供保证。进入21世纪,为了适应国内外形势的需要,实现国际化目标,日本各大学在教育理念和教育方针等方面不同程度地强调了国际化。在日本,无论是国立、私立大学,还是公立大学,各大学都能结合自身特点,开展多种多样的国际交流活动:它们不仅吸引海外留学生和优秀外籍教师,同时也增加本国师生在国外学习、进修的机会,从而充分实现与外国师生的交流互换;在学校教育的内涵发展上与世界接轨,加大对学术研究的支持力度。在突破传统、创建新学科的过程中,促进大学参与国际对话,举办和参加国际性学术会议,加强学术交流,办出自身的学科特色;加强国际性常识教育。在专业设置和课程设置等方面引入国际关系、国际政治、国际经济等内容。瞄准国际市场,与国际知名大学建立友好学校关系,为知识的不断创新创造条件。

此外,大学间缔结"学分互换"协定,互相承认学分,同时逐步导入必修与选修课程的修正、学分计算办法的修正、毕业学分要求的修正等。教学上有意识地强化实践教学,扩大学校与产业、学校与民间企业的合作,建立产学研一体化的发展模式,鼓励企业和大学联合建立研发中心。文部省、通产省、劳动省还与大学、企业等一起积极运作设立实习生制度,这一制度的实施,改善了大学研究与社会需求的偏离程度,帮助学生在大学期间积累与自己的专业相关的实践经验,既培养了学生的适应能力和创新能力，同时也增强了学校的活力。

3. 日本的产学研结合与成果转化

日本的大学、科研与生产结合的特色在于官、产、学合作制度，即企业界、学界和政府在教育和科研方面紧密协作，大学科研院所与民间企业合作，政府从政策、制度和财政方面给予协调和支持。这使日本大学科研气氛浓厚，加上政府和企业的支持，大学拥有丰厚的科研经费用于知识创新。

1998年4月，日本国会通过《大学技术转移促进法》，鼓励大学设立科技成果转化机构(technology licensing organization，TLO)，确定政府从制度和资金方面对TLO予以支持。TLO给大学一个强烈的信号，即将其专利实施由非正式或"绕道"方式转向高度正式化，将产学合作由"看不见的"个人交易转换为"看得见的"组织合作，其要点在于免除TLO专利申请和维持费用，中小企业资助中心为中小企业和高校合作提供资金，允许大学教师在具有私营公司性质的TLO兼职。2002年，《日本知识产权战略大纲》正式颁布，确定了"知识产权立国"的战略目标，其核心是实现在知识产权平台上建设创新型国家，用知识产权创造高附加值产品，达到激励经济和社会发展的目的。日本知识产权战略主要包括创造、保护、活用和开发人才资源等内容。同年，制定《知识产权基本法》，将经济战略法制化，运用法律的手段规范、推动、控制知识产权战略的实施，同时修改相关法律制度，把日本经济定位在发展知识产权的基石之上，目标是在日本建立世界上为数不多的、以发展知识产权为核心的国家创新体系。

为调动大学教师转化成果的积极性，充分发挥高校研究成果服务社会的作用，加强对高校研究成果的管理，2003年10月实施《国立大学法人法》，使国立大学取得法人权利和义务；以主体身份从事技术转移和孵化；可出资支持大学科研成果的应用；自主制定从事产学官合作、教师兼职兼业的相关政策，人事自主权得到扩大；TLO的成立由政府"认定"变为政府"承认"，有力地促进高校更好地发挥服务社会的功能。

在政府推动下，日本的自主创新能力跃居世界前列，科学技术对日本经济增长的贡献率达60%以上，促使产业结构从资本密集型产业向技术密集型产业，再向新兴产业转型，经济发展方式从资本要素驱动向创新驱动转变。进入"失去的20年"后，日本仍然保持着强大的经济实力和核心竞争力，屹立于世界强国之林。

(二) 韩国创新体系概况

韩国国土面积狭小，人口稠密，资源匮乏，工业基础薄弱，在20世纪60年代初，它还是一个贫穷落后的农业国家，科学技术一片空白，但是经过50年的发展，经济高速增长，已跻身发达国家行列，创造了"汉江奇迹"。可以说，这除了与积极推行开放型市场经济有关外，与注重创新和教育也是分不开的。韩国的国家创新体系的组成部分主要包括创新政策、教育改革、校企合作三个方面。

1. 韩国的创新政策

早在1962年，朴正熙执政后，政府就开始制定一系列科技创新政策，充分利用美国经济援助资金和日本战争赔偿资金，引导实施国家科学技术发展战略，逐渐发展成为亚太地区重要的科学研究中心和世界高技术产业重要聚集地之一。韩国整体上具备完善的科技法令体系，20世纪70年代，韩国科技法令体系逐渐形成；80年代，建立技术振兴扩大会议制度；90年代，瞄准高科技国家；21世纪以来，应对新经济挑战，制定一系列科技法令，实施了相配套的科技政策，对研究开发活动给予援助支持。2008年金融危机后，更加注重科技政策的及时性和实时性，整个社会为科技创新营造了良好的制度和政策环境。表1-1给出了韩国实施的主要创新政策。

表1-1 韩国实施的主要创新政策

时间	主要创新政策
1961年	颁布第一个经济开发五年(1962—1966年)计划，实施第一次科技振兴五年计划
1962年	设立技术管理局，隶属于国家经济计划院
1967年	设立科学技术处，隶属于中央政府
1967年	颁布《国家科学技术促进法》
1971年	成立韩国科学院和韩国开发院
20世纪70年代	建立一系列的电子、船舶、资源、标准、机械等国立研究所
1972年	成立国家综合科学技术审议会，协调国家科学技术政策，颁布实施《技术开发促进法》等一系列科技创新政策
1972年	实施《科学技术中长期人才培养计划》
1982年	召开第一次科学技术振兴扩大会议，实施"第一次科技立国"战略
1984年	成立"技术振兴审议会"，直属于总统领导
1986年	颁布《面向2000年科学技术中长期计划》，提出以自主创新能力支撑科技发展的战略思路
1989年	颁布《尖端产业发展五年计划》，着眼于微电子、新材料、生物工程和光纤维等7个领域
1991年	提出"G7工程"，力争10年内达到西方七大国水平
1995年	颁布《面向2010年科技发展长期计划》
1997年	颁布《科技创新五年规划(1997—2002年)》
2001年	推出《科学技术五年基本规划》
2003年	提出"第二次科技立国"战略，启动"十大新一代成长动力"高新科技发展工程
2004年	成立国家科技委员会，直属于总统；科技部部长提升为副总理级

(续表)

时间	主要创新政策
2013年	发布《调整产业技术创新计划(2014—2018年)》，启动"创业精神校园培养计划""第六个产业技术创新计划(2014—2018年)"
2015年	发布《政府研发创新方案实施计划》
2020年	启动《人工智能国家战略》

2. 韩国的教育改革

韩国"汉江奇迹"的取得，与韩国职业教育的贡献密不可分。早在20世纪六七十年代，韩国制定了3个职业教育中长期发展规划：《职业技术教育5年计划》(1958—1962年)、《科学技术教育5年计划》(1967—1971年)、《科学技术人力供给计划》(1973—1981年)，筹集资金大力发展职业教育，对初中生进行五年制职业教育，改善职业高中办学条件，建立与高中相衔接的三年制专科学校。1982年，创建四年制的开放大学，建立独立的广播电视函授大学，培养高精尖科技人才。1986年，成立科学技术大学，基本形成高中、大学、研究生院一体化的科技人才培养体系。

韩国从1995年开始实施"建立主导世界、信息化时代的新教育体制"的教育改革方案，要求从以知识记忆为主的教育向以培养创造力为重点的教育转变，大学教育由传播现有知识和外来知识向科技文化创造方向转变。为了提高大学的教育质量，进行了各种教育改革，通过实验大学探索适应经济建设要求的办学经验；兴办"特定化"大学，扶持一批大学和学科；实行按照能力毕业制度，激励大学生的求学热情，缩短人才培养周期[①]。在专门人才培养上，韩国政府采取了一系列扶持政策，比如，为了促进游戏业的发展，韩国政府规定只要具备游戏开发能力或者具有技术执照的男性，就可以免除兵役。

3. 韩国的校企合作

韩国政府规定中小企业需要向大学提供一定的创业基金，鼓励大学生投身创新创业活动，并奖励优秀的创业学生，从而带动学生的创新创业活动。韩国一些大型财团兴办企业院校和研究生院，如大宇集团、三星集团，每年用于人才培养的经费达到6千万美元，为企业发展输送了大批人才。成立于1986年的浦项科技大学是一所私立研究型大学，是由世界第四大钢铁制造商浦项制铁公司创办的，现已发展成为亚洲一流大学，排名亚洲前十位。该大学将人才培养目标定位于培养接受良好教育与训练的全球未来领导者，将创新教育与创业教育的理念注入课程体系，贯穿于教学目标、教学内容、教学方式、教学环节中[②]。大学与企业实现了双赢发展，企业为大学创新教育提供了各种创新创业平台。

---

① 郭磊.韩国职业教育在科技创新中的作用[J].职业教育研究，2018(4)：155-156.
② 王俊.韩国浦项科技大学创新创业教育模式探究[J].世界教育信息，2015(11)：26-30.

(三) 新加坡创新体系概况

新加坡是一个典型的城市国家，国土面积仅 719 平方千米，却在 1965 年建国后迅速发展成为世界第四大金融中心、世界第二大航运中心。从 20 世纪 90 年代起，新加坡改变劳动密集型产业结构，大力发展科技和创新能力，实施创新驱动政策，创新水平位居世界前列，完成了向产业结构转型。新加坡的国家创新体系的组成部分包括创新政策与教育改革两大方面。

1. 新加坡的创新政策

与其他国家相比，新加坡凭借优越的地理位置，建立了资本自由竞争制度和廉洁政府来保证创新经济发展的效率和方向。通过资本自由竞争制度，为国内外资本提供了公平开放的竞争平台，但又注重政府对社会经济的调节作用，确保国家战略发展方向。这为新加坡吸引了大量的国外资本，为国家创新体系奠定了基础。

20 世纪 90 年代之前，新加坡并不重视国家创新发展，随着国际环境知识经济兴起，新加坡开始重视并加强国家创新活动。1989 年，新加坡政府发布《新的起点》(*The Next Lap*)，提出重视创新研发，发展高新技术。1991 年，新加坡成立了科技局，负责制订国家科技发展计划。1991 年以来，共制定了 6 个科技五年规划，保证了科技发展政策的连续性，促进了新加坡创新经济的长足发展。表 1-2 列出了新加坡的主要科技政策规划。

表 1-2 新加坡的主要科技政策规划

时间	科技规划	预算/亿新元	领域
1991—1995 年	国家技术发展规划	20	信息技术、微电子、电子系统、制造技术、材料技术、能源与环境、生物技术、食品和农业、医疗科学
1996—2000 年	第二个国家科技规划	40	制造技术、微电子、新材料、生物和药品、信息技术、环境
2001—2005 年	科技规划 2005	60	信息与通信、电子制造、生命科学
2006—2010 年	科技规划 2010：创新驱动的可持续发展	135.5	电子、信息通信与传媒、化学药品、工程
2011—2015 年	研究、创新、创业 2015：新加坡的未来	161	电子、生物医药、信息通信与媒体、工程、清洁技术
2016—2020 年	研究、创新、创业 2020：用科技赢未来	190	先进制造技术、保健与生物医药科学、城市方案与持续发展、服务于数码经济

新加坡政府注重知识产权保护，2001 年成立了知识产权办公室，制定了一系列维

护个人知识产权的法律规章制度，不仅制定了《知识产权法》，而且同欧美发达国家签订了双边知识产权保护协议。2003 年，成立知识产权研究院，加强对本国个体创新创业成果的专利保护。

新加坡重视信息技术的开发与利用，先后开展"国家信息化""国家 IT 计划""国家科技计划""IT2000 计划"等项目，实现城市信息互联互通，大力建设"智慧国家"。2006 年 6 月，新加坡启动"智能城市 2015"计划，大力发展信息与通信技术产业。2014 年，该计划升级为"智慧城市 2025"，是全球第一个智慧国家蓝图，聚焦信息化建设，鼓励企业创新，为科技企业和人才提供优越的经商环境与创业环境。2017 年全球智慧城市表现指数报告中，新加坡超越伦敦、纽约和首尔，位列世界第一。

2. 新加坡的教育改革

为适应知识经济的发展需要，新加坡不断进行教育体制改革。新加坡特设专门进行国家人力资源培养和开发的"人力 21 指导委员会"，专门进行 21 世纪国家人力资源问题的研究，提出全国性教育制度，让全体的国民都能得到提升，倡导职业培训、国民教育、创意思维，让每一个新加坡人都成为有创新能力的人才。制订工人技能提升计划，鼓励工人进行再训练，并在掌握新技能的同时培养自己的创新能力。新加坡重视建立终身学习体系，希望每个人具备终身受雇的能力。除了注重本地人力资源的开发，新加坡也采取种种措施吸引国外优秀人才来新加坡学习、工作。新加坡正采取全面的人力政策以建立一支具有全球竞争力的世界级劳工队伍，为发展知识经济打基础。

新加坡各名校也纷纷设置创新方面的专业课程，联合开展创业与创新合作项目，组织创业培训，举办各类创新、创业研讨会议。其中，最有代表性的举措有：新加坡国立大学建立了"国大开创网"以及"创新与科企管理中心"；南洋理工大学建立了"南洋科技创业中心"，在全校设立创业与创新硕士课程项目等。

新加坡国立大学在 2002 年设立开创网，进行创业教育和创新孵化。通过与硅谷、费城、上海、北京、纽约等地的著名大学合作，每年向每个合作学校派送 20 名左右有创业计划的学生，在当地大学学习，并进入初创企业实习，为期一年。学成归国后，这些学生将世界各地的创业文化、商业模式及创意等带入新加坡，形成了一个活跃的创新部落，不断激发新的创业项目和初创企业的产生。国立大学设立企业培育所，为师生提供全面的创业环境，鼓励师生通过科研成果创立公司，适应多元文化的创新环境，有利于初创企业向境外寻求发展。因此，国立大学的企业培育所被誉为新加坡创业的"黄埔军校"。

南洋理工大学在 2001 年设立了科技创业中心，面向社会开设创新与创业硕士课程，定期邀请政商界领袖演讲，交流创新创业经验，旨在培养勇于创业、敢于创新、具

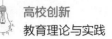

有凝聚力和领导力、适应全球化发展及知识经济的创新型企业家或经理人。在培养学生创新能力方面，南洋理工大学通过 URECA 项目，设立校长奖学金和特殊贡献奖学金，选拔优秀学生参加教授课题组项目研究，参加教授的研究团队，系统训练学生的科学研究能力，培养学生的科学精神和创新意识。在实施过程中，学生每周参与科研工作的时间不少于 10 小时，周期大约 8 个月，很多大学生拥有了在高水平国际杂志发表论文的能力。

三、新兴国家的创新教育

(一) 俄罗斯创新体系概况

俄罗斯作为典型的经济转轨型国家，创新经济发展之路具有特殊的分析价值，经历了 20 世纪中后期长期的经济发展停滞期后，直到普京上台，才进行经济调整和教育改革，尽管近年来受制于西方国家制裁的国际困境，但更坚定了俄罗斯实施创新驱动发展战略的决心，其积极作用已经显现，现已发展成为新兴经济体。俄罗斯的国家创新体系的组成部分主要包括创新发展战略、创新教育与创新人才培养机制。

1. 俄罗斯的创新发展战略

自 1992 年以来，俄罗斯通过政府主导，进行了一系列政策和机制的调整，并提出了对创新驱动发展战略的构想，已经初步建立了国家创新体系。比如，建立了一整套科研创新体系，创建了俄罗斯风险投资公司、俄罗斯技术发展基金等，为创新项目吸引各类资金，确保了创新投资链条的连续性。完善知识产权法律法规体系，从创新预算、机构组织、成果产业化等方面为创新活动提供法律依据，先后出台《俄罗斯 1998—2000 年科学改革构想》《俄联邦商标法》《俄联邦专利法》《确保保护知识产权的措施》等。为了促进知识产权成果转化，颁布《关于科技成果支配权》，赋予科研机构对科技成果更大的自主权。在创新管理运作上，2001 年成立"总统科学与高技术顾问委员会"，2004 年成立教育科技部。这些政策的实施和机构的成立，促进了俄罗斯经济的快速增长，到 2007 年，俄罗斯 GDP 年均增长率超过 7%，成为"金砖国家"之一。

2008 年全球金融危机的爆发，凸显了俄罗斯长期资源型经济的弊端，从而提出了由资源依赖性经济向创新经济转型的战略。2008 年 2 月，俄罗斯总理普京提出《俄罗斯 2020 年前发展战略》，正式提出创新发展战略，将科技和创新作为推动国家、社会经济全面进步的根本动力。表 1-3 给出了俄罗斯部分创新政策的主要内容。

表 1-3 俄罗斯部分创新政策

时间	主要政策	主要内容
1996 年 7 月	关于科学与国家科技政策	第一个关于创新问题的国家规范性法规
1998 年 2 月	"关于创新"模式的法令	在创新领域为国家立法委员会的参与提供依据,揭示了创新的基本概念,确立了创新活动的机制和条件
1998 年 7 月	俄联邦 1998—2000 年创新政策构想	提高科学研发成果的使用率,将基础研究和应用研究成果应用到生产中
2002 年 3 月	2010 年前俄罗斯联邦科技发展基本政策	加速建立国家创新体系,确立了国家科技发展的方针、目标、任务和实施路径
2002 年 4 月	2002—2005 年俄联邦国家创新政策构想	国家创新政策的主要目的在于提高产品科技水平和竞争力,确保创新产品进入国内外市场
2005 年 8 月	2010 年前俄罗斯联邦创新发展体系基本政策方向	俄罗斯创新体系的指导性文件,创新体系建设的中期规划,确定了俄罗斯联邦创新体系的构成
2005 年 9 月	2006—2010 年联邦教育目标发展纲要构想	提出教育创新目标
2006 年 2 月	俄联邦 2015 年前科学与创新发展战略	建立平衡的研发部门及有效的创新体系,确保经济工艺现代化
2008 年 2 月	2020 年前俄罗斯联邦国家社会经济长期构想	正式确立国家创新发展战略,提出调整产业结构,由资源型经济向创新经济转型
2008 年 10 月	教育与经济的创新发展:2009—2012 年推行现代教育模式	明确了俄罗斯教育的中长期发展战略,采用现代教育模式提供优质教育,以适应创新经济发展
2011 年 12 月	俄联邦 2020 年创新发展战略	提出恢复俄罗斯在世界基础科学领域的领先地位,制定了 2020 年前俄罗斯创新战略的目标、任务和实施阶段
2012 年 5 月	关于国家政策在教育和科学领域中的落实措施	提出 2020 年前不少于 5 所大学进入世界权威大学排行榜前 100 名(简称 5-100 计划)
2012 年 12 月	俄联邦 2013—2020 年科学与技术发展国家纲要	提出研发重点在纳米、信息技术、能源和资源利用等领域
2015 年 5 月	2016—2020 年俄罗斯联邦教育发展目标纲要	使教育更加符合创新社会发展要求
2016 年 11 月	高校——创新的中心	致力于保障高校在世界教育市场中稳定的竞争力,打造高校创新中心,促进地方社会发展

2. 俄罗斯的创新教育

2005 年,俄罗斯总统普京宣布国家优先发展项目,即教育、健康、经济适用房和农工综合体,将教育摆在了国家优先发展项目的首位,以满足社会经济发展需求。教育工程提出了9个优先发展方向和2个教育变革机制，主要优先发展方向涵盖创新型大学的建设、大学的创新计划、网络化教育、教学实施的改进、区域教育系统的现代化等，2个教育变革机制为发掘和优先支持精英提供新的管理机制与方法。建设创新型大学是实现创新型国家的重要举措，以现代化的教育基地为基础，通过引进先进的教学管理计划和技术，提高教育质量，形成独特的高端管理人才培养体系。2006—2007年，俄罗斯教育科技部制定了选拔标准，先后两次开展创新型大学的选拔，涉及自然科学、工程技术、医学和农学等优势资源学科领域，评选出17所创新型大学，签订建设合同，政府给予财政支持，用于更新实验设备、研发教学法、教师进修等。此外，俄罗斯整合区域教育资源，组建新的联邦大学，在莫斯科和圣彼得堡建立世界级水准的商业学校。

2010年，俄罗斯政府开始建设斯科尔科沃(Skolkovo)创新中心，旨在建成一个集科学研究、技术实现和商业生产于一体的创新生态系统，汇聚智力资本，鼓励开发高新技术。在此基础上，与美国麻省理工学院合作，创立斯科尔科沃科技学院(SkolTech)，建有15个创新中心，使教育、研究、创新创业有机地集成在一起，学生均有和入驻企业接触的机会，通过创新工作坊，帮助学生学会融合科学与技术。

3. 俄罗斯的创新人才培养机制

俄罗斯将人才培养模式改革作为高等教育现代化的主要内容，在借鉴欧洲经验的基础上，重新定位高等教育的人才培养目标、课程观念和评价体系，建立以能力本位取代知识本位的人才培养模式，要求学生在教育过程中发展职业能力、自我认知能力，以及能够进行自我评价和解决职业问题的能力。

为了保障高等教育质量，实施第三代高等教育国家标准，制定了171个学士培养方向目录和176个硕士培养目录。第三代联邦国家教育标准明确了未来职业岗位对毕业生的要求，明确界定了职业活动的领域、对象、类型和任务；突出学生能力的全面培养，要求学生应具备普通文化能力和职业能力，职业能力包括基本职业能力、科研分析能力、组织管理能力和教学能力；采用"模块化、探究式、实践性、多选择"的课程模式，基础教育大纲包括普通文化课组、职业基础课组、职业课程组、生理课组、教学和生产实践组、国家考试等内容；毕业生评价注重阶段性评价与最终评价相结合，着重考察知识、技能和能力水平；要求吸引企业主参与考核鉴定[①]。

(二) 印度创新体系概况

印度的国家创新体系的组成部分主要包括创新政策与创新人才培养两大方面。

---

① 杜岩. 创新经济背景下的俄罗斯高等教育转型策略[J]. 现代教育管理，2011(6)：108-110.

1. 印度的创新政策

印度注重中长期科技规划,将之作为重要的政策工具,持续时间较长,效果比较明显,强调对市场的保护和刺激。从 1947 年建国以来,印度根据不同时期的战略需要,出台了四套国家中长期科技政策(见表 1-4)。通过第一套科技政策,印度在核能、空间和海洋勘探方面完成了国防布局;通过第二套科技政策,印度建立了高技术及产业,成为高技术产品出口国;通过第三套科技政策,印度打造了发达的 IT 服务业。前三套科技政策重在建立现代科学体系,协同大学和研发机构建设科技基础设施;第四套科技政策重在推行科学、技术与创新协同发展,依靠科技创新实现跨越发展。

表 1-4 印度的中长期科技政策

时间	时代特征	主要政策	特点
1958 年	冷战时期	科学政策决议	实质是科学政策。重点发展国防军工科技,保障国家安全
1983 年	高技术兴起	技术政策声明	实质是技术政策。重点发展高科技外包服务,推动计算机、通信、生物制药等高科技发展,成为"世界后勤办公室"
2003 年	知识经济	科学、技术政策	实质是研发政策。强调科技产出,科技成果转化,重点布局以知识为基础的高科技领域
2013 年	创新驱动发展	科学、技术与创新政策	实质是创新政策。注重包容性创新、绿色创新和开放创新

为了推进技术政策的实施,印度注重政府管理结构的调整。例如,2010 年成立国家创新委员会,其主要职责是制定促进创新发展的相关战略,构建创新生态系统,推动建设创新型国家。2011 年,将科技部部长提升为副总理级别,凸显了政府对科技创新的重视。成立印度科研与工程研究委员会,设立了一大批创新资助机构与基金,资助大学和国家实验室建设。

在创新模式上,印度根据自身文化传统和国情,采用了"甘地式创新",即印度政府为了实现包容性增长,利用有限的资源开发出更多的产品和服务,以低廉的价格出售给更多的人,让更多民众享受全球化成果,从而使社会经济发展呈现出极强的包容性。其特点是不一味追求产品和服务的新功能、高品位,而是追求新的商业模式和组织形式,实现更低廉的价格,使购买人群可负担。

2. 印度的创新人才培养

印度拥有比较发达的高等教育和高质量的科技人才,围绕建立可持续的人才培养管道,采取了一系列措施。

一是计划设立 14 所创新大学,旨在强化大学自主权,吸引国外的印度籍科学人才归国创业，重点培育引进四类人才，即青年人才、女性人才、理工科人才和海外印度裔人才。推出青年科技人才资助计划，受资助学生规模达到 100 万人；对海外印度裔人才，实行双重国籍制度；为育后妇女重返岗位开设绿色通道。设立科技人员学术休假制度，鼓励科学家在休假期间开展商业冒险和创意实验。

二是建设创新平台。设立"国家创新奖学金"和"工薪阶层创新大赛"，激励创新人才，提升家长、教师和社会对创新的认知。在各种科学中心建立创新空间和创新网站，在每一个区级教育和培训机构设立创新中心；在大学设立人才中心，推动人才流动。高校将科技创新融入教育体系，设立创新工作坊，开设创新课程。在新德里设立全球第一家"元大学"，利用信息技术整合印度国家知识网络，促进跨学科创新，重点是应对全球性问题，如气候变化、公共卫生和教育。

三是重视营造法律环境。为鼓励印度软件公司严格按照国际惯例和国际标准生产产品，印度政府制定了世界上最严格的知识产权和反盗版法规，建立了权威的国际质量认证机构和软件试验基地。为了调动科研人员的积极性，印度政府颁布《科学家创新收入提成法案》，允许创新研发人员从研发的知识产权收入中获益，推动了知识产权产业化。2008 年颁布《国家创新法》，从法律层面明确规定了对创新研发活动的支持。制定《新专利法》，提高了专利审批速度，新增了保护计算机软件、医药产品等条款，支持个人和组织申报专利。

第二章
创新的基础理论

本章详细阐述了创新、创意和创业概念的内涵与外延，梳理了三者之间的关系，从理论层面加深读者对概念的理解。随后依据不同的创新划分标准，从不同角度介绍了创新的分类方法，特别对知识创新、技术创新和文化创新进行了具体描述。经过本章的学习，读者会对创新、创意和创业有更为深入的理解，为后续相关学习的顺利开展打下理论基础。

第一节 创新的相关概念

创新是当今时代的主题，是引领发展的第一动力。科学界定创新的相关概念不仅是进一步研究的基础，也是确定研究边界和研究对象的前提。

一、创新

"创新"作为一个理论研究的基本概念，最早由美籍奥地利经济学家熊彼特于1912年提出，其认为创新就是"建立一种新的生产函数，即把一种从来未有过的关于生产要素和生产条件的新组合引入生产系统"。熊彼特是从企业角度提出创新是企业生产经营过程中的某种改变，认为创新不是科学技术的发明，而是企业家运用已发明的科技成果。

熊彼特的创新理论当时并未引起主流经济学界太多的重视。直至20世纪60年代，科学技术在推动经济发展中的作用日益突出，在熊彼特所提创新概念的框架下，形成了技术创新理论、制度创新理论和新熊彼特创新理论三个不同的理论学派，如图2-1所示。

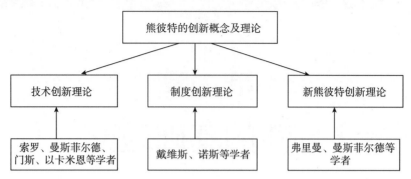

图 2-1 熊彼特的创新概念及理论发展过程

围绕技术创新理论，形成了以索罗为代表的新古典学派。在《资本化过程中的创新：对熊彼特理论的评论》一文中，索罗提出了创新需要满足新思想的来源和后续阶段的发展这两个条件，并测算出技术进步在经济增长中的贡献，因此，在古典经济理论的分析框架中加入了"技术"这一变量。诺贝尔经济学奖得主西蒙提出，创新是为了实现一个具有实用性目的而采取的一种新方法[①]。制度创新理论主要来源于熊彼特对创新内涵的第五种定义，即新的企业组织形式，代表学者诺贝尔经济学奖获得者诺斯于 1968 年提出制度创新是以追加利益为驱动对现有制度的改变，是经济的组织形式或经营管理方式的革新。新熊彼特创新理论学派以英国经济学家弗里曼为代表，其研究指出"技术创新是指新产品、新过程、新系统和新服务的首次商业化转化"[②]，重点强调企业家精神和企业家创新能力的研究。

以上研究均是从经济学视角进行分析，但不同学科领域的学者对创新的概念界定有所不同。管理学者将创新置于更广阔的背景下进行研究，美国著名管理学家德鲁克将创新的概念引入管理学领域，指出创新行为在社会财富积累和组织绩效提高中的重要作用，并将其定义为"赋予资源以新的创造财富能力的行为，凡是改变已有资源财富创造潜能的行为都是创新"[③]。著名管理学者迈克尔·波特则指出创新是通过发现新的产业竞争方式、发掘新的生产技术、革新传统促销手段和营销观念，并将其引入市场创造新的竞争优势[④]。综上可知，管理学者大都认为创新是一种独特的社会实践活动，是可以在社会经济发展中实现潜在社会经济价值的创造过程。

随着科学技术和经济社会的快速发展，"创新"一词有了各种不同的定义，例

---

① Simon Kuznets. Modern economic growth：rate，structure，and spread[M]. New Haven：Yale University Press，1966.

② Freeman C. The economics of industrial innovation[M]. Cambridge：MIT press，1982：214-215.

③ Drucker P. Innovation and Entrepreneurship[M]. New York：Harper & Row，1985.

④ Michael Porter E. The Competitive Advantage of Nations[M]. London：The Macmillan Press Ltd.，1990：69-73.

如，创新在个人或团体中被视为全新的思想、方法或新事物，包括思想创新和物质创新两部分①；创新是指一种创造和采用新的知识的过程②；创新是知识创作、转化和应用的过程，包括新思想到产品设计、试制、生产等一系列活动③；创新是一个复杂的价值创造过程，包括创造科学价值、技术价值、经济价值等，涉及科学研究、技术研发等活动④。还可以将创新简单理解为新的观点、新的设备和新的方法，创新既是一个过程，也是一个结果，即在经济、社会领域生产或采用和开发一种新的增值产品，或者更新和扩大产品、服务和市场，或者发展新的生产方法、建立新的管理制度⑤。

此外，一些国际权威研究机构也对创新进行了一定的界定，联合国经合组织(OECD)在《学习型经济中的城市与区域发展》报告中提出，"创新是比发明创造更为深刻的活动，必须考虑在经济上的运用，实现创新潜在的经济价值。只有当发明创造引入经济领域，才成为创新"。英国政府在《卓越与机遇——21世纪的科学和创新政策》白皮书中指出，创新是现代经济发展的发动机，是将人才、创意、设计、管理和资本结合起来创造新的满足消费者需求的产品和服务，创造经济价值的过程。美国国家竞争力委员会在《创新美国》计划中提出，"创新是把感悟和技术转化为能够创造新的市值、驱动经济增长、提高生活标准的新的产品、新的过程与方法和新的服务"。

我国有关"创新"的研究最早出现于20世纪70年代，80年代开始创新理论方面的研究。较早对创新进行定义的是清华大学傅家骥教授，他将技术创新定义为"企业家以获取商业利益为目标，抓住市场的潜在盈利机会，重新组织生产条件和要素，从而建立效能更强、效率更高和费用更低的生产经营方法，推出新的产品、新的生产工艺方法，开辟新的市场，获得新的原材料或半成品供给来源或建立企业新的组织，包括科技、组织、商业和金融等一系列活动的综合过程"⑥。

国内外理论界分别从经济学、管理学、社会学和哲学等多个角度对"创新"进行了系统研究。基于对创新概念的相关阐述，综合各种关于创新的定义可知，创新的定义既可以是一个以技术为内涵的概念，也可以是一个非技术内涵的概念。依据不同的视角，创新的内涵各有不同。在创新领域方面，主要体现为学科知识创新、行为技术创新

---

① Rogers E M. Diffusion of Innovations, Fourth Edition[M]. Oxford: Clarendon Press, 1995: 1-20.

② Holt K. The role of the user in product innovation[J]. Tec novation, 1988, 7(3): 249-258.

③ 冯之浚, 方新, 李正风. 塑造当代创新文化践行五大发展理念[J]. 科学学研究, 2016, 34(01): 1-3.

④ Mu R, Fan Y. Framework for building national innovation capacity in China[J]. Journal of Chinese Economic & Business Studies, 2011, 9(4): 317-327.

⑤ Edison H, Ali N B, Torkar R. Towards innovation measurement in the software industry[J]. Journal of Systems & Software, 2013, 86(5): 1390-1407.

⑥ 傅家骥, 等. 技术创新: 中国企业发展之路[M]. 北京: 企业管理出版社, 1992: 15.

和管理制度创新；从创新成果角度而言，创新不仅包括前所未有的技术发明、科技创新，如新思想、新事物或新方法，也包括对特定的活动客体或者社会架构进行创造、改革的活动过程和行为，例如管理体制、管理制度的推陈出新；从创新方式角度而言，创新既可以是创造出不同于原事物的新生事物，比如创造新的知识，也可以是对原有的事物进行改造、重新组合、延伸。

从大学生创新创业课程学习、参与竞赛及发明创造等活动的角度来看，创新是指学生通过理论学习与实践，综合现有的思维、知识和能力，采用已有或未曾用过的知识、技术、手段，实现具有社会价值、经济价值或个人价值的有别于常规的新观念、新思路、新创意、新方法、新产品等的活动。

概括而言，创新具有目的性、主动性和系统性的特征，是指人类在各种社会实践活动中，根据一定的目标，充分运用已有的知识和信息，创造出新事物或者对原有的事物进行改造、重新组合，在此过程中获得经济收益或社会收益，并提高人类对整个自然界和社会的认知水平。

二、创意

随着新技术的快速发展，新观点、新思想等层出不穷，创意受到越来越多的学者的重视。目前对创意的研究主要集中在创意本身的概念界定、创意产业、创意文化和创意经济四个方面。

"创意"一词是从国外引进过来，英文单词 creative、creativity 与 idea 都有"创意"的含义，我国目前很多关于创意的研究文章中都将这些单词直接翻译成创意。被誉为"创意产业之父"的约翰·霍金斯认为创意是催生某种新事物的能力，并将创意分为两类：一类存在于所有社会和文化中，是人类探索新事物的一种本性；另一类存在于工业化程度较高的社会中，以制造创意产品为导向。

对创意内涵的探讨，不同学科的侧重点有所不同。心理学派、应用学派、经常学派、管理学派对创意的代表性观点及观点评价如表 2-1 所示。由表 2-1 可知不同学派的切入点各有特色，例如经济学派认为，创意是一种经济资源，能够创造就业，促进经济发展；管理学派则认为创意是一种管理方式，主要通过应用管理方法、手段促进创意的产生。

表 2-1 各学派对创意的代表性观点及观点评价

代表学派	代表性观点	观点评价
心理学派	创意是一种创造力的思维过程[①]	突出人脑的作用,但对创意思维是人类的共同特征还是归属于特定人群,尚未达成共识
应用学派	创意是一项对创意产品进行构思、甄选和运用的实用性工作[②]	认为创意工作属于某些特定人群,带有将创意"专利化"的倾向
经济学派	创意是一种经济资源[③]	摆脱线性思维局限,开始将研究视角延伸到对创意商业价值的探讨上,是对"创意"内涵研究的一次质的突破
管理学派	创意是一种管理方式[④]	延续经济学派对创意的商业价值的认可,同时又突出企业管理手段对创意的影响作用,是对创意概念进行的系统性思考,是当前研究的趋势与主流

现阶段对创意的内涵和外延的研究都相当丰富,认为创意通常包括两个阶段:创新是第一个阶段,指创新思维的创新;而第二个阶段是在第一个阶段的基础上,挖掘和激活资源组合方式,进而提升资源价值。创意既是一种学习的过程,也是一种学习的结果,而创意教学环境的营造是创意思维训练的关键,包含创意素材、评价手段和学习方法等要素[⑤]。创意指新颖、有用的想法,且指利用该创意开发全新的产品与服务或完善既有产品与服务的过程,创意不仅指有想法,更要将想法落到产品与服务的实施层面[⑥]。

综上所述,创意具有自主性、普遍性、关联性和系统性等特征,是人类创意思维能力的成果体现。创意既涵盖过程,也包含结果,它以人类创造力思维为基础,又注重借助载体(如产品和服务等),将创意想法的附加值得以实现。

三、创业

"创业"一词由"创"和"业"组成,"创"是开拓、创新,"业"有基业、守业之意。《辞海》中对创业的定义是"开创、建立基业、事业",如《出师表》中的

[①] Reid Anna,Petocz Peter. Learning Domains and the Process of Creativity[J]. Australian Educational Researcher,2004,31(2): 45-62.

[②] 姬广敏,毕华林. 课堂教学创新能力培养的可行性及路径探析[J]. 中国教育学刊,2016(7): 63-68.

[③] Florida R, Tinagli I. Europe in the creative age[R]. Camegie-Mellon Software Industry Centre, 2004:13-30.

[④] 克里斯·比尔顿. 创意与管理:从创意产业到创意管理[M]. 北京:新世界出版社,2010.

[⑤] Reid Anna,Petocz Peter. Learning Domains and the Process of Creativity[J]. Australian Educational Researcher,2004,31(2): 45-62.

[⑥] 张巍,任浩,曲怡颖,等. 从创意到创新:公平感知与齐美尔联结的作用[J]. 科学学研究,2015,33(11): 1621-1633.

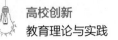

"先帝创业未半而中道崩殂"中的"创业"便有开创国家大业之意；《现代汉语词典》中对创业的描述是："开创某种事业的活动。"

国外对创业的研究最早可以追溯到 1755 年，法国经济学家罗伯特·坎狄龙最先将"创业者"的概念引入经济学范畴，他认为创业者是承担风险并可能合法拥有收益的人，其个人特质即企业家精神和管理才能能够有效避免投资不确定所带来的风险，突出领导者的角色功能。"创业教育之父"杰弗里在《创业学》中将创业看作一种机会驱动行为，认为创业是一种思考、推理与运气相结合的行为方式，创业者需要有很好的机会和运气，通过自身努力，付出时间和精力，承担财务风险、社会压力，只有这样才能带来财富，实现经济的独立和个人的价值，即创业活动是建立在运气和机会基础之上的，是机会、利益、方法的平衡过程。20 世纪 80 年代以来，随着经济发展环境的快速变化和日益复杂化，创业研究更为普遍。1987 年，美国管理学年会正式将创业纳入管理学科领域，同时 Journal of Management 开辟了创业研究专栏。从管理学角度，熊彼特提出创业者是创新活动的主导者，通过组织和协调产品设计、生产制造、管理模式等环节的革新，实现创新的价值；德鲁克认为创业是一种行为，即开展与众不同的活动并创造价值，与管理是一体两面。从过程来看，盖特纳提出创业过程包括从一份商业计划到一个现实的企业组织发展过程中的所有事情。截止到现在，关于创业的定义相当丰富，研究也拓宽到创业环境、创业家特征、创业过程和创业结果等方面。

正是由于缺乏对"创业"的统一定义，使得人们对创业研究的领域和边界存在许多探索。国内对创业理论的正式研究始于 20 世纪初，目前已取得了丰富的研究成果。从管理学角度来看，创业是企业管理过程中高风险的创新活动，创业活动的实施者不应局限于企业家或第一次创业者，凡是对生产要素进行重组的个人、团队或组织都有可能成为创业者[①]。从个体层面来看，通过探讨创业倾向与社会环境、个性特征之间的关系，提出创业是一种复杂的劳动[②]。此外，基于创业者特征、创业过程与创业结果的内容，提出"创业是指商业行为者在一定的创业环境中如何识别机会并利用机会、动员资源、创建新组织和开展新业务的活动"[③]。

学术界除了对创业进行界定外，还针对我国创业活动的发展现状、创业人才特征、创业环境等进行了研究，通过梳理国外学者对中国创业问题研究的文献，以及不同期刊和学者对创业问题研究的贡献，进而对创业问题所涉及的研究方法、研究层面进行探讨[④]。此外，通过对国内创业者特征、创业融资、家族企业组合创新问题的研究，发

---

① 林强，姜彦福，张健. 创业理论及其架构分析[J]. 经济研究，2001(9)：85-94.
② 范巍，王重鸣. 创业倾向影响因素研究[J]. 心理科学，2004，27(5)：1087-1090.
③ 朱仁宏. 创业研究前沿理论探讨——定义、概念框架与研究边界[J]. 管理科学，2004，17(4)：71-77.
④ 陆园园，张红娟. 中国创业问题研究文献回顾[J]. 管理世界，2009(6)：158-167.

现创业进取心是创业者保持创业激情的根源,并得出了组织特征,即企业年龄、规模、股东结构对创业企业具有影响等结论[①]。

尽管创业研究的历史不短,但学术界对创业的定义仍旧存在分歧。研究者基于不同的研究,分别从创业者特质、创业环境、创业过程及创业结果等方面得出创业的定义。总体而言,创业的定义更加注重创新和价值这两个层面。创业是创业者开拓思维、捕获机会、整合可用资源,创造性地开展个人与社会价值创造的行为活动过程,是思维与行动的结合,是精神与价值的碰撞。

关于创业的内涵,可以从三个层面理解:首先,创业是思维的创新,创业需要更新观念,以创新的理念指导实践;其次,创业是价值的体现,创业过程要体现价值,既包括物质价值的增值,也包括精神价值的升华,是个人价值和社会价值的统一;最后,创业是关于人生的哲学,创业不仅是谋生的选择,也能体现人生的态度。创业是劳动的一种形态,随着时代的变迁,人的交际范围、能力获取、潜力开发、自由发展等方面发生着深刻的变化,这就需要我们用时代的眼光看问题,去分析和理解创业的全新内涵。

四、创新、创意与创业的关系

创新、创意与创业之间既有联系又有区别,从三者的内在结构来看,都强调"创"的过程,但是表现形式不同,创意突出原创性,创新强调再创性,而创业凸显实用性,所以三者在本质上具有一致性。从基本内涵来看,创意是一个从无到有的过程,在此过程中有新的思维,而创新是对现有事物的创造、更新和改造,创业则是将创意与创新成果转化为现实的活动,是实现创意和创新商业价值的必要手段。创新、创意与创业的关系如图2-2所示。

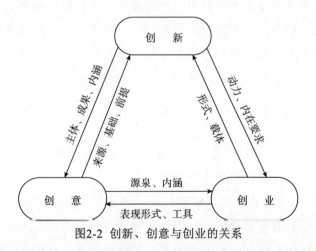

图2-2 创新、创意与创业的关系

---

① 叶文平,朱沆,李新春.财富积累速度、制度环境感知与创业者进取心——基于分析师调研报告的实证研究[J].南开管理评论,2017,20(3):172-181.

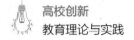

(一) 创新与创意的关系

创意是创新的重要来源，是创新活动的逻辑基础和前提，甚至是创新的原点和最直接的要素，两者具有强烈的互动关系。如果将创意理解为"发现一种新组合"，那么创新就可以被理解为"执行一种新的组合"。创意在本质上表现为思想、意识或理念的更新和创新，是一种思维活动，在普遍意义上，任何人都可能具有创意，与知识、人力资本等要素之间不存在必然的关联。创新活动的逻辑基础和前提便是创意，创意是创新的原点和最直接的要素。

创新活动要经过创意产生、创意促进创造和创意实现创效三个阶段。从广义角度来分析，创意和创新在主体、来源与结果方面都具有较为类似甚至是相同之处。

(1) 从主体上讲，不论是创意还是创新，人类都是主要组织者和承载者，都与人脑的创造性思维密不可分，都是一种以脑力为主的高级劳动形式。

(2) 从来源上讲，两者都建立在一定的知识、技能和经验的基础之上。离开专业知识、创造技能的支持，远离生活实践的积累，创意或创新就成了无源之水、无本之木，既经不起市场的检验，也没有任何实际价值。

(3) 从成果上讲，两者都带有不确定性。创意和创新最大的特点就是追求结果的新颖性和创造性，然而，由于产品的设计者或研发人员的创造性工作往往需要打破常规和反复实验，这就必然导致成果在问世之前，能否实现商业价值、能被受众认可都是未知数。

从狭义的角度来分析，创意与创新的内涵有所不同。一是两者的价值取向不同。从应用层面分析，创新所强调的是实用功能，创意虽然也追求经济上的增值，但创意可以视为一种新的、融入企业生产要素中的经济资源，以获取差别化竞争的优势。二是两者的表达形式不同，创意的辐射范围比创新要广，形式多样，可以体现在广告、文化、艺术等领域。创意源于思维的革新，是内在的、个人的和主观的劳动；而创新工作主要是对既成事物进行新的组合，是外在的、客观的和更加具体的劳动。

(二) 创意与创业的关系

创意是创业的源泉，而创业是实现创意的工具，两者相互依赖，密不可分。具体而言，两者的紧密关系主要表现在 3 个方面。

(1) 行为主体具有多元化和同一性的特征。不论是创意还是创业，都不是属于某一特定人群的专利，都具有普遍性特征。创意和创业既涉及个体、团队、产业，也与整个社会有关，全民创意、全民创业成为一种普遍的社会现象，凡是产生新观点、新知识，能对原有事物进行改造或者革新的行为，都可以纳入创意或创业的范畴。

(2) 创意的基本内涵是创业的表现形式。从本质上讲，不论是创意还是创业，都是一种社会化的过程，都会涉及某个特定的文化范畴，由此，创业更多了一层创意的内涵。尤其是在互联网、虚拟平台等新兴数字媒介的推动下，创业者依托信息技术工具的支持，通过对原有产品内涵和经营方式的创意与创新开展创业活动。

(3) 价值实现的内在机理具有一致性。创意首先是建立在他人想法的基础上，通过创业来实现创意也必然要求寻找与人合作的机会，协作创意和协作创业已经成为一个社会趋势。创业与创意之间也有深层次的联动机制，经济、文化和科技领域的创意丰富了现代创业理论，同时，创业的系统性、结构性思维也给企业创意管理研究带来了新思路。

(三) 创业与创新的关系

创业和创新是两个既有紧密联系又有区别的概念。在推动经济发展的过程中，创新和创业具有一致性。创新是经济发展的根本动力，是推动经济发展的决定性力量，是经济转型升级的内在要求，涉及科技、制度、管理、人才培养等多个方面。创业也是推动经济发展的动力，在国家经济发展和社会繁荣中起非常重要的作用，是推动行业发展、社会繁荣的重要源泉。

创业与创新的主体都具有广泛性，大众创业、万众创新已经成为一种普遍现象。创业的本质在于把握机会，进行创造性的资源整合、创新，以及快速行动。所以，创业的基础是创新，创新是创业的灵魂，没有创新，创业就会像无源之水、无本之木，没有生机和活力，创业与创新之间存在密切的内在联系。

创业是创新的载体和表现形式，创新能力是创业的根本支撑，创新推动创业，创业背靠创新，两者相互促进又相互制约，是密不可分的辩证统一体。创新与创业的结合形成新的生产方式，良好的创新创业氛围更易激发人们的创意。创业不仅体现在对资源的利用方面，而且还体现了一种价值的存在，不论这种价值是创业者的还是创业本身的。

从理论研究层面来看，相对于创新理论而言，对创业研究的起步较晚，与创业相关的研究认为，创业是指发现和捕捉机会并由此创造出新产品或服务的过程，标志和特征是创建新企业或新的组织。与创业相关的研究还包括对创业者特征的分析，目前尚未形成统一的分析框架。

第二节 创新的分类

创新涉及文化、科技、经济、社会等各个领域，因此，创新包含多种表现形式。由于创新涵盖领域非常广泛，各学者对创新的分类方式亦有多种不同观点。早在 1912

年，熊彼特将创新归纳为产品创新、工艺创新、市场创新、原料创新和管理创新五种类型。此后，随着社会的发展与科技的进步，德鲁克于 1986 年提出将创新分为技术创新、社会创新，技术创新以科技为基础，而社会创新则是创造新的管理手段和管理制度，目标是实现资源的社会价值最大化。总之，无论何种形式的创新，其最基本的形态均可以归结为技术创新与非技术创新、有形创新与无形创新。

一、典型的创新类型

在发现、发明、革新的过程中，创新体现为多种不同的形式，如产品创新、工艺创新、知识创新、技术创新、文化创新、管理创新、教育创新等。随着创新理论体系逐步形成，知识、技术和人力资本等要素内生化的内生经济增长理论兴起，对知识创新、技术创新研究的热潮产生。下面主要分析知识创新、技术创新和文化创新的内容。

(一) 知识创新

1. 知识创新的概念

知识创新是指通过科学研究获得新的自然科学和技术科学知识的过程，目的在于追求新发现、探索新规律、创立新学说、积累新知识[①]。从动态角度来看，知识创新是知识创造、演化、转移和应用的动态过程[②]，在新知识的产生及应用过程中不断地进行知识创造与知识扩散。

知识创新是技术创新的基础，是新技术和新发明的源泉，是促进科技进步和经济增长的革命性力量。在知识经济时代，知识的生产、扩散和应用在推动经济增长的过程中起决定性作用。早在 1986 年，罗默就将企业创造的新知识作为一种特殊的生产要素，率先提出知识溢出模型，认为知识具有外溢效应，强调新知识是经济增长的主要原因。时至今日，知识创新逐渐成为国家、企业等组织获得持续竞争优势的重要源泉。

案例2-1

中医药在治疗新冠肺炎中的作用[③]

2020 年抗击新冠肺炎疫情期间，近 5000 名中医药人的身影遍布湖北省各定点医院，他们发挥中医药的优势，有效控制了疫情的蔓延。据统计，湖北省确诊病例的中医

[①] 1996 年，我国国家经贸委和国家科委启动了知识创新工程，提出知识创新的概念。
[②] 和金生，熊德勇，刘洪伟.基于知识发酵的知识创新[J].科学学与科学技术管理，2005，26(2)：54-57.
[③] http://health.people.com.cn/n1/2020/0417/c14739-31677613.htmll.

药使用率和总有效率超过 90%。中医药在抗击新冠肺炎疫情的过程中取得了优异成绩，给医学界提供了不同的思路和视角。

2020 年 3 月 23 日，国务院在联防联控新闻发布会上公布了治疗新冠肺炎的中药——"三药三方"，确认了中药治疗新冠肺炎的有效性。"三药"指金花清感颗粒、连花清瘟颗粒(胶囊)、血必净注射液 3 种药物。"三方"指清肺排毒汤、化湿败毒方、宣肺败毒方 3 个方剂。3 种药物均为前期已获批上市的药物。"三方"中，清肺排毒汤由《伤寒论》中 5 个经典方剂融合组成，是国家诊疗方案中推荐的通用方剂；化湿败毒方和宣肺败毒方分别是黄璐琦院士团队和张伯礼院士团队在武汉临床救治过程中根据传统的方剂总结出来的新方剂。中药在治疗新冠肺炎的过程中起了非常重要的作用。此外，针对中医药在与新冠病毒"对战"中的疗效机制，也已经有团队进行了科学研究。

中医药是中国古代哲学和自然科学融合的产物，具有几千年的历史，做好中医药的传承、发展，尤其是创新，能够更好地服务于人民的健康事业和健康中国的建设。

2. 知识创新在高校中的作用

改革开放以来，我国的高等教育事业逐渐进入一个新的发展阶段。1999 年，党中央、国务院做出了大幅度扩大高等院校招生规模的重要决策，时至今日，我国高等教育取得了跨越式的发展，招生规模获得了空前的扩大，高等教育的各项重大改革均取得了重大的突破，并逐步深入。高等教育的跨越式发展基本满足了 21 世纪我国现代化建设对专门人才的需求，是把我国建设成为人力资源大国、人力资源强国的重大战略举措。

知识创新作为提升高校创新能力的关键性工作，其在高校教育中具有重要地位。大学应如何实现知识创新，如何将其与高校创业教育紧密结合？从协同创新和创业教育的内涵交叉点对创业教育理念、组织和制度建设、课程体系设置等方面进行研究也成为一项重要的研究课题。

加强自主创新，创建创新型国家，是在综合我国当前所处的发展阶段和世界发展格局的基础上所提出的重大战略决策。我国谋求创新驱动发展，就必须进一步实施培育更具有创新性的人才战略。创新的教育体系强调创新型人才战略，促进人才的培养、使用。2017 年，党的十九大报告再次强调，要"坚定实施科教兴国战略、人才强国战略、创新驱动发展战略"。

高等院校的教育目标就是培养具有创新精神和实践能力较强的高级专门型人才，将创新意识和创新能力的培养融入学校教育的方方面面，是时代和社会发展的需要，同时也是高等教育自身发展的需要。创新型人才培养目标的提出是我国现代化建设的必然要求，是启迪人的创新本性的需要，是深化教育体制改革，是素质教育的重要推进器。

大学生是国家后备的高级人才，肩负着时代的重托，其知识和能力能否跟上时代

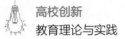

迅猛发展的步伐，能否以优良的素质来应对当前的挑战，已成为我国高校新时期教育工作一个现实而又紧迫的课题。构建高等院校创新型人才培养体系是当前高校教育教学改革的一个重要课题。创新教育不同于以往的改革，创新教育在教育功能上是具有全局性、结构性特征的教育创新，是一种全新的教育理念。

鉴于我国已逐渐步入知识经济时代且面临高新科学技术的挑战，高等院校必须由过去传统的人才培养模式向培养创新型人才的模式转变，将大学生培养成为拥有创新意识、创新思维和创新能力的人。我国高校教育应将能把大学生培养成为创新型人才的创新教育放在教育教学的主导地位。

为加强高等教育，促进各级各类学校的定位，确保创新驱动发展过程中的人才需求，政府应加强国内高校建设与学科建设，落实科教兴国的战略，推动实施国家技术创新工程，加快创新人才培养示范基地建设，以培养相关人才；狠抓高等学校教学质量和特色建设的同时，更要着眼于培养更多创新型人才，从而解决我国科技和教育发展还比较薄弱，拔尖创新人才的培养与发达国家相比还有很大差距的问题。

3. 知识创新的形式

当前知识创新的形式多种多样，主要包括创客教育、众客空间，以及整合第一和第二课堂开展教学活动等。

(1) 创客教育。创客通常指有创意、有思想，喜欢动手操作的群体，他们可以将身边一切可利用的工具利用起来加以创造，并愿意与其他人分享自己的作品和感受。从某种意义上来讲，创客教育是高校课堂教育的延伸和拓展。将创客教育并入高校的教育大纲中，能够有效促进学生创新能力的培养，并且能够引导学生有意识地参与到学校的创新创业活动中去，通过对学生的思维引导，实现学生综合素质的提升，为学生未来的发展提供更多的可能。

创客教育起源于美国麻省理工大学的实验室，是根据学生对于课题的具体要求进行更有针对性的创新教育设计，强调针对个人的设计理念，从而满足用户的需求。我国高校的创客教育最早可以追溯到 2012 年，多数高校相继开设了创客空间，并通过举办各种形式的创客俱乐部及创客大赛等，不断激发学生的参与热情。尤其现在"互联网+"技术的迅猛发展，使得很多信息和技术能够实现共享、共治和共赢，对大学生的创新创业提供了帮助和支持。创客空间能将跨年级、跨专业、跨学校的学生和资源整合起来。高校的创客教育工作能够为学生搭建良好的发展平台和社会资源，提供融资途径及技术支持。对于创造性的探索学习，高校通过资金扶持鼓励学生参与到科研项目中，对于敢于创新、善于进行发散性思维的学生而言，创新创业能够激发学生的主观能动性，真正参与到创客教育中，并且为高校的创客教育提供更多的工作亮点。早期的时候，国内学者对创客教育的研究停留在对概念、特点和实现过程的理解和梳理上,后来学者们开始关注美国社区创客空间的设计和使用功能,这些研究对我国创新创业教育具有很大的促进作用。当前国内创客教育的研究包括理论研究、实践案例的推广和学习、创客空间的建设、创客教育与其他教育模式的整合,以及创客教育教学模式的构建等。在当前国内"互联网+"技术广泛应用的背景下,创客教育对创新创业教育体系改革、互联网与教育相融合的影响日趋显著,最终促进学生发展,孕育创新文化[①]。

(2) 众创空间。"众创"一词的提出源于"大众创业、万众创新",本质上是知识经济环境下创新民主化的展现。新一代信息技术带来了知识获取、知识交互的便易性,众创空间的主体也由原来的企业、科学家变为普通大众。作为众创空间参与主体的普通大众,他们既是需求者也是创新者,他们既是追求卓越的技术创新者也是具有创新潜力、能够解决社会问题的草根创新者。

首先,众创空间具有开放性与低成本的特征,能为创业者提供较低成本的成长环境;其次,众创空间具有协同与互助性,通过沙龙、训练营、培训、大赛等活动促进创业者之间的交流和圈子的建立,促进创业者之间的互帮互助、相互启发、资源共享,协同进步,通过"聚合"产生"聚变"的效应。此外,众创空间还为创新创业者的成长提供了所需的材料、设备和设施,以及工商注册、金融服务等多种便利性支持。

麻省理工学院的微观装配实验室(Fab Lab)、欧盟的生活实验室(Living Lab)以及中国的"三验"应用创新园区(AIP)作为典型的早期众创模式探索,体现了面向"创新2.0"的协同创新在创新生态构建与发展中的重要作用。

微观装配实验室是由美国麻省理工学院发起的一个几乎可以制造任何产品和工具的小型工厂,该实验室创立的灵感来自哲申费尔德教授开设的一门课程——"如何能够创造任何东西"。没有技术经验的学生们在课堂上可以创造出很多令人印象深刻的产品,比如保护女性人身安全的配有传感器和防御性毛刺的裙子等。为了顺应用户创新、大众创新、开放创新、协同创新的新形势,我国逐渐涌现了一大批各具特色的众创空间,比如上海的新车间、深圳的柴火创客空间、杭州的洋葱胶囊、南京的创客空间、无锡的美盟众创平台等。基于社会所提供的众创文化土壤和政府对众创空间创新生态的支持,创客运动才能蓬勃发展,创新创业活动才得以顺利进行。

(3) 整合第一和第二课堂开展教学活动。整合第一和第二课堂开展教学活动可以有效整合科学发现或对知识的新理解,获得实用的生活用品或发现能提高自己学习能力的活动。开设内容丰富的第二课堂可以弥补学生实际经验不足的弊端,有助于学生在涉猎知识的同时培养自己的兴趣。通过参与创意实现活动,学生可以获得提高其生活舒适度

---

① 吴冬芹,郭黎黎.高校创客教育发展模式研究[J].高教学刊,2019(02):25-27.

或学习效率的创新产品。可以说，创意实现过程就是一种创效过程，和学生的创效能力相对应，探讨创效的机制，可以为创效能力的培养提供理论依据。

(二) 技术创新

1. 技术创新的重要作用

随着创新理论的发展，各学派对技术创新的定义仍然存在一些分歧，新古典学派、制度创新理论学派、新熊彼特创新理论学派都对技术创新提出新的观点。有研究认为，技术创新是经过一段时间后，发展到实际成功应用的新思想和非连续性的技术活动；也有学者提出，技术创新是以创造性和市场成功实现为基本特征的周期性技术经济活动全过程，其主要表现包括新产品、新工艺或新服务的创立与改进，新技术的发明和应用。

从总体上看，作为企业的一种经济活动，技术创新都始于研究开发，以市场实现技术创新的价值而告终。技术创新是经济长期增长的源动力，是指应用新知识、新技术或新工艺，采用新的生产方式来提高产品质量，开发、生产新产品或提供新服务，以占据市场并实现市场价值的活动。与此同时，技术创新强调社会对技术创新的需求，这也是科学发现、科学突破和新技术发明引导社会发展的主要动力引擎。从本质上说，技术创新是知识创新的表现形式之一。

历史上的工业革命都与技术创新息息相关，18世纪60年代的第一次工业革命以蒸汽机的广泛使用为标志，19世纪70年代的第二次工业革命以电力的广泛应用为标志，20世纪50年代的第三次工业革命以计算机、网络技术等领域为标志，现在进入智能化制造(智能工厂、智能生产、智能物流等)的全新时代，制造业进入了"工业4.0"时代，更加凸显了技术创新的主导作用。当前技术创新日新月异，新兴学科不断涌现，科技人才、创新要素在全球范围内加速流动，致使各国围绕前沿技术的竞争日趋激烈，力图把握新一轮技术和产业革命带来的重大发展机遇。

技术创新能力作为国家核心力量的重要支撑，政府制定适合技术创新发展的制度和政策已经成为经济增长与发展的关键。2016—2020年，我国的总研发支出以每年平均11.5%的速度增长。2020年，我国研发经费投入2.4万亿元，首次超越美国，跃居世界首位。

2. 技术创新的关键主体

技术创新研究中除了着重分析技术创新与经济发展之间的关系，还重点探究技术创新的影响因素，指出企业、大学、政府、研究机构、中介机构等应有共同的社会经济发展目标,是推动国家变革和经济发展的关键动力①。其中科学技术上的突破性研究成果是技术创新活动发生的根源,由科学发现而产生的技术发明或创造大多是在大学、科研机构或经济体系内部的独立研发实验室内产生的。

(1) 企业是技术创新的主体。企业在技术创新过程中以市场为导向,确定恰当的创新方式、时间、形式等,才能在激烈的竞争中立于不败之地。提高企业的技术创新能力是贯彻科学发展观和构建和谐社会的客观要求,是建立创新型国家的核心内容。技术创新对调整经济结构、促进经济增长具有重要意义,尤其是高新技术类企业,在技术开发过程中,不断将技术成果进行转化,推动技术创新的不断前行。因此,可以通过完善技术创新税收优惠政策的设计与利用,提高我国企业的技术创新速度。

(2) 高校科研团队是技术创新的骨干。高校科研团队一般以重点实验室、重点学科、重要研究基地等为依托,以承担重要的基础类项目或应用基础类项目为目的,由若干具有相同或相关的学科知识背景、在专业技能方面互补、致力于团队知识创新的共同愿景、能够彼此承担责任的科学研究人员组成,具有集中的研究方向和共同的研究主题,知识创新目标明确,知识结构、职称结构、年龄结构合理,并已经取得一定的科研成果。

案例2-2

"九章"量子计算机问世②

全球高科技领域竞争进入了一个新阶段,量子技术将是未来科技发展的关键,各国都在积极研发。如果某个国家在量子计算方面获得突破,将会在很多领域崛起并有望成为超级强国。

2020年12月4日,媒体报道了一个震惊世界的消息,中国科学技术大学的潘建伟院士带领团队成功构建了一台76个光子、100个模式的量子计算机,为了纪念中国古代数学家张仓、耿寿昌的数学名著《九章算术》,潘建伟等人将这台量子计算机取名为"九章"。它处理高斯玻色取样的速度比目前最快的超级计算机"富岳"快一百万亿倍。同时,"九章"也等效地比谷歌2019年发布的53个超导比特量子计算机原型机"悬铃木"快一百亿倍。

量子计算机是用量子力学原理制造的计算机,目前还处于发展初期。与传统计算机中只有0、1两个基础状态位相比,量子计算机有更多的量子位,其中每个量子位的取

---

① Cortright J, Mayer H. Increasingly rank: The use and misuse of rankings in economic development[J]. Economic Development Quarterly, 2004, 18(1): 34-39.
② http://paper.people.com.cn/rmrb/html/2020-12/18/nbs.D110000renmrb_05.htm.

值是 0 或 1，因此可以表达更多的状态。例如，76 个量子位可以表示 2^{76} 个数字。在一次运算中可以同时对 2^{76} 个数字进行运算，即相当于 2^{76} 个 CPU 并行进行计算，可见量子计算机的强大计算能力。

"九章"量子计算机拥有目前全球最快的取样速度，其输入量子态空间规模达到了 1030，超越了谷歌"悬铃木"的 1016。此外，在光量子信息处理方面，"九章"量子计算机逼近了量子计算优越性的极限。量子计算机在处理密码破译、大数据优化、材料设计等具有重大社会和经济价值的问题方面具有重要作用。

我国在量子计算领域取得了突破性的进步。在"九章"之后，潘建伟团队又继续研发创新，研制出了我国首个可操纵的超导量子计算机体系"祖冲之号"。该成果为在超导量子系统上实现量子优越性展示及解决具有重大实用价值问题的量子计算研究奠定了技术基础。量子领域新添的这一名"大将"，让国人感到特别骄傲，也让我国在量子科技这个领域占据了龙头老大的位置。

(三) 文化创新

社会的发展需要文化创新来推动，道德素养的培育需要文化创新来引领。随着全球化进程的不断加快，国家的竞争优势不仅体现在经济实力、军事实力等方面，以文化产业为核心的软实力也已成为各国增强国家竞争力的重要部分。党的十八大提出了"道路自信、理论自信、制度自信"，在庆祝中国共产党成立 95 周年大会上，又增加了"文化自信"，对三个自信做了创造性拓展和完善，进一步明确文化对国家发展的重要性，文化建设成为中国特色社会主义建设的重要组成部分。

1. 文化创新的概念

就文化创新的概念而言，文化创新是文化和创新的结合。创新是文化的灵魂与生命，是文化的存在之本和发展之源。文化创新是人类在继承本民族传统文化和借鉴外来文化的基础上，为了适应新的社会发展要求，在对传统文化进行改造、打破旧的文化观念的基础上，不断创造新文化的过程。

文化形式是表现文化内容的方式和手段，是文化发生、表达、传播和发展的载体。从文化创新形式角度，可将文化创新分为观念创新、内容创新和管理体制创新，但文化观念的创新、文化内容的创新等各种文化形式的创新，都离不开文化主体。文化主体在文化创新中具有决定性意义，而人类是文化的创造者，是文化的主体，也是文化创新的关键。人类社会经历了一个漫长的发展过程，包括原始社会、传统农业社会、现代工业文明和后工业文明多个阶段，文化创新推动了人的素质的全面发展，同时也对人的素质的全面发展提出了更新、更高的要求。

2. 文化创新的主要特征

针对文化创新的直接研究还相对较少，目前，学术界总结出的文化创新的主要特征如下。

(1) 民族性：文化创新是对传统文化继承与超越的统一，体现文化创新的民族性。内容创新是文化创新的灵魂，文化创新的最终目的就是创造思想文化内容与自身魅力相统一的精神文化产品。

(2) 自觉性：文化创新过程中表现出一定的自觉性、社会历史性和主体自我完善性。

(3) 实践性：文化创新来源于实践，体现文化创新的实践性。坚持社会实践第一是文化创新的根本规律。

3. 文化创新的困境及实施路径

文化可以立国，文化可以富国，文化可以强国，即文化是一个国家的更基本、更深沉、更持久的力量。文化是一个国家的发展模式、发展道路，就像马克思讲的历史发展的合力，本质上是个人活动的合力或集体行动的逻辑。人是文化的载体，离开了人就没有文化。所以，人类社会的发展是文化和价值观的体现，文化是一个国家发展的最底层的逻辑。如果人们的价值观是正确的，则文化素质会非常高，这个国家的发展道路就必然是先进的、有活力的。从宏观上看，由文化与国家发展之间的关系，可以认识到文化对一个国家的重要作用。一个国家最核心、最强的竞争力是文化，当代世界强国不仅是科技、军事或经济强国，最根本的是文化强国[①]。

改革开放以后，我国经历了重经济轻文化的发展阶段，导致相对于我国改革开放与经济建设的成就而言，文化建设滞后，文化创新基础薄弱，文化产业政策、法规、制度不完善。政策、法规、制度不完善，经济全球化及网络文化多元化都给文化创新带来了新的挑战和机遇。中国文化发展的最大影响因素是文化创新不足，这种不足既体现在公共文化的发展中，也体现在文化产业的发展中。文化创新不足的原因是多方面的，例如我国的教育存在灌输教育、应试教育等行为和现象，容易抑制青少年的创新能力。为摆脱文化创新不足的困境，我国目前总体设计的实现文化创新的主要路径如下。

(1) 培养文化创新的意识。培养文化创新意识，主要是从文化自觉意识、文化认同意识和文化创新思维三个方面积极推动文化创新。文化创新思维是文化创新的精髓，文化创新就是人的创新，是一种对自身否定和超越的意识，艺术家和知识分子是文化创新的主体、源泉，知识产权的保护就是对人的创造力的保护，因此应把知识产权保护提升到战略高度。

(2) 夯实文化创新的基础。在文化立国的背景之下，如何将优秀传统文化和西方优

---

① 郭万超. 文化自信、文化创新与文化敬畏. 宣讲家网，2019-07-26.

秀文化融入现代化大学教育成为值得我们进一步思考的问题，如何将文化创新与大学教育环境相结合成为一个亟待解决的问题。实现文化创新首先要建立牢固的现实基础，包括经济基础、科技基础和人才基础。

(3) 完善文化创新制度，深化文化体制改革。我国的文化体制是在计划经济条件下形成的，随着社会主义市场经济的深入发展和对外开放的不断扩大，文化体制与人民群众日益增长的精神文化需求、与社会主义现代化建设不相适应，因此，必须对其进行改革。

案例2-3

"网红"故宫[①]

党的十九大报告要求，要推动中华优秀传统文化创造性转化、创新性发展，也就是要深入挖掘中华优秀传统文化蕴含的思想观念、人文精神、道德规范，应按照时代的新进步、新进展，对陈旧的表现形式加以改造，赋予那些至今仍有借鉴价值的内涵表达形式新的意义，并对中华优秀传统文化的内涵加以补充、拓展、完善，赋予其新的时代内涵。

中华优秀传统文化是中华民族的根脉。文化现象是社会阶段性文化生产的形态，是现代性文化表征和社会征候的折射。近年来，故宫采用文化传播与产品推广相结合的方式，把自身成功打造成超流量IP(intellectual property)，实现了与产业的结合，为推广我国优秀的传统文化、实现文化创新提供了参考。

在产品方面，故宫顺应了市场经济下"日常生活审美化"的消费大潮，将古旧的文物与创意相结合做成文创产品，将文物知识融入人们的日常生活。从故宫的纸胶带、中国风口红，到朝珠耳机、Q版皇帝雕塑，再到VR版的《清宫美人图》，这些接地气的创意设计正在消弭曾经横亘在博物馆与民众之间的鸿沟。此外，还有大量的故宫故事绘本，比如《故宫里的大怪兽》，给少年儿童带来了全新的了解故宫的方式。

在营销方面，故宫利用各种新媒体进行营销，传播方式多样化：通过网页、微博、微信、抖音等不同宣传媒介，联手打造故宫超级IP；传播风格紧跟潮流，宣传内容活泼随意；利用热点不断吸引受众关注和互动，充分利用热播的清宫剧、国宝综艺节目等，为故宫文创的宣传助力。例如《我在故宫修文物》纪录片上映后，其中的两位修表师傅王津、亓昊楠迅速走红，他们的新作也在钟表馆签售，吸引了大量粉丝。此外，故宫的猫、故宫的雪景等应景的宣传也吸引了大量的关注。

故宫的文化创新不仅涉及文创产品，还拓展到了城市空间。故宫神武门外的角楼咖啡店可看成故宫文化的城市延伸。

[①] http://politics.people.com.cn/n1/2019/0903/c429373-31333669-2.html.

随着时代的发展，故宫正不断活用文化创新的思维方式及新媒体营销的有利因素，兼故了社会教育功能及商业经济利益，是传统文化的活力再造，也是我国文化创新的典范。

二、创新的其他分类

按照不同的划分依据或标准，创新还可以有多种其他的划分方法。综合现有研究成果，下面主要介绍根据创新的内容或领域、创新的力度和创新的主体进行的分类。

1. 根据创新的内容或领域分类

根据创新的内容或领域划分，可将创新划分为产品创新、过程创新、营销创新、管理创新①。

产品创新主要是指改进或创造产品，进一步满足顾客需求或开辟新的市场，例如不同型号和系列的手机产品创新；过程创新是指改善或变革产品的生产技术及流程，包括新工艺和新设备的变革，典型的如丰田 JIT(just in time，及时生产)模式，已成为其他企业争相效仿的典范；营销创新是指企业采用了此前从未使用过的全新的营销概念或者营销策略，主要涉及产品或服务的设计或包装、产品推广、销售渠道及服务定价策略等，包括季节性、周期性变化和其他常规的营销方式的变化；管理创新是指改善或创造更好的组织环境和制度，使企业的各项活动更有效。

2. 根据创新的力度分类

根据创新力度分类，即根据在创新的整个过程中，创新结果是否能够带来根本性变革，是累积性的连续过程还是激进式的全新突破来对创新进行划分，可将创新区分为延续型创新、破坏型创新②。

延续性创新是指生产商按照现有客户的需求，改良和提升现有产品的技术。即延续性创新是渐进的，不是一步登天的。破坏性创新是指创新者把产品进行翻天覆地的改造，然后把新的产品推广给消费者，目的是颠覆现有的市场。破坏性创新的产品可能比原有的产品更简单，性能亦可能不及原先市场的同类产品，但它们往往是较便宜和方便的，可以吸引更多人试用产品，所以破坏性创新的特点是高风险和不稳定的。简单来讲，渐进性创新就是"做得更好"，破坏性创新就是"做得不同"。

3. 根据创新的主体分类

根据创新主体的不同，可以将创新分为国家创新、企业创新、大学和研究机构创新等。

---

① Higgins J M. Innovation：The core competence[J]. Strategy & Leadership，1995，23(6)：32-36.
② Bower J L，Christensen C M. Disruptive technologies：Catching the wave[J]. Harvard Business Review，1995：43-53.

国家创新是指在创新过程中，企业、学术界和政府等部门之间相互交流，并在科学研究、产品开发、生产制造和市场消费之间进行不断的反馈；企业作为创新行为最为活跃的主体，在创新投入、创新体系中扮演重要角色。大学和研究机构能够加快信息资源流通和社会资源的整合，实现资源的优化配置，有利于增强和提高企业的创新能力。

经济合作和发展组织在《国家创新体系》中明确提出了创新过程中涉及的重要主体，包括大学科研机构、企业、中介机构和政府部门等，各机构间的合作与交流决定了一个国家扩散知识和技术的能力，如图 2-3 所示。

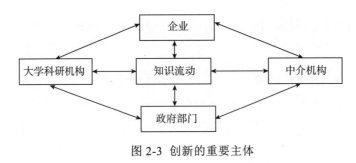

图 2-3 创新的重要主体

思考题

1. 根据创新概念的内涵和外延，请列举几个相关的例子。
2. 简述创业的概念，列举一些创业成功的例子。
3. 什么是创业者？创业者应该具备哪些素质？
4. 如何理解创新、创意与创业三者之间的关系？

第三章
创新人格与创新思维

创新人格是创新者在创新活动中表现出的鲜明的个性特征、良好的性格品质。这些特质是创新者具有强烈的动机、坚强的意志、浓厚的兴趣和进取的精神的表现。因此，创新人格是影响个人创新与创业的内在关键因素之一。创新思维是以感知、记忆、思考、联想、理解等能力为基础而开展的以综合性、探索性和求新性为特征的高级心理活动与脑力劳动。因而创新思维的强弱与创新者发现问题、解决问题能力的高低直接紧密相关。本章将通过多个案例，分别对创新人格和创新思维的基本概念、一般特征进行阐述与分析，说明创新人格和创新思维在创新活动中的地位与作用。经过本章的学习，可以帮助读者掌握创新理论知识，为后续掌握创新思维训练方法夯实基础。

第一节 创新人格的概念

创新人格是由"创新"和"人格"组成的，这是一个复合词。创新的概念在前面的章节中已有论述，此处不再赘述。人格是心理学中的一个重要概念，是个体在先天生物遗传素质的基础上，通过与后天社会环境的相互作用而形成的相对稳定而独特的心理行为模式[1]。它组织着人的经验并形成人的行为和对环境的反应，包括个性倾向性和个性心理特征两方面的内容。个性倾向性包括动机、兴趣、理想、信念等；个性心理特征包括能力、气质、性格等。

创新人格最早由心理学家吉尔福特[2]提出，创新人格就是创新人物所具有的一些特质模式，表现为能够内在、持久、稳定地促使个体取得创新产物的人格特征。这些模式

---

[1] 郑雪. 人格心理学[M]. 广州：暨南大学出版社，2007.

[2] Guilford J P. Creativity[J]. American Psychologist, 1950(5): 444-454.

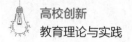

表现在发明、策划、设计、创造等创新行为之中。创新人格是世界观、方法论和毅力等诸多非智力因素的有机结合，表现为责任感、好奇心、求知欲、想象力及奋斗精神等。不同的研究者对创新性人格有着不同的观点，这些观点中也存在一些共同点。

目前，常从实践、心理特质等层面总结成功创业者的一些共同的人格特征。例如在实践层面，常常用以下词语描述其具备的能力：机会的识别和把握、项目创新和执行、情绪的控制与宣泄、团队的领导与协作、人的培养与开发、风险的预测与控制、市场的驾驭与开拓、人际的沟通与交流、识人和用人能力、商业洞察力、商务谈判能力、解决难题的能力、行业前瞻力等。在心理特征层面对创新创业者进行评价时常使用如下词语：创业激情、冒险精神、自信心、敏感性、成就动机、创造欲望、进取心、诚实守信、职业道德、遵守法律、自我效能感、使命感、积极性、体贴他人、精力充沛、风险承担、创新精神、积极进取、坚韧不拔、开放合作、艰苦创业、责任感、领袖气质、敏锐性、灵活性、进取性、主动性、敏于思考、好胜心、不墨守成规、思维机敏、思想活跃、意志力、心态积极、执着、挑战性、胸怀宽广、意志坚定、勇气、敬业精神、质疑精神、全局观、亲和力、创业毅力、合作意识、拼搏精神、奉献精神、成就导向等。

上述词语都是基于科学研究的结果而提取，对人的心理特质和人格进行量化本身就是一件极其困难的事情，即使采用设计问卷调查、专家访谈及实验测量等方法，得到的数据或者结论也都具有一定的特指或者片面性。因为调查对象的个体差异以及调查环境的不同，导致问卷调查量化具有一定的偏差，得到的量化值也只能说明是具有统计意义的结论。

关于创新人格，要得出一个公认的概念是非常困难的，因为人格的定义纷繁复杂，还没有形成定论。虽然学术界对于创新人格的概念还未达成一致，但并不影响关于创新人格的研究工作的开展。研究发现，创造性强的个体表现出一些普遍的人格特征。这些个体具备的特质不仅仅表现在对于知识、经验、技能和方法等的综合应用，更表现在强烈的动机、坚强的意志、浓厚的兴趣和进取的精神等方面。大学阶段是人的生理、心理剧烈变化并逐步走向成熟的时期，是创新人格形成的关键阶段。培养大学生创新人格，对个人成长、社会发展和国家未来等都至关重要。

第二节 创新人格的一般特征

一个人在一生中偶尔出现一两次创新表现是很正常的，几乎每个人都能实现，但要一直保持创新表现，一些必要的人格特征就是必不可少的。人格特征具有相对稳定性，它能帮助一个人在创新活动中维持特定的心理行为状态。创新人格的一般特征包括

第三章 创新人格与创新思维

经验开放性、模糊容忍性、好奇心、创新自我效能感、冒险性及坚韧性等。

一、经验开放性

经验开放性是创新人格特征之一，指的是个体对经验的积极寻求和欣赏，以及对不熟悉情境的容忍和探索。经验开放性包括6个方面的内容：第一，对想象的开放性，指人们愿意探索自己内在的精神世界并让自己的思想自由翱翔；第二，对美学的开放性，指人们愿意欣赏和重视各种类型的艺术表达；第三，对情感的开放性，指人们愿意接受自己的情感，包括积极情感和消极情感；第四，对行动的开放性，指人们愿意尝试新的活动；第五，对观念的开放性，指人们在知识方面的好奇心以及探索新观念的意愿；第六，对价值观的开放性，指人们愿意并且已经准备好重新审视自己赖以生存的基础价值观。

许多创造力强的人都有着丰富的经历，因为他们思想开放并且能够从这些经历中获取灵感。一位参与过著名动画片制作的画家曾评价自己在美国南方生活的经历以及后来在新几内亚生活的经历对其作品的影响："我的创造力来源于个人的经历。我从不怕去陌生的地方，也不怕遇见陌生的人，而且我想这是非常重要的事。"对周围的世界保持警觉，思考它能为自己的创意提供哪些有价值的信息，是获取灵感的最佳途径之一。高开放性的人对新鲜事物感兴趣，尤其对知识、艺术和非传统观念更为好奇，他们更容易接受新异的观念和前卫的价值观，对情绪的感受也更敏感，从而为接纳各种感官输入的信息提供保障，为创造性思考提供源源不断的素材。个体对所有经验保持开放，大脑就可能接收到更广泛的刺激信息，不管这些信息是来自外部环境还是来自机体内部，都容易被察觉到，这样个体在解决问题的时候就不会因循守旧，固着于自己的观念和认知习惯。许多研究发现，经验开放性与创造性之间存在密切的联系[①]。下面通过杂交水稻之父袁隆平院士的事迹来举例说明经验开放性与创造性的紧密关系。

案例3-1

杂交水稻之父——袁隆平[②]

袁隆平是中国研究与发展杂交水稻的开创者和带头人，被誉为"杂交水稻之父"，是中国工程院院士和"共和国勋章"获得者。1960年，袁隆平从杂交玉米等作物上得

---

① Ford T, Kruglanski A W. Effects of epistemic motivations on the use of accessible constructs in social judgment[J]. Personality and Social Psychological Bulletin, 1995(21): 950-962.

King L A, Walker L M, Broyles S J. Creativity and the Five-factor model[J]. Journal of Research in Personality, 1996, 30(2): 189-203.

Furnhan A. Personality and creativity[J]. Perceptual and Motor Skills, 1999, 88(2): 407-408.

② 全国干部培训教材编审指导委员会. 自主创新[M]. 北京：人民出版社，党建读物出版社，2011.

到启发，开始跳出无性杂交学说圈，进行水稻的有性杂交试验。1964年，袁隆平发现天然雄性不育株，经过两个春秋的观察试验，撰写了论文《水稻的雄性不孕性》，发表在《科学通报》上，吹响了"第二次绿色革命"的号角。之后6年，袁隆平和助手们经过无数次试验的失败，终于认识到必须跳出栽培稻的小圈子，重新选用亲本材料，并提出利用远缘的野生稻与栽培稻杂交的新设想。1970年11月，袁隆平带领助手李必湖在海南岛的普通野生稻群落中发现一株雄花败育株，即后来广为人知的"野败"，打开了"三系"配套的突破口。

20世纪80年代初期，面对世界性的饥荒，袁隆平心中再一次萌发了一个惊人的创新思维。1987年，袁隆平提出了杂交水稻育种的战略设想，并提出了两系法杂交水稻育种路线，重点利用籼粳亚种杂种优势达到高产目的。随后，两系法杂交水稻研究被列入国家"863计划"，袁隆平挂帅开展全国性的协作攻关。以国际水稻研究所为代表的各国育种家，单纯走形态改良的路子，增产潜力有限，难以达到预期目标，杂种优势如果不与优良形态相结合，效果也差。为此，袁隆平创造性地提出了我国超级杂交稻育种的技术路线——株叶形态改良与亚种间杂种优势利用相结合，并设计了超级杂交稻的株型特征，即高冠层、矮穗层、高度抗倒。

1995年8月，袁隆平郑重宣布：我国历经9年的两系法杂交水稻研究已取得突破性进展，可以在生产上大面积推广。两系法亚种间杂交水稻育种技术作为中国独创的技术，被实践证明是在遗传上具有多种增产效应的成熟的先进技术，再配以理想的株叶形态，达到了超高产目标。与袁隆平在育种战略上所设想的一样，两系法杂交水稻表现出更好的增产效果，普遍比同期的三系杂交稻每公顷增产750～1500千克，且米质有了较大的提高。

由于三系法和两系法先后获得成功，开展超级杂交水稻研究的时机已经成熟。1996年，为了增强我国粮食科技储备能力，促成水稻单产的大幅度提高，我国启动"中国超级稻育种计划"。"中国超级稻育种计划"分三期进行。以长江流域中稻为例，第一期的目标是育成大面积示范片亩产700千克的水稻品种，计划到2000年实现；第二期的目标是育成大面积示范片亩产800千克的水稻品种，计划到2005年实现；第三期的目标是育成大面积示范片亩产900千克的水稻品种，计划到2015年实现。除了产量指标外，还要求北方粳稻和南方籼稻米质分别达到部颁一、二级优质米标准，抗当地一两种主要病虫害。在创新的育种技术路线的指导下，我国超级稻研究的三期目标分别在2000年、2005年和2011年实现。随后，我国相继开展了由袁隆平院士总牵头的超级稻项目第四期、第五期计划，前者在2014年便已实现亩产目标，后者目前正稳步推进。2021年，新育成的第三代杂交稻全年亩产达到1530.76千克，我国杂交水稻种植面积累计达到90亿亩，累计增产稻谷8000多亿千克；杂交水稻也已走向世界，目前杂交水稻已在印度、美国、巴西等 40 多个国家广泛种植，种植面积达 800 万公顷[①]。

案例分析：袁隆平院士在其科研道路上，明显表现出经验开放性的典型特征。1960 年，袁隆平从杂交玉米等作物上得到启发，开始跳出无性杂交学说圈，进行水稻的有性杂交试验。袁隆平不是固守于水稻的经验，而是从杂交玉米等作物上获得了新的经验，这为他打开了新的思路，从而不再固着于无性杂交学说，而是产生了新的思想和假设。他在早稻常规品种试验田里发现了一株天然杂交稻，没有轻易放过，而是非常敏锐地捕捉到了这个新事物，从而突破了水稻为自花传粉植物而无杂种优势的传统遗传学观念的束缚，开始着手培育人工杂交水稻。20 世纪 80 年代初期，面对世界性的饥荒，袁隆平心中再一次萌发了一个惊人的创新思维，他提出了杂交水稻育种的战略设想，这也是袁隆平经验开放性的一个体现。他能够把世界大环境的信息融入自己的科学研究中，从而获得具有创新性和实践价值的研究思想。

二、模糊容忍性

模糊容忍性是指忍受由于没有清楚界定某个问题，或者不清楚解决方案的各个部分将如何组合起来而造成的不确定性和混乱的能力。当人们从事创造性工作时，经常会在不明确的情境中摸索着前行，虽然努力想获得创新，但一直还没有实现，或者没有按照自己预想的方式实现。模糊性往往会让人不舒服，并且会引起焦虑情绪，因此，人们都努力去克服模糊性。这种模糊性的压力不完全来自个体内部，有时候也来自领导、同事、朋友等环境因素。

模糊容忍性低的人可能会从认知、情绪和行为方面做出一些反应，例如，在认知方面，把模糊情境刻板地知觉为非黑即白；在情绪方面，面对模糊情境时感到紧张、不安、厌恶、愤怒或焦虑；在行为方面，拒绝或回避模糊情境。模糊容忍性低的人喜欢稳定、明确的情境，不愿意冒险创新，不能忍受模糊不清的事物。模糊容忍性高的人能适应快速变化和不确定的情境，冒险精神强，愿意接纳新经验，能够在模棱两可的情况下接受模糊不清的事物，并把问题理出头绪。模糊容忍性是创造性思维的必要条件，因为对于复杂问题而言，模糊容忍性高的人面对大量刺激和复杂情境，工作起来会更有效率。创造性强的个体更愿意在模糊情境中工作，他们对模糊、无序的信息有更大的容忍性，这又反过来提高了他们用新方式重组思维的能力。研究发现，模糊容忍性可以同时促进创新的过程和创新的结果，模糊容忍性与创造性之间存在显著的关联[②]。

---

① http://www.moa.gov.cn/govpublic/KJJYS/202105/t20210531_6368803.htm.

② Tegano D W. Relationship of tolerance of ambiguity and playfulness to creativity[J]. Psychological Reports，1990，66(3): 1047-1056.

人类所处的世界非常复杂，所经历的所有事情或情境几乎都存在一定的模糊性。追求确定性是人类的本性，人们在面对模糊情境时，总会感到不安。模糊容忍性作为一种人格特征，受后天环境的影响非常大。如果身处开放、宽容、不追求唯一和确定答案的环境中，个体就容易形成高模糊容忍性，就会有利于创造性的发展。下面用孙正义的事迹来说明模糊容忍性对其成功投资的帮助。

案例3-2

独具慧眼的投资专家——孙正义[①]

在过去的几十年中，孙正义统帅的软银在全球范围进行了大量的投资，虽有过收购美国移动运营商 Sprint Corp 之后债务激增的败笔，但不可否认，孙正义是近30年来最成功的投资者之一。

投资雅虎上市当日就赚3亿美元。1995年11月，孙正义慧眼识珠，向还在发展初期的雅虎投入了200万美元。次年3月，软银公司又注资1亿美元，从而拥有了雅虎33%的股份。就在孙正义注资两个月后，雅虎在美国上市，孙正义仅出售其持有的2%的雅虎股份，就套现超过4亿美元，净赚超过3亿美元。

4000万美元投资盛大狂赚5亿美元全身而退。2003年4月，软银旗下的软银亚洲基础设施基金在盛大最困难的时候投资4000万美元，得到了盛大21%的股份。18个月后的2004年6月，盛大在纳斯达克上市。上市8个月后，软银亚洲基础设施基金在高价位出售盛大股份，成功套现5.6亿美元。

投资阿里巴巴2000万美元14年变成580亿美元。2000年，阿里巴巴仍是中国的一家小型电子商务公司。在北京与马云交谈了6分钟之后，孙正义就决定向阿里巴巴投资。当时孙正义计划投资4000万美元，不过最终只投入了2000万美元，获得了阿里巴巴34.4%的股份。然而在14年之后，阿里巴巴在美国纽约证券交易所上市时，孙正义的软银所持有的股份市值达到580亿美元，孙正义一夜暴富成为日本首富。

控股 Supercell 转手给腾讯获利超过36亿美元。软银集团在2013年携手子公司共同投入约15亿美元，收购了开发《皇室战争》的芬兰游戏开发商 Supercell 的51%股权。其后又将持股比例增加到73%，但未公布增加22%的股份所支付的现金。2016年6月，腾讯同意以86亿美元收购 Supercell 84.3%的股份，包括软银联属公司所持73%股份、若干 Supercell 员工股东及若干前员工股东总计11.3%股份。1%的股份收购价超过1亿美元，纵使软银从未透露增持22%的股份所付出的代价，但当初15亿美元收购

---

① http://tech.ifeng.com/a/20160718/ 42475219_0.shtml.

的51%的股份，现在卖出了51亿美元的高价，三年获利36亿美元。

案例分析：作为世界著名的投资人，孙正义对于投资项目的判断的确有其过人之处，对雅虎、盛大、阿里巴巴的投资让其获利颇丰。投资雅虎的时候，很少有人认为这家不起眼的公司能成长为未来互联网公司巨头；投资盛大时，盛大正处于最困难的时候，许多投资人都避而远之；投资阿里巴巴时，它还只是中国的一家小型电子商务公司。当一家公司刚刚起步，实力弱小时，它的未来充满着不确定性，谁也不能准确判断它的发展前途，因为没有那么多准确的信息让人去做决策。这个时候，大多数人由于缺少必要的信息，许多关键内容都不清楚，因此做出合理决策不太容易，往往就放弃了。但是，孙正义认准了某家公司后，虽然存在不明确、模糊的地方，他仍然坚定地投了资，那些不明确的信息他是可以接受的。随着公司的发展，一些信息渐渐明确起来，当其他投资人认为可行、准备入场时，孙正义已经赚得盆满钵满，占据了先发优势。世界上完全确定的事物是不存在的，总会有或多或少的模糊性，过分追求确定性的结果就是永远比别人慢半拍。

三、好奇心

好奇心是个体在新异和未知情境下产生的注意、探求、寻求理解等行为倾向，具有短暂性、强烈性、冲动性以及一旦满足后的失望感等特征。好奇心分为状态好奇心和特质好奇心[①]。状态好奇心是由刺激物本身的特征引起的，如新奇性、陌生性、不协调性、神秘性、变化性等，这种好奇心具有短暂、变化不定的特征，是动物和人的一种本能；特质好奇心是个体稳定、持久的人格特征，它由状态好奇心所引起的行为不断受到强化而逐渐形成。从创新角度来讲，创造性强的人主要表现出特质好奇心。

好奇心能够促使个体去探寻周围的环境，产生一些新思想和新观念。许多伟大的科学家、发明家都在强烈的好奇心驱使下获得了重大的发现。爱因斯坦曾经说过："我从事科学研究完全是出于一种不可遏制的想要探索大自然奥秘的欲望，别无其他。"哈佛大学校长陆登庭在北京大学建校100周年的演讲中说："如果没有好奇心和纯粹的求知欲作为动力，在最基本的层次上进行深入研究，就不可能产生对社会和人类具有价值的发明创造。"对发现的纯粹热爱和好奇心是发明的伟大驱动力。达·芬奇之所以能有许多发明，就是因为他的好奇心促进他热衷于观察周围的事物。富兰克林的科学发现也不是为名利而进行的，他的实验和发现对他个人来讲，不仅仅是一种研究，而且还是一种享受。富兰克林曾经说过："我从小就喜欢读书，我手里所有的零花钱都花在买书上

---

① Malone T W. Toward a theory of intrinsically motivating instruction[J]. Cognitive Science，1981，5(4)：333-369.

了……我对我在这世上的发明没有任何私利的诉求,从来没有通过任何一个发明获得过,也没有想尝试获取哪怕一点点的利益。"

个体的好奇心从婴幼儿开始就已萌发,且在这时非常强烈和明显。婴幼儿会通过感官、动作、语言来表达自己对周围世界的好奇,这是一种状态好奇心。但这种状态好奇心能否保持到成年,发展成为特质好奇心,在很大程度上取决于环境的支持和鼓励。如果孩子的提问和探究被家长忽视,那么孩子的问题会越来越少,好奇心也会越来越少。研究发现,高水平的探索行为与支持性氛围有关[①]。下面用发明大王爱迪生的成长历程来说明好奇心在探索发现中的重要作用。

案例3-3

发明大王爱迪生的传奇[②]

被人们称为"发明大王"的爱迪生,是美国闻名的科学家和发明家。他一生中,仅在专利局登记过的发明就有1328种。当你知道他一生只读过三个月书的时候,可能不相信他会有这么多发明创造,但是如果我们能认真地读一读爱迪生的传闻逸事,可能就不会对此感觉惊奇了。

爱迪生的成功源于他强烈的好奇心。1847年,爱迪生降生在美国俄亥俄州米兰市的一个商人家庭里。很小的时候,爱迪生就表现出了极强的好奇心,只要看到不明白的事情,他就一直追问下去。爱迪生孵小鸡的故事是其中最典型的实例之一。爱迪生8岁那年,爸妈把他送进了一所乡村小学读书,以为从此以后他能安分上学。谁知,他追根问底的习惯经常把教师问得目瞪口呆。有一回上算术课,教师在黑板上写下了"2+2=4",爱迪生马上站起来问:"2加2为什么等于4?"这个问题把老师问住了,他认为爱迪生是在捣蛋,专门和老师过不去。于是,在上了三个月的课以后,爱迪生就被退学回家了。回到家的爱迪生并没有被父母指责,相反,他妈妈决定自己教育孩子。这位伟大的母亲把爱迪生对诸多未知事物的好奇心、探索欲望保护起来并发扬。当她发现爱迪生对物理、化学等感兴趣时,就为他准备了有关物理、化学的读物。正是父母对爱迪生好奇心的引导,爱迪生的科学发明才得以继续。

长大了的爱迪生学会了无线电收发报手艺。他在斯特拉得福铁路分局找到了一个夜班报务员工作。按规定,夜班报务员不论有事无事,到晚上9点后,每小时必须向车务

---

① Coie J D. An evaluation of the cross-situational stability of children's curiosity[J]. Journal of Personality,1974,42(1): 93-116.

② http://www.13co.com/mingren/kexuejiagushi/3484.html.

主任发送一次讯号。爱迪生为了晚间歇息好，白日能钻研发明创造，就设计了一个电报机，自动按时拍发讯号，这就是电报机的雏形。没过多久，他又对电报机进行了改进，经过多次试验，一架新式的发报机试制成功了。应该说，爱迪生的每一项发明都和他的好奇心紧密相关。他发明了电报之后，又进行发明电话的尝试。他发现传话器里的膜板能够随着说话声音引起相应震动，就仔细观察，并且在笔记本上做了详细记录，由此，一个"会说话的机器"做成了。所以，好奇心是一个人取得成功、展示智慧的先决条件。

案例分析：爱迪生一生发明无数，被称作"发明大王"毫不夸张。如果仅仅是为了钱而搞发明，那么爱迪生只需要几项重要的发明就可以做到。正如爱迪生自己所言："我一生中从未做过一天的工作，一切都是乐趣。"这种乐趣来源于他的好奇心得到了满足。我们从他的成长经历中可以看出，爱迪生的好奇心是比较强的，学母鸡孵小鸡、让小伙伴起飞、质疑简单算术题、改进电报机等事情，都表现了他强烈的好奇心。当爱迪生研发一件物品时，充满了激情和毅力，即使遭受挫折依然能坚持不懈，这都是好奇心在驱使着他。当物品研发成功后，他需要新的发明来继续满足其好奇心，所以就会继续投身于新的发明创造之中。好奇心是人的一种天性，爱迪生很幸运，他的母亲尊重了他的好奇心，并且没有损害他的好奇心。在我们的教育实践中，虽然都认为好奇心很重要，但却经常做出损害好奇心的事情。对于好奇心而言，与其说应该好好培养，不如说应该好好保护，因为每个人都有好奇心。

四、创新自我效能感

自我效能感是个体对自己是否有能力完成某一行为所做的评估和判断。创新自我效能感是指个体在进行某项活动时，对自己是否具有创新能力的一种判断。创新自我效能感对个体的创造行为非常重要。

有研究发现，对中小学生而言，创新自我效能感与学生掌握学习方法、操作方法以及老师的反馈之间存在显著正相关的关系，主要表现在高自我效能感的学生对自己的学业成绩和其他方面的能力有积极的设想，更愿意去计划自己的生活，也更愿意参与一些更高水平的课外学术和课外小组活动[1]。这对大学生创新自我效能感的培养提供了有益的借鉴。

创新自我效能感主要表现为创造活动中的自我身份认同，当个人工作经验应用于努力解决工作中的问题的时候，个人身份对创新行为的积极影响较大[2]。通过对公司员

---

[1] Beghtto R A. Creative self-efficacy: Correlates in middle and secondary students[J]. Creativity Research Journal, 2006, 18(4): 447-457.

[2] Jaussi K S, Randel A E, Dionne S D. I am, I think I can, and I do: The role of personal identity, self-efficacy, and cross-application of experiences in creativity at work[J]. Creativity Research Journal, 2007, 19(2): 247-258.

工创造表现的研究发现,创新自我效能感在员工学习倾向与变革型领导之间的关系中起到一定的中介作用。个体创新以及自我创意能力能显著预测创新自我效能感,同时社会经济能力、性别和生源地都会影响创新自我效能感[①]。社会经济地位对自我效能感起到积极的作用,个体的社会经济地位越高,创新和自我效能感的关系越紧密。下面通过中国第一颗原子弹研制案例说明创新自我效能感的作用。

案例3-4

中国的第一颗原子弹[②]

1964年10月16日,伴随罗布泊的一声巨响,一团蘑菇云升起,中国第一枚原子弹爆炸成功。这震惊了世界,因为研制原子弹的技术被认为是当时世界上最难、最复杂的技术之一,只有美、苏、英、法这四个大国掌握,也是它们最高的国家机密。在各种严密封锁之下,中国的科技人员凭借自己的知识水平、技术积累和不懈的努力,完成了研制原子弹这项"不可能完成的任务"。

著名科学家李政道先生曾撰文写道:"中国从1959年决定独立自主研制原子弹到1964年第一颗原子弹爆炸成功仅仅用了5年时间,而后,又只用了两年零八个月的时间成功爆炸了第一颗氢弹,发展速度令全世界惊诧不已。中国那时的科技、经济都非常落后,为什么'两弹'技术能够获得如此快速的发展呢?当年,我与许多人一样对此迷惑不解。"20世纪80年代解密之后,他对中国这些科学家深入了解之后才明白,这支科学家团队之所以了不起,既是因为其中有许多成就杰出的科学家,更重要的是这个团队整体效率很高、整体创造力发挥得特别好。"论名气,中国这支科学家团队的组成人员远不如美国、苏联,但在团队的整体效率上,毫不逊色于两个超级大国,甚至更好。"

挑战越大,动力越大,这是"两弹一星"精神的重要组成部分。和50多年前相比,现在的中国无论是经济发展还是科技水平都有了跨越式发展。与之前类似的背景是,在航天、核工业等领域,总有一些外界势力对中国实施技术封锁。原子弹、氢弹研发时,这种封锁相对更彻底,中国研究人员拿不到任何资料。但是,他们面对巨大的挑战,心里憋着一口气,把挑战变成了动力,可以说"两弹一星"完全是"逼出来"的自主研发。

案例分析:研制两弹一星时,我国在经济上一穷二白,相关技术、设备也被某些国家严密封锁,从技术角度来讲,这是"不可能完成的任务"。但是,我国的科学家团队,挑战越大,动力越大,心里憋着一口气,硬是把不可能变成了可能。我国的科学家

---

① Maciej K. It doesn't hurt to ask…but sometimes it hurts to believe: Polish students' creative self-efficacy and its predictors[J]. Psychology of Aesthetics, creativity, and the arts, 2011, 5(2): 154-164.

② http://mil.news.sina.com.cn/2018-10-16/ doc-ihmhafis0241167.shtml.

们之所以憋着一口气,一个重要的原因就是相信我们中国人能够成功完成这项伟大的科技工程,在前沿科技领域,我们一样能做得非常出色。这实际上就是创新自我效能感的体现,相信自己能够完成创新性的工作。可以设想,如果我们当时认为自己没有能力研制原子弹,原子弹研制工程连上马都是不可能的。对于创新性工作,只有当人们认为自己能够承担下来时,才可能去迎接挑战、知难而进。创新自我效能感对于我国当前的科学研究工作具有启发意义。如果个体不认为自己能做出创新性成果,认为自己没有能力和条件开拓创新、不具备创新基因等,那么,就会对创新工作敬而远之,即使机会摆在面前,也会视而不见。只有创新自我效能感高的人,才可能会持之以恒地从事创新性的工作,并始终保持工作热情和创新精神。

五、冒险性

冒险性是指个体面对有一定风险和不确定性的问题时所表现出来的一般态度,既可能寻求风险,也可能回避风险,这种态度会对人的行为产生重要影响。创造性往往意味着不按常理出牌,开展与众不同的探索,或者提出新颖的想法,在这个过程中常常会面临失败、批评或嘲笑,所以创新过程也意味着冒险。如果个体的冒险性低,那么他在选择要解决的问题时更偏向于熟悉的、易于掌控的问题,在考虑解决问题的方法和手段时也会更偏向于常规的、大家都采用的内容,那么结果也就可以预期,获得的基本上是大家预期内的常规结论。高创造者一般敢于标新立异、突破常规、不走寻常路,宁肯冒犯错误的风险,也不会将自己束缚在狭小的空间里。统计研究发现,冒险性是创新人物普遍表现出来的最重要的人格特质之一[①]。

任何发明创造都要冒一定的风险,因为创造性工作或多或少会与现有的做事规则相抵触,高创造者必须具有一定的冒险精神。要培养冒险性,并不一定要去参加极限运动,而应该较多地进行智力上的冒险,例如敢于在公开场合表达与众不同的思想。研究表明,个体承担学术风险的意愿影响他们的发展与绩效,个体对失败的承受力与选择某种难度的考试题相关[②]。能够承受失败的个体常常愿意冒更大的风险和选择更困难的题目,他们也常常获得更高的考试成绩。下面通过诺贝尔发明炸药的事例说明冒险性对创新活动的影响。

---

① Amabile T M. A model of creativity and innovation in organizations[J]. Research in Organizational Behavior,1988,10:123-167.

Torrance E P. Creativity in education:Still alive,In I. A. Taylor & J. W. Getzels (Eds.), Perspectives in creativity. Chicago:Aldine,1975.

② Clifford M M. Failure tolerance and academic risk taking in Tento twelve-year old students[J]. British Journal of Educational Psychology,1988,58(4):15-27.

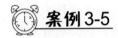

诺贝尔的火药[①]

诺贝尔在美国留学的时候，了解了当时工业发展的实际情况，认识到了炸药对未来生活的重要性，于是在1854年，他又回到了父亲的身边，决定以后从事化学研究，并且对现有的炸药进行改造。当时有一个意大利人已经制造出了一种叫硝化甘油的强烈爆炸性液体，但是这种液体在运输和制造的过程中都非常危险，轻微的震动就有可能导致爆炸。于是，诺贝尔开始专心致力于引爆物的发明。在某次研制的过程中，诺贝尔差点丢掉了自己年轻的生命，因为就在诺贝尔的实验即将成功时，他的实验室突然发生了爆炸。接下来，诺贝尔又开始研制硝化甘油的稳定剂，他用液体甲醇代替了黑火药，取得了很好的效果，在瑞典获得了这一发明的专利。拿破仑三世很看重他的发明，给了他10万法郎，并允许他在海伦坡建造了一个实验室。正当诺贝尔和他的父亲沉浸在巨大的喜悦中时，不幸的事情发生了，海伦坡实验室意外发生了大爆炸，这一次爆炸不仅把诺贝尔的父亲炸瘫痪了，而且使诺贝尔正在做实验的弟弟丢掉了生命。更重要的是，这次爆炸之后，人们对诺贝尔的实验产生了憎恶之情，于是身败名裂的诺贝尔回到了瑞典。

为了不使无辜的人受到伤害，诺贝尔在马拉湖上租了一艘船，并在船上建了一个实验室。可是在船上做实验很不方便，于是经过多次申请后，政府允许诺贝尔在一个远离市区的地方建起了世界上第一座正式生产硝化甘油的工厂。正当诺贝尔生产的硝化甘油销往世界各地时，噩耗从世界各地传到了诺贝尔的耳朵里——很多火车、轮船、库房、工厂由于硝化甘油而引起了大爆炸。这种灾难性的爆炸让人们感到恐慌，于是世界各国政府都下令禁止使用硝化甘油。

诺贝尔并没有因为各国政府对硝化甘油的禁令而感到沮丧，相反，这更坚定了他要发明硝化甘油稳定剂的信念。于是，诺贝尔来到了使用硝化甘油最多的美国加利福尼亚州进行考察，还在那里建了工厂，并且开始致力于硝化甘油的改善工作。就这样，经过艰苦的实验、多次的失败之后，诺贝尔发现可以用硅藻土来使硝化甘油变得安全，因为硅藻土是一种多孔性固体物质，所以它可以吸收硝化甘油。这一次诺贝尔终于成功了，他研制出的炸药不仅药力猛，而且还非常安全。1868年，诺贝尔和他的父亲获得了瑞典科学院颁发的最高奖"雷特斯泰奖"。

案例分析： 创新意味着要走别人没有走过的路，意味着要进入未知的领域，因此，风险常常相伴而行。如果一个人冒险性很低，当他看到自己不熟悉或者把握不大的事情或工作时，会缺乏敢于主动承担的精神，这不是源于其责任心不强，而是因为内心

[①] http://www.51flash.com/lizhigushi/22531.html.

的恐惧和担心,怕事情做不好。即使在外界环境的压力下不得不去承担这样的工作,其表现出的也是谨小慎微、循规蹈矩,不求有功、但求无过。诺贝尔对炸药展开研究,并不是因为他不知道炸药的危险,而是知道危险后仍敢于冒险,在生命受到炸药实实在在的威胁后仍然没有放弃对炸药的研制。这种冒险精神使得诺贝尔走出了前人没有走过的路,也使得他收获了巨大的成功。有人说,冒险不应该盲目地冒险,不应该冲动,而要有理性,也就是适度冒险,这种观点看似合理,但实际上是"事后诸葛亮",是在为自己的畏缩不前找借口。冒险不是创新的充分条件,但一定是必要条件,没有冒险性,人们就不会有"明知山有虎,偏向虎山行"的气魄和胆量,更不会有"月球一小步,人类一大步"的创新成就。

六、坚韧性

坚韧性是一种克服压力、保持专注并达成目标的个性品质,由承诺、控制和挑战三部分构成①。承诺指个体对于生活的目的和意义的坚持;控制指相信命运掌握在自己的手里,个体通过自身的努力来改变生活;挑战指个体认为变化才是生活的常态,是个体成长的动力。创造性活动是探索未知领域的活动,坚韧性在排除干扰、战胜困难的过程中起着举足轻重的作用。坚韧性强的人未必能够取得创新成果,但获得创新成果的人一定要有坚韧性。在面对困难时,在达不到预期的目标时,仍然坚持自己的目标,专注于自己的任务,这对于创新来讲是非常重要的。有些人能够长久保持创造性,而有些人的创新性仅仅是昙花一现,两者之间很重要的差别之一就是坚韧性——前者往往能够迎难而上,而后者往往在刚刚遇到困难时就选择放弃。

取得杰出成就的人,他们的坚韧性都非常强,即使面对阻碍也能坚持完成自己的任务②。例如,有学者研究了 76 位作曲家的生平③,发现 500 首作品当中,只有 3 首是作曲家童年期完成的,大部分作曲家在创作生涯中大约会有 10 年的沉默期。此外,梳理爱因斯坦、毕加索、斯特拉文斯基、艾略特、玛莎格兰姆、甘地等人的人生经历,发现他们也都经历了 10 年的沉默期,这个现象被称为创造性的十年法则。也就是说,创造性天才至少需要 10 年的时间,努力学习知识并将其融会贯通,才能在领域内取得杰出成就。这种现象在棋手、音乐家、艺术家、物理学家、化学家身上都有体现。下面通过中国首位诺贝尔医学奖获得者、药学家屠呦呦女士发现青蒿素的艰苦历程,说明坚韧性在创新活动中的重要作用。

---

① Kobasa S C. Stressful life events, personality, and health: an inquiry into hardiness[J]. Journal of Personality and Social Psychology, 1979, 37(1): 1-11.

② 奇克森特米哈伊. 创造性: 发现和发明的心理学[M]. 夏镇平, 译. 上海: 上海译文出版社, 2001.

③ Schonberg C E. The lives of the great composers[M]. New York: W. W. Norton, 1970.

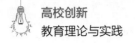

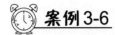

屠呦呦与青蒿素——成功，在190次失败之后①

20世纪60年代初，疟疾疫情全球泛滥。此时，正逢美越战争期间，越南缺乏相应的科研机构和研究条件，疟疾更是肆意横行，只好求助于中国。1967年5月23日，在毛主席和周总理的决策下，国家科委与总后勤部牵头组建"疟疾防治研究领导小组"。两年后，39岁的屠呦呦加入中医药协作组，开始了她的研究实验。此后，屠呦呦和她的课题组一头扎进中医药的古籍图书中，翻阅中医药典籍，查阅大量地方药志，四处走访老中医，寻找抗疟药物的线索，在几千年的文化宝库中挖掘并点燃智慧的星光。

"我们调查了2000多种中草药制剂，选择了其中640种可能治疗疟疾的药方，最后锁定到一百多个样本。从200种草药中得到380种提取物用于小白鼠身上的抗疟疾检测，但进展并不顺利。青蒿是当时的191号样本，虽然曾经有过68%的抑菌率，复筛结果却一直不好。"科学研究从来都是一项艰苦卓绝的伟大事业，尽管屠呦呦们废寝忘食、不断探索，过程极为艰辛，但结果却并不能让人满意。"尽管从中国传统医学文献中得到了很大的启发，但还需要做大量筛选、鉴别工作。青蒿只是传统中草药中的一个类别，其中包括6种不同的中草药，每一种都包含不同的化学成分，治疗疟疾的效果也有所不同。"研究陷入僵局，下一步该怎么办？

屠呦呦再一次把她的目光聚焦到那一摞摞古代医学典籍上。她又一次埋下头来，一字字、一句句全身心地阅读、思考，一次次、一天天全力以赴地观察、实验。"西晋葛洪的处方给了我灵感。1971年10月4日，我第一次成功地用沸点较低的乙醚制取青蒿提取物，并在实验室中观察到这种提取物对疟原虫的抑制率达到了100%。"多年之后，屠呦呦回忆那时的情形，话语间依旧充满兴奋："这个解决问题的转折点是在经历了第190次失败之后才出现的，很难描述自己的心情，特别是在经过了那么多次的失败之后，当时自己都怀疑路子是不是走错了。当发现青蒿素正是疟疾克星的时候，那种激动的心情是难以表述的。"

宵衣旰食，殚精竭虑，梅花香自苦寒来。1971年10月4日，屠呦呦课题组在经过190次的失败之后，在第191次低沸点实验中发现了抗疟效果为100%的青蒿提取物——青蒿素。将青蒿素在21位感染了疟原虫的患者身上试用之后，发现青蒿素治疗疟疾的临床效果出奇得好。

案例分析：屠呦呦所在的中医药协作组的指导思想就是从我国传统中医药宝库中

---

① 彭维峰. 劳动改变中国(1978—2018)[M]. 北京：中国工人出版社，2018.

"寻宝"。中国几千年的中医药宝库中有着大量的中医药典籍、偏方，民间还有许多老中医，从浩瀚的信息中找到有效的中药和方法无异于大海捞针。但是，屠呦呦及其课题组凭着坚韧性，调查了2000多种中草药制剂，选择了其中640种可能治疗疟疾的药方，最后锁定到一百多个样本。从200种草药中得到380种提取物用于小白鼠身上的抗疟疾检测，但进展并不顺利。青蒿是当时的191号样本，虽然曾经有过68%的抑菌率，复筛结果却一直不好。而且，青蒿只是传统中草药中的一个类别，它包括6种不同的中草药。在研究的十字路口，是继续走下去，还是换方向呢？屠呦呦凭借着坚韧性，再一次把她的目光聚焦到那一摞摞古代医学典籍上。她又一次埋下头来，一字字、一句句全身心地阅读、思考，一次次、一天天全力以赴地观察、实验。"青蒿一握，以水二升渍，绞取汁，尽服之"，这短短的一句话成了屠呦呦的灵感之源，温度是其中的关键，她第一次成功地用沸点较低的乙醚制取青蒿提取物，并在实验室中观察到这种提取物对疟原虫的抑制率达到了100%。从浩如烟海的中医药宝库中最终准确定位到青蒿素的创新性提取方法，如果没有坚韧性，屠呦呦不可能找到提取方法，或者会晚好多年。而且，她并没有止步于这些成就，而是不断地在青蒿素研究道路上获得一项项新的成就，挽救了全球尤其是发展中国家数百万人的生命。屠呦呦在其科研历程中，凭借着坚韧性，最终达到了科学界的高峰。

经验开放性、模糊容忍性、好奇心、创新自我效能感、冒险性、坚韧性等是心理学者发现的一些普遍的创新人格特征，大多数创新者身上都会体现出其中某几个或全部的特征。

第三节 创新思维的概念、基本原理及过程

创新思维是以感知、记忆、思考、联想、理解等能力为基础而开展的，以综合性、探索性和求新性为特征的高级心理活动与脑力劳动。因此，创新思维能力的强弱与创新者发现问题、解决问题能力的高低直接紧密相关。本节首先围绕创新思维的概念进行阐释，使读者对创新思维具有初步的、宏观的理解，随后介绍人们在创新思维过程中普遍遵循的具有方法论意义的原理和规则，即创新思维的基本原理，最后通过一个案例对创新思维的过程进行了具体讲解。

一、创新思维的概念

创新思维也称创造性思维，本章后续内容将不再区分创新思维、创造性思维这两种表述。以下给出《汉语大词典》、百度百科、维基百科中对创新思维(创造性思维)的定义。

《汉语大词典》对创造性思维的定义：创造新形象或新事物的思维形式，主要表现为积极的求异性、敏锐的洞察力、创造性的想象、活跃的灵感和新颖的表述等。

百度百科对创新思维的定义：以新颖、独创的方法解决问题的思维过程，提出与众不同的解决方案，从而产生新颖的、独到的、有社会意义的思维成果。而创造性思维被认为是心理学名词，是一种具有开创意义的思维活动，即开拓人类认识新领域、开创人类认识新成果的思维活动。这两个概念尽管表层意义有所差别，但实际本质是一致的：两者都强调新颖性和独特性。差别是创新思维更强调产生新成果，而创造性思维则更强调思维活动本身。

维基百科对创造性思维的定义：创造性思维是人脑对客观事物本质属性和内在联系的概括与间接反映。创造性思维以新颖、独特的思维活动揭示客观事物的本质及内在联系并指引人去获得对问题的新解释，从而产生前所未有的思维成果。它给人带来新的具有社会意义的成果，是一个人智力水平高度发展的产物。

综上，创新思维是以感知、记忆、思考、联想、理解等能力为基础，以综合性、探索性和求新性为特征的高级心理活动，需要人们付出艰苦的脑力劳动。一项创新思维成果往往要经过长期的探索、刻苦的钻研，甚至多次的挫折方能取得，而创新思维能力也要经过长期的知识积累、素质磨砺才能具备。至于创新思维的过程，则离不开繁多的推理、想象、联想、直觉等思维活动。

创新思维的本质在于逻辑与非逻辑的统一，在于实现思维素材的超逻辑组合。逻辑思维是个体在感性认识的基础上，运用概念、判断、推理等形式对客观世界进行的间接和概括反映，是科学思维的最普遍、最基本的类型。逻辑思维方法的前提和基础是知识和经验，不继承前人的知识和经验就没有创新的基础。非逻辑思维的方法包括联想思维、想象思维、逆向思维、灵感思维和直觉思维，其中情感、意志、毅力等在非逻辑思维的培养过程中有重要的作用。非逻辑思维的能力在创新思维中是不可或缺的，甚至是至关重要的，尤其是在创造的明朗期，非逻辑思维对于新观念、新思路的产生起到了决定性的作用。因此对于非逻辑思维，我们应该给予足够的重视，特别是在学校教育中，培养和提高学生的非逻辑思维的能力十分重要。在创新活动的过程中，逻辑思维和非逻辑思维是辩证统一的，两者相辅相成，缺一不可。面对疑难问题或科研课题，可以依据有限的事实和观察，结合已有的专业知识和经验，使用联想、想象、逆向思维等方法，会产生新想法、新设想，最终获得创新成果。逻辑思维与非逻辑思维在思维过程中表现为收敛性思维和扩散性思维。

以往人们只认为非逻辑思维具有创造性，是创造性思维，实际上逻辑思维也有一定的创造性。例如科学史上亚当·斯密和勒维烈对海王星的预言，门捷列夫关于钪、锗、镓等元素的预言，麦克斯韦关于电磁波的预言等都是基于逻辑思维，即以分类、演绎为主的创造性思维, 引起重大科学发现的著名例证。

要特别指出的是, 创新思维对人类社会的发展极其重要。首先, 创新思维可以不断增加人类知识的总量; 其次, 创新思维可以不断提高人类的认识能力; 最后, 创新思维可以为实践活动开辟新的局面。此外, 创新思维的成功还可以激励人们进一步进行创新思维活动。正如我国著名数学家华罗庚所说:"'人'之可贵在于能创造性地思维。"

二、创新思维的基本原理

创新思维的基本原理指的是在创新思维过程中, 人们普遍遵循的具有方法论意义的原理和规则。张义生论述了创新思维的基本原理, 提出了以下内容[①]。

(1) 陌生原理。所谓陌生原理, 是指人们在认识事物的时候, 要学会用陌生的眼光看问题。也就是说, 人们在认识事物的时候, 无论过去有没有遇见过这个事物, 都要把它当作陌生的事物来看待, 再熟悉的事物也不例外, 要善于对事物从根本上重新加以思考。很显然, 运用陌生原理是为了帮助人们冲破头脑中的固定观念和思维定式的束缚, 使人们在思考问题时能够把眼前的事物和头脑中已知的事物分离开。运用陌生原理时, 一定要确立怀疑批判意识, 对于前人留下的东西、他人的看法, 都要用一种怀疑批判的眼光去审视, 即使是权威人士的意见也不例外。此外, 还要善于对问题进行再认识, 因为通过再认识可以使人们摆脱传统观念的束缚, 发现原来没有发现的事物。

(2) 归本原理。所谓归本, 就是归结到本质、本原和事物的本真状态、原初状态。归本原理指的是人们在解决问题时, 要努力抓住事物的本质、本原, 抓住事物的本真状态、原初状态, 在此基础上寻求问题的解决办法。在解决问题的过程中, 要善于回到起点, 要努力弄清出发点和解决问题的初衷, 从功能的角度去把握事物。唯物辩证法告诉我们, 世界上的事物都是作为系统而存在的, 事物都是由一定的要素、按照一定的结构而形成的具有一定功能的整体。

(3) 诉变原理。诉变就是诉诸变化, 指的是人们在解决问题的过程中, 要善于在思路上进行变化、变换, 以求得问题的解决。运用诉变原理, 就是通过变换打破头脑中的固定观念和思维定式的束缚, 变换思考的方向和角度, 对问题的结构进行变换以寻求解决问题的新方法。

(4) 中介选择原理。所谓中介, 是联结问题的起点和目标的桥梁与纽带, 是人们在解决问题的过程中, 由起点到达目标所必须经过的路径, 也是由起点到达目标的关键点和必经环节。

创新思维作为一种创造性活动, 是人的能动性的最高体现。从马克思主义哲学的角

---

① 张义生. 论创新思维的基本原理[J]. 南京社会科学, 2003(12): 26-32.

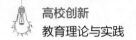

度来看，创新思维的生成机制表现为：需要是创新思维活动展开的直接动力，意识反映性是创新思维活动生成的基础，意识创造性是创新思维活动的灵魂。创新思维中渗透了哲学的思维方法①：从相对中优选绝对，从偶然中把握必然，从量变中促进质变，从否定中实现再否定等。

理解创新思维的基本原理有助于理解创新思维学理论的结构体系，能较好地促进创新教育。探讨创新思维的概念与基本原理，目的是更好地开展创新教育，尤其是对即将走向工作岗位的大学生进行创新教育，可以开发其创造力，提高其创新思维能力。另外，创新思维的基本原理是创新思维理论体系和实践体系的基础，厘清创新思维的原理和其他思维的异同，能够更好地指导个体的工作和学习。

三、创新思维的过程

美国心理学家华莱士首先提出了创新思维四阶段理论，将创新思维的过程分为准备期、孕育孵化期、明朗期和验证期四个阶段。这个思维过程模型被研究者广泛接受和使用。后来又有研究者将华莱士创新思维四阶段理论按照创新思维的意识分为3个意识临近层(无意识、临界意识、意识)和5个阶段(准备期、酝酿期、启明期、明朗期、检验期)②。下面通过一个具体案例来说明5个阶段及其特点。

案例3-7

创新思维的过程③

谢里尔(Cheryl)是德里一家远程学习培训公司的内容开发人员，她的主要工作是为公司设计和开发的课程提出有针对性的构想及可视化的例子。谢里尔的日常工作内容如下。

准备期：项目开始设计时，谢里尔一般阅读相关课程内容和知识，并尽可能详尽地理解它们。同时，她也会查看参与培训者的简介并加深对培训者学习情况的了解。此时，她从思想上已经进入了创造过程的准备阶段。

酝酿期：了解了参与培训者的学习情况后，谢里尔便从自己的座位上站起来走向同事，征求是否可以一起参与"coffee break"。征得同事的同意后，他们一起去研磨咖啡，聊着工作中和生活中的有趣的事情。你可能会想谢里尔并没有在工作，因为她既没有盯着自己的电脑，也没有谈论手头上的工作问题，但事实上，谢里尔在喝咖啡的时

---

① 王辉. 论创造性思维的机制与方法[D]. 郑州：郑州大学，硕士学位论文，2004.

② Eugene Sadler-Smith. Wallas' Four-Stage Model of the Creative Process: More Than Meets the Eye? [J]. Creativity Research Journal，2015, 27(4)：342-352.

③ 华莱士. 思想的艺术[M]. 北京：中华书局，2003.

候，思维正忙于内化需要描述的概念。

启明期：在"coffee break"过程中，谢里尔被一种突然显现的灵感驱动着，感觉自己马上就要找到答案了。她不想错过这个想法，她要立即回到电脑前。于是，她迅速喝完咖啡并心不在焉地听着同事的聊天。旁观者可能认为谢里尔行为怪异、自私傲慢，但真实的情况是她这种突兀的行为表明了其处于创造过程的启明期。

明朗期：谢里尔迅速回到了办公桌前，她的感觉越来越强烈。她如果足够幸运的话，会找到问题的答案。她的期待变成了实际问题的解决方案，她一直期望找到的方案也变得越来越清晰了。在键盘上行云流水地操作将思想记录下来，把思想转变成了语言。

检验期：谢里尔认为自己所提出的方案必须经过验证，而检验这项工作则需要将方案发给部分参与培训者进行学习和认知才能完成。紧接着，她将方案发送给主题专家，专家会进行验证工作。

案例分析：准备期是创新思维活动过程的第一个阶段。这个阶段的主要任务是搜集信息、整理资料、做好前期准备。由于要解决的问题存在许多未知数，所以要搜集前人的知识和经验，对问题形成新的认识，从而为创造活动的下一个阶段做准备。酝酿期和启明期主要对前一阶段所搜集的信息、资料进行消化和吸收，在此基础上，找出问题的关键点，以便考虑解决这个问题的各种策略。在这两个阶段，有些问题由于一时难以找到有效的答案，通常会被暂时搁置，但思维活动并没有因此而停止，这些问题无时无刻不萦绕在头脑中，甚至转化为一种潜意识。在此期间，人容易对可能的成功产生兴奋和狂热。明朗期是一个顿悟的阶段。经过前几个阶段的准备和酝酿，思维已经相对成熟，在解决问题的过程中，常常会进入一种豁然开朗的状态，这也就是常说的灵感。验证期就是实施检验的阶段，主要是对前面阶段形成的方法、策略进行检验，以得到更合理的方案。这5个阶段是否定、肯定、否定的往复循环、不断提升的创新思维过程。

第四节 创新思维的特征及表现形式

创新思维是人类揭示事物本质和规律、获得新知识、新技术的有效手段，它既符合思维的一般特征，又具有特殊性，应从多个角度考察创新思维的表现形式。本节首先详细介绍创新思维的特征，随后从多角度、多层次阐述创新思维的表现形式。

一、创新思维的特征

创新思维是人类揭示事物本质和规律，获得新知识、新技术的有效手段，是一种心理活动历程。创新思维是在一般思维的基础上发展起来的，是超越普通逻辑推理的高级思维形式，它既符合思维的一般特征，又具有特殊性。创新思维具有以下几个特征。

(一) 创新思维是逻辑思维和非逻辑思维两者的恰当结合与高度统一

创新思维首先具备辩证逻辑的思考线路，客观、全面、深刻三者是辩证逻辑的根本要求，是保证创新思维取得成功的首要前提。客观是基于事物的本来面目去认识事物，而不附加任何主观成分。全面认识事物不仅要对事物的构成要素进行考察，还要观察各种要素之间的关联，并分析各个要素在事物中的地位和作用。深刻即不断地产生对事物内在本质的深刻认识，从中发现特殊与一般的关系。在研究事物时，要用动态的观点看待事物的发展、形态变化及未来的趋势等。

易杰雄从辩证逻辑的角度阐述了创新思维的重要特征[①]：由于创新思维面对的不是寻常的、多见的问题，不可能只用过去熟悉的方式、方法加以解决，因而这种思维活动必须是一种破除常规、另辟蹊径的思维活动。一般情况下，只要感知、记忆和注意等认识的心理活动有机配合即可完成常规思维活动，而创新思维不仅需要各种认识和心理过程，特别是想象活动的积极配合，还需要调动情感、意志乃至全部积极的生理、心理功能才能发挥有效作用。例如阿基米德在浴缸中省悟检验金冠的办法，达尔文在阅读中想到进化论观点等。通过机遇、启示、直觉、灵感等非逻辑思维进行创造发明的现象说明，在非逻辑思维发挥作用之前，都要进行大量的逻辑思维。

(二) 创新思维是求异与求同、新颖性与普遍性的统一

创新思维强调开创性和超越性，能够积极、主动地解决问题，体现为问题解决的思路、方法或者思维过程中的新颖性和独特性。创新思维是一种超常规的思维方法，求新、求异是创新思维的一大特点，在充分认识事物原有知识的基础上又产生新的见解。具有创新思维的人必须对事物具有浓厚的创新兴趣，善于在实际活动中进行超常规思维，对"完善"的事物、平稳有序发展的事物进行重新认识，以得到新的见解、新的发明和新的突破。

(三) 创新思维是发散性和目标性统一的思维活动

创新思维活动是一种开放的、灵活多变的思维活动，它的发生往往伴随想象、直觉、灵感之类的非逻辑思维。这些非逻辑思维往往因人而异、因时而异、因问题和对象而异，所以创新思维活动具有极大的特殊性、随机性和技巧性，他人不可以完全模仿、模拟。创新思维并无现成的思维方法和程序可循，所以它的方式、方法、程序、途径等都没有固定的框架。进行创新思维活动的人在考虑问题时会提出多种设想、多个可能的方案，从不同角度设计解决问题的可能方案。针对每个方案，有既定的择优原则和规

---

① 易杰雄.论创新思维的几个重要特征[J]. 北京社会科学，2001(1)：48-60.

范。即使是在思维中从一个方案转向另一个方案，最终的目标也是解决问题。因此，创新思维虽然表现出不同的结果或不同的方法、技巧，但是最终的目标是一致的。例如，面对竞争日趋激烈的企业发展环境，企业领导不能无动于衷或沿用老思路，他们必须考虑引进外资、联合发展，或者改革重组企业配置结构，并采取技术革新、加强产品宣传等一系列措施。无论是哪种方式，最终的目标是解决企业的生存和发展问题。

(四) 创新思维对象的可预测性和风险性相互依存

创新思维活动从现实的活动和客体出发，但它所指向的不是现存的客体，而是一个潜在的、尚未被认识和实践的对象。创新思维的对象可能刚刚进入人类的实践范围，尚未被人类完全认识，人们只能猜测思维对象的存在情况；也可能人类对创新思维对象有了一定的认识，但不完全，还可以从深度和广度上进一步认识。人们对这两类思维对象的认识都带有一定的预测性，这种预测性就会为成功的创新思维带来机遇。

由于创新思维活动是一种探索未知的活动，因此受多种不确定因素的限制和影响，同时也受思维主体的知识水平、思维能力以及实践条件等的限制和影响。这说明创新思维是有诸多不确定因素的活动，可能会取得成功，也可能使所有的投入付之东流。因此，创新思维中风险与机会、成功并存，消除了风险，创新思维活动就变为习惯性思维活动。

二、创新思维的表现形式

创新思维具有以下表现形式。

(一) 理论思维

理论思维也称为科学思维、逻辑思维，是在人类知识的基础上，以科学原理、概念为基础，对事物本质、规律和普遍联系进行认识的一种抽象性思维活动。理论一般可理解为原理的体系，是系统化的理性认识。理论思维一般是运用分析综合、归纳演绎、统计计量、调查分析等科学方法，从有限中把握无限，从相对中总结出绝对，从特殊推广到一般，透过现象把握事物本质，获得规律性的知识。逻辑、概念、范畴是理论思维的基本元素。理论思维形式在实践中有很多应用，例如系统工程就是运用系统理论思维来处理一个系统内的各有关问题的管理方法。理论思维是基本的思维形式之一，为了把握创新规律，要认真研究理论思维活动的规律，特别是创新性理论思维的规律。

(二) 发散思维

发散思维也叫多向思维、辐射思维或扩散思维，是指思考某一问题或事物的过程中，不拘泥于一点或一条线索，从仅有的信息中尽可能向多方向扩展，不受已经确定的方式、方法、规则和范围等的约束，并且从这种扩散的思考中求得常规的和非常规的多种设想的思维活动。多向思维的概念最早由武德沃斯于1918年提出，以后斯皮尔曼、卡推尔将其作为一种"流畅性"因素使用过。美国心理学家吉尔福特明确提出了发散思维的概念，他认为，发散思维是从给定的信息中产生信息，其着重点是从同一的来源中产生各种各样数量众多的输出。发散思维的特点：一是针对一个问题可以有多个解决问题的开端，产生各式各样的解决方案；二是一个问题的解决方案能根据客观情况的变化而发生变化；三是精细，能全面、细致地考虑问题；四是新颖，答案可以有个体差异，各不相同，新颖不俗。

(三) 侧向思维

侧向思维就是利用其他领域里的知识和资讯，从侧面迂回地解决问题的一种思维活动。他山之石，可以攻玉。当我们在一定的条件下解决不了问题或虽能解决问题但方案较复杂时，可以用侧向思维来产生创新性的突破。具体包括移植和变换两种方式。

(1) 移植，通俗地讲就是将方法与应用分别从现有的模式中剥离出来，跳出本专业、本行业的限制，摆脱习惯性思维，将注意力引向更广阔的领域或者将其他领域已成熟的、较好的技术、方法、原理等直接移植过来加以利用；或者从其他领域事物的特征、属性、机理中得到启发，产生创新设想；或者将问题转换成其他问题，或将解决问题的手段转为其他手段等。例如，在网络经济时代，"互联网+"技术就是移植思维的典型例子，将网络技术与各种实际应用、需求结合起来，极大地推动了社会生产力。

(2) 变换，是指不按最初设想或常规方法直接解决问题，而是将问题转换成为它的侧面的其他问题，或将解决问题的手段转为侧面的其他手段等。这种思维方式常常在创新发明中被使用。例如在网络热潮中兴起了一批网络企业，但真正最终获得赢利的是设备提供商。

(四) 逆向思维

逆向思维是指对司空见惯的似乎已成定论的事物或观点反过来思考的一种思维方式。任何事物都包括对立的两个方面，这两个方面又相互依存于一个统一体中。人们在认识事物的过程中，实际上是同时与其正反两个方面打交道，只不过由于日常生活中人们往往养成了习惯性思维方式，即只看其中的一方面，而忽视另一方面。如果逆转一下正常的思路，从反面想问题，便能得出一些创新性的设想，如管理中的"鲶鱼效应"等。

逆向思维是思维的普遍性和新颖性的统一。所谓逆向思维的普遍性，是指该思维模式对解决各类问题都有适用性。逆向与正向是相对的，正向是指常规的或习惯性的想法与做法，逆向则是反传统、反惯例的，是对常规的挑战。逆向思维一般是从事物的一个方面联想到与之对立的另一方面，其表现形式多种多样：事物性质上对立的两个方面的转换，如软与硬、高与低等；物质结构、形态、位置上的互换，如上与下、左与右等；事物发展过程上的逆转，如气态变液态或液态变气态、电转为磁或磁转为电等。而逆向思维的新颖性是指反惯例、反传统的想法和做法，克服了采用传统方式解决问题时思路僵化、刻板的缺点，得到的可能是出乎意料的结论，给人以耳目一新的感觉。

(五) 联想思维

联想思维是指由某种事物联想到另一种事物而产生认识的心理过程，即由所感知或所思考的事物、概念或现象的刺激而想到其他的与之有关的事物、概念或现象的思维过程。联想是每一个正常人都具有的思维本能。由于有些事物、概念或现象往往在时空中伴随出现，或在某些方面表现出某种对应关系，这些事物、概念或现象由于反复出现，就会被人脑以一种特定的记忆模式接受，并以特定的记忆表象结构储存在大脑中，一旦以后再遇到其中的一个时，人的大脑会自动地搜寻过去已确定的联系，从而马上联想到不在现场的或眼前没有发生的另外一些事物、概念或现象。联想的主要素材和触媒是表象或形象。表象是对事物感知后留下的印象，即感知后的事物不在面前而在头脑中再现出来的形象。表象有个别表象、概括表象与想象表象之分，联想主要涉及前两种。根据亚里士多德的三个联想定律——接近律、相似律与矛盾律，可以把联想分为相近、相似和相反三种类型，其他类型的联想都是这三种类型的组合或具体展开。

(1) 相近联想，是指由一个事物或现象的刺激想到与它时间相伴或空间相接近的事物或现象的联想。

(2) 相似联想，是指由一个事物或现象的刺激想到与它在外形、颜色、声音、结构、功能和原理等方面有相似之处的其他事物与现象的联想。世界上纷繁复杂的事物之间是存在联系的，这些联系不仅仅是与时间和空间有关的联系，还有很大一部分是属性的联系，如学习中的"高原现象"与企业成长阶段的瓶颈，"狐假虎威"与品牌联盟，战场上的战术与商场竞争中的策略等。相似联想的创新性价值很大。随着社会实践的深入，人们对事物之间的相似性认识越来越多，极大地扩展了科学技术的探索领域，解决了大量过去无法解决的复杂问题。利用相似联想，首先要在头脑中储存大量事物的"相似块"，然后在相似事物之间进行启发、模仿和借鉴。由于相似关系可以把两个表面上相差很远的事物联系在一起，普通人一般不容易想到，所以相似联想易于导致创新性较高的设想。

(3) 相反联想，是指由一个事物、现象的刺激而想到与它在时间、空间或各种属性上相反的事物与现象的联想，如由黑暗联想到光明，由放大联想到缩小等。相反联想与

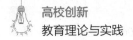

相近联想、相似联想不同，相近联想只想到时空相近面，而不易想到时空相反的一面；相似联想往往只想到事物相同的一面，而不易想到对立的一面，所以相反联想弥补了相近联想与相似联想的缺陷，使人的联想更加丰富。同时，由于人们往往习惯于看到正面而忽视反面，因而相反联想使人的联想更加多彩，更加富于创新性。

传统的飞机螺旋桨都在飞机的前部，后来有人想到将飞机的螺旋桨放到飞机的上方，于是，一种新的飞机——直升机诞生了。直升机的上方安上螺旋桨以后，因为旋转力矩的存在，飞机在空中打旋。为了解决这个问题，人们想出了许多办法，最终还是相反思维起作用，在飞机的尾部安装一个与顶部垂直的螺旋桨解决了这个问题。

(六) 形象思维

形象思维就是依据生活中的各种现象进行选择、分析、综合，然后加以艺术塑造的思维方式。它也可以被归纳为与逻辑思维方式有别的非逻辑思维方式。严格地说，联想只完成了从一类表象过渡到另一类表象，它本身并不包含对表象进行加工、制作的处理过程，只有当联想导致创新性的形象活动时，才会产生创新性的成果。实际上，联想思维与形象思维的界限是不明确的，有人认为可以把形象思维看成一种更积极、更活跃、更主动的联想思维。不同类型的形象思维，其具体特征可能不尽相同，但它们作为同一种思维方式，又有下面一些共同特点。

(1) 形象性。形象性是形象思维的典型特点。人们通过社会生活与实践将丰富多彩的事物形象储存于记忆中形成表象，成为想象的素材。想象的过程是以表象或意象的分析和选择为基础的综合过程。想象所运用的表象以及产生的形象都是具体的、直观的。即使在研究抽象的科学理论时，人们也可以利用想象把思想具体化为某种视觉的、动觉的或符号化的图像，把问题和设想在头脑中形成形象，用活动的形象来思维。抽象的理论或概念在思维过程中往往带有僵硬性，它的内容变化比较缓慢，经常满足不了新问题的要求。同时，逻辑思维中概念的演化也要受逻辑框架的束缚，而直观的形象在思维过程中更灵活，较少有保守性。

(2) 创新性。形象具有很大的创新性，因为它可以加工表象，多样式性的加工本身就是创新。例如人们可以根据主观需求或幻想分解、打乱或强化表象、抽象等。由于形象带有浓烈的主观随意性和感情色彩，所以可以表现出丰富多彩的创新性。

(3) 概括性与幻想性。形象思维并不是一种感性认识形式，而是具有形象概括性的理性认识形式，是对感性认识进行提炼和形象演化的过程。与概括性互补的是形象思维中包含的猜想与幻想成分。幻想是一种高于感知和表象的崭新意识活动，它更能在不确定情况下发挥人们创新性探索的积极性，有助于突破直接的现实感性材料的局限。

第五节 创新思维的作用

创新思维实际上是一种综合性的思维,是多种思维的综合创新,在人类文明发展、科学技术创造、人才培养、经济发展等过程中具有十分重要的作用。人类文明进化史就是一部人类科技发展史,也是一部人类不断学习、创新的历史。迄今为止,所有的科学发现和技术发明,无一不是创新思维的结果。

一、创新思维在人类历史文明发展中的作用

创新思维促进人类对知识的融会贯通,提高了知识总量,优化了知识结构,提高了人类认识世界的水平和能力。知识的多样性和联系性为创新思维的产生提供了丰富的土壤,使得人类涉猎知识的门类更广、体系更全,同时在不断的思考和学习中,达到对知识的融会贯通和对知识的优化组合。同时,创新思维使得人类不断扩大认识范围,将未知的事物变为可以认识和已经认识的事物,科学上每一次发现和创造都增加了人类的知识总量。

创新思维促进人类不断提高认知能力。创新思维的特征表明,创新思维活动的内在机理是创新思维能力,而创新思维能力的获得依赖于人们对知识、经验和对现实获取信息的理解,依赖于观察能力和问题分析能力,依赖于平时知识的积累和知识面的拓展。要获取对未知世界的认识,人类就必须不断地探索新方法,从新角度进行思维,创造性地寻求新途径,从新视角去观察、分析和解决问题。这个不断迭代的思维过程提高了人类认识未知事物的能力。因此,创新思维过程就是思维能力提升的过程,也是人类认识未知事物的能力不断提高的过程。

中国古代文明中的造纸术、印刷术、火药、指南针等,都经过了几代人甚至几十代人的不断发展和革新,都经历了知识的不断积累和创新。这四种发明对中国古代的政治、经济、文化的发展产生了巨大的推动作用,加速了世界经济的发展进程,在人类的文明发展史上具有不可磨灭的影响。

二、创新思维在科技创新中的作用

创新思维在科技创新中的作用表现在以下几个方面。

(1) 创新思维能激励人们发现问题、探索问题。创新和创造的基础条件是发现问题,而创新思维是发现问题的必备素养。古人云:"学贵有疑,小疑则小进,大疑则大进。""疑"是人类打开宇宙大门的金钥匙。弗·培根说过:"多问的人将多得。"爱因斯坦曾经说过:"提出一个问题比解决一个问题更重要。"问题是明确的,解决问题可能需要不断的验证和实验,甚至需要数学推导和证明,而提出新的问题可能是从新角度去看旧问题,也可能是全新的问题,这都需要有创造性的想象力。具有创新思维的人的高明

之处就在于发现常人感觉不到的新问题，在他熟知的领域仔细地观察某些现象，并敏锐地进行思考。发现问题仅靠常规性思维可能是行不通的。例如，杂交水稻之父袁隆平偶然见到一棵特别优异的水稻植株觉得奇怪，跟踪研究方知原来是一棵天然杂交种，后来培育出高产的杂交水稻；袁隆平团队培育出的海水稻是在含盐 0.6%的咸水中生长出来的，咸水是人工用海水和淡水混合调制而成；在迪拜热带沙漠实验种植沙漠水稻最高亩产超过 500 千克，这是全球首次在热带沙漠实验种植水稻取得成功，帮助沙漠地区的人提升了粮食自给能力，这对于保障全球粮食安全和改善沙漠地区生态环境意义重大。

(2) 创新思维为解决问题提供了方向及突破口。创新思维中的发散思维在寻找问题解决方案初期起到了重要作用。例如，在电的发现过程中，创新思维就为问题解决提供了研究方向。早期科学家们发现了电的存在形式，如雷电、摩擦生电、电流会使小磁针偏转等，于是，科学家们利用发散思维从不同的角度提出了许多问题，又经思维收敛和集中，将许多问题综合为一个问题：是否有某种高速度、高能量的极小微粒穿行于物质之中，造成各种现象。科学家们经反复推理、论证，形成了关于原子内部结构的各种假说，后来经过实验证明，便建立了关于电的理论。这表明，创新思维在科学创造中，在帮助选择研究的主攻方向和突破口方面发挥了积极作用。

(3) 创新思维能促进创新成果的实现。科技创造一般分为准备、酝酿、明朗和验证四个阶段，在这整个过程中，创新思维都伴随发生并催化各个阶段的顺利衔接，而且以实物或者理论成果的形式展现出来。研究者对某个问题研究到达一定程度的时候，创新思维就会累加并在合适的时候激发出灵感，难题可能会迎刃而解。解决难题的思维方式或者方法可以总结为思维范式和研究方法，为同类问题的解决提供方法论。朱晶在对105 届诺贝尔化学奖得主的创新方法进行研究的过程中发现[①]，化学研究对象的演变带来了创新方法的变化，而思维、工具和仪器的革新又促进了化学研究对象与概念乃至本体论预设的变化。在创新思维中，从对传统培根式归纳法的强调，发展到对理论和实验之间关系的多元理解，持有不同程度的实在论。在科学方法创新方面，从传统的实验与定性分析，转为将多学科的研究方法，特别是将物理学、数学和生物学的研究方法引入化学研究的合成、性质分析与结构测定等环节，并进而将化学的研究方法延伸为其他科学理论发展的手段，融入生命科学、考古学、原子核等领域。这些论述证明了组合、联想等创新思维形式的可行性和在创新研究中的有效性。

三、创新思维在应用领域的作用

创新思维可以促进应用领域的新发展和新进程，可以为实践开辟新局面。创新思维的独创性与风险性特征赋予了个体敢于探索和创新的精神，在这种精神的支配下，人们不满足于现状，不满足于已有的知识和经验，总是力图探索客观世界中还未被认识的

---

① 朱晶. 诺贝尔化学奖得主群体创新方法探析[J]. 科学学研究，2014，32(10)：1461-1467.

本质和规律,并以此为指导进行开拓性的实践,开辟人类实践活动的新领域。

(1) 创新思维能促进企业自主创新。企业的自主品牌需要依靠自主创新,没有创新,企业的产品就没有市场,企业的发展就难以维持。2018 年中兴通讯被美国制裁的案例说明中兴通讯在核心技术上没有自主创新,一些技术含量很高的关键器件严重依赖国外供应商,中兴通讯全球价值链所采购的高速光通信接口、大规模 FPGA 等核心部件,被美国企业停止供货后,中兴通讯的生产难以为继。没有自主研发和创新的能力,这是中兴通讯被迫与美国执法当局和解的根本原因。

(2) 技术创新必将逐步成为提高企业施工能力和综合实力的战略支撑,良性发展的企业也必将其放在发展全局的核心位置[①]。传统企业也需要坚持实施科技创新驱动发展战略,走企业自主创新道路。对于重大创新工程的技术创新,要根据实际工况与现场条件开展工程的具体创新工作,例如港珠澳大桥工程的技术创新直接影响了项目的成败。重大技术创新的根源是科学技术在发展。著名的英国唯物主义哲学家、实验科学的创始人弗朗西斯·培根提出了"科学知识的价值远大于技术知识的价值"的论断,号召人们获取更多的科学知识。

(3) 创新思维能促进创意产业发展。当今行业类别宽泛,很多行业都需要创新思维,比如创意产业等,完全依靠想象力和创造力而获得发展。是否具有创造力和创意能力,就是评判企业是否适合此行业发展的标准。若社会各界重视创新,就会重视原创性作品的发展和保护,从而形成尊重原创、发展原创的社会氛围。

思考题

1. 结合第二节的案例,思考自己具有哪些创新人格特征。
2. 结合爱迪生的案例,分析好奇心在创新中的作用,并列举更多由好奇心而引发创新的案例。
3. 冒险性可以使个体摆脱固有的思维定式,从而获得创新,它是创新者普遍表现出来的最重要的人格特质之一。然而,冒险性也意味着风险,需要把握冒险性的度。试举例说明创新活动中冒险性的作用与风险。
4. 针对创新思维的 6 种表现形式中的一种,尝试开展对应的创新思维训练。
5. 结合历史上的重大科技创新,谈一谈创新思维的作用与意义。

---

① 冯海暴. 创新对企业运行发展的重要性分析[J]. 交通企业管理,2018,33(3):8-10.

第四章
创新能力培养

创新能力的培养与提升，其着力点在于创新思维能力，这与创新者发现问题、解决问题的能力直接紧密相关。承接上一章创新思维的相关理论知识，本章将着重介绍大学生创新思维能力培养的维度和提升训练方法，首先分析了创新思维的影响因素，并提出了提升大学生的创新思维能力的多条途径；随后，给出了大学生创新思维能力培养的6个维度；最后，通过各种案例介绍多种提升创新思维能力的训练方法。通过训练，帮助学生提高发现问题、解决问题的能力，使学生从创新方法的练习中得到启发，引导学生大胆进行创造性设想，形成创新思维习惯。经过本章的学习，可以帮助学生提高将创新知识和专业知识相融合的能力，提升创新水平，并推动学生对创新方法的实践应用。

第一节 创新思维的影响因素与提升路径

一、大学生创新思维影响因素分析

大学生创新思维能力形成的影响因素是多方面的，这些影响因素既有宏观层面的，也有微观层面的。影响大学生创新思维能力形成的因素[1]可分为社会环境、学校等教育体系、家庭环境、自我成长4个方面：社会环境因素包括传统文化、社会氛围、社会价值观、用人机制、实践支持等；学校等教育体系因素包括教育体制和模式、教育方法、教育理念和教育制度等；家庭环境因素包括教育方式、教育理念、长辈的标杆作用、实践活动支持等；自我成长因素包括创新技能、主动学习、人生理想、创新精神、创新技能、创新意识、创新知识和社会实践等。上述因素共同影响大学生的创新思维能力。

---

[1] 李存金，闫永晶，杨青. 大学生创新思维能力形成影响因素的实证分析[J]. 技术经济，2013，32(3)：29-35.

大学生创新思维能力的构成要素包括：①创新欲望，好奇心、探究热情、求知欲、创新兴趣及参与创新活动的渴望；②创新理念，拥有创新的先进观念，对创新的价值、机理、机制有较好的理解；③创新观察力，对事物的感知能力，即具有观察、分析、综合推理能力，从而对创新机遇与条件有良好的评判能力；④创新思维方式，掌握一定的、科学的思想方法和思维方法，在直觉思维、逻辑思维、联想思维、发散思维、逆向思维方面表现出创新潜力；⑤创新方法知识运用，对创新规律有较好的认识，掌握必要的科学知识、创新知识、创新技能，具有提出合理的创新构思或方案的能力。

二、提升大学生创新思维能力的途径

创新思维本质上是一种能力，可以通过建立创新意识、掌握创新思维方法、培养创新知识与技能等获得[①]。创新意识处于创新思维能力的顶端，贯穿创造活动全程，是创造活动的方向性选择；创新思维方法是工具，是指在具体的创造活动中选择不同的观察角度、不同的问题解决思路；创新知识与技能是基础，观察、分析、解决问题都需要某一领域或多个领域的知识与相应技能。创新意识、创新思维方法、创新知识与技能三者作为创新三要素，是创造能力与创新思维培养的内容。以下从教育实施者、接受教育的大学生个人、大学生成长的原生家庭三个角度论述大学生创新思维能力提升的途径。

(一) 从教育实施者的角度来看

当前，我国教育体制、制度、教育方式等还存在许多亟待改进的方面，因此，对大学生的综合素质和创新能力的培养应该从顶层设计着手，从培养体系、培养方案中体现创新思维能力的培养内容和方法。大学生创新思维能力培养方案需要结合个人的创新意识、创新思维方法、创新知识与技能三要素进行设计。

创新知识与技能是创新过程中认识问题、分析问题、提出可行方案及方法时的必备基础。知识与技能有时候是通过学习、生产实践、社会实践获得的，而创新思维所需要的一些基础知识是多学科交叉、文理兼容并蓄，形象思维与抽象思维并用的。因此，教育实施者应该对大学生实行"通才"培养，使其成长为具备复合型知识与技能的人才。创新思维方法可以通过创新思维课程和实践并举的途径掌握，培养学生的广泛兴趣，扩展学生的视野，使其具备多角度、多层次、多方式观察、分析、解决问题的技能。创新意识在创造活动中起着最为重要的作用，是创新的关键。创新意识经常来源于实践活动，是创新知识与技能、创新思维方法的有机结合，是一种综合能力。

---

① 岳广军，王涛.创造思维能力培养策略分析[J].北方经贸，2013(1)：121-122.

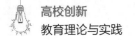

(二) 从接受教育的大学生个人角度来看

大学生具有较好的创新精神，思维活跃，具备创新潜质，要提高大学生的创新思维能力，关键在于发掘大学生潜在思维能力。针对大学生的创新技巧、实践经验和知识储备不足等问题，从创新工作实际出发，有针对性地对大学生进行系统训练。大学生应从创设问题的情境、提供丰富的想象环境和语言组织、遵循思维规律、掌握思维方法等角度，学会用系统方法思考问题，发现事物之间的多重联系，学会逆向思考、多路思考，善于联想、比较，打破常规去思考。只有掌握了正确的思维方法，培养独立思考和分析问题、解决问题的实际能力，才能把所学的知识与技术活化地运用到生活实际和客观世界的改造中，才能有力地促进个人创新能力的发展[①]。

(三) 从大学生成长的原生家庭角度来看

家庭要转变传统观念，为子女创造良好条件，积极支持子女的实践活动和创新活动。

第二节 创新思维能力培养的维度

创新教育的主要任务是在研究性学习中培养学生的创新思维能力[②]。创新思维能力主要包括发散思维、收敛思维、灵感思维、直觉思维、类比思维、形象思维等能力，因而创新思维能力的培养也应从这几个维度着力。

一、发散思维能力

发散思维又称辐射思维、放射思维、多向思维、扩散思维或求异思维，是指从一个目标出发，沿着各种不同的途径去思考，探求多种答案的思维方式，与聚合思维相对。不少心理学家认为，发散思维是创新思维的最主要的特点，是测定创造力的主要标志之一。

发散思维能力的培养包括三个方面：一是培养思维的广阔性。学生应全面地看问题，善于从各种不同的角度思考某一个问题。老师应发散性地提问，广泛听取学生发言，尽可能征求多种答案，采取集体讨论的方式，提倡民主、平等，教师不宜对学生的发言过早评价，即使学生的提问或答案非常离奇甚至错误，也不能打击其积极性和好奇心，更不能讽刺、挖苦。二是训练思维的灵活性。要勤于思考，善于发问，思维要敏

---

① 秦秋，程冷杰. 创新思维及其能力培养探析[J]. 江苏社会科学，2009(6)：227-231.
② 骆雪晴，何飞，李永峰. 基于创新能力培养的本科生研究性学习研究[J]. 高教学刊. 2018(13)：33-35.

捷、机灵，思路要开阔，角度转换快而灵活，不拘泥、不死板。三是提高思维的变通性。思考问题、解决问题要灵活变通，积极寻求多种答案。教师的教学方法要多样化，学生的学习方法也要多样，提高教与学的效率。四是倡导思维的独特性。要鼓励学生不迷信权威，不唯书，不唯上，不唯师，只唯实。学生要敢于标新立异，勇于大胆创新，富于批判精神，追求新奇。对于那些善于奇思怪想的学生，教师要给予鼓励和正确引导，因势利导，培养其创新的个性品质和思维特征。多开展一些有助于培养学生发散思维能力的活动，如向学生公开征求合理化建议，让学生参与提出各种教育教学改革方案，开展同一主题的社会调查及方案设计等，激发学生的创新热情。

二、收敛思维能力

收敛思维就是从不同的方面和角度，从若干种方案中选出最佳方案，将思维集中到某一个核心问题上，设计和选择最优方案。培养收敛思维能力要从以下几个角度入手：一是培养分类能力。将事物按不同的标准，从不同角度进行分类。二是培养鉴赏能力。学习分析、比较、甄别某些事物，并逐步提高鉴赏能力。三是培养判断能力。学生应逐步养成独立思考、独立判断的习惯。四是提高选择能力。收敛思维活动实际就是做比较、鉴别的过程，也是排除、选择的过程。

三、灵感思维能力

个体在设计方案的过程中受到启示而找到解开关键问题的新思路，从而解决了问题，这就是灵感思维。培养灵感思维能力，一要刻苦学习，奠定坚实的基础，广泛涉猎，蓄势待发，厚积薄发；二要学会观察，兴趣要广泛，保持强烈的好奇心；三要多思、勤思、善思、巧思；四要善于联想，要有丰富的想象力；五要增强敏感性，有准备地去观察周围的事物，思考感兴趣的问题，要善于抓住某些奇异现象，努力寻找事物间的相似之处。此外，还要学会在讨论中发现问题、受到启发。

四、直觉思维能力

直觉实际上就是一种主观感觉，是对问题的答案和事物的本质规律的猜测与判断。直觉的前提是对某种事物进行长期观察、深入探索并有丰富的经验积累。直觉思维能力的培养需要长期努力，有意识地训练和培养，逐步积累，循序渐进。直觉与灵感联系密切，有时也需要媒介触发，也可将两者的训练和培养结合起来进行，在生活和学习中加强直觉训练。

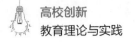

五、类比思维能力

类比思维就是从两个或两个以上事物的某些共有、相同或相似的属性中,抓住事物的特征和本质属性的思维方式。人们认识事物的过程中,一直伴随着类比的思维过程。与其他同类的、不同类的事物做比较,找出共同点和不同点,这就是类比思维能力。培养类比思维能力并不难,实际上婴幼儿就在日常的衣食住行中就形成了诸多类比思维能力。学生学习语文、数学、物理、化学、生物、外语等学科时,几乎每天都在进行类比思维。仅仅有意识地培养和训练还不够,应将类比思维能力与其他思维能力的培养结合起来,通过发明创造课、思维训练课及创新的制作比赛等,使类比思维能力得到有效提高。

六、形象思维能力

形象思维就是运用形象材料和表象,通过对表象的加工、改造的思维方式。形象思维在很多时候表现为创新思维,如对形象的重新排列组合、类比、联想、想象等均极富创新特征。形象思维在文艺创作、科技创造及工程设计等方面都发挥着创新的作用。形象思维能力可以通过以下途径来培养:一是培养观察力。通过写作、实验、观察等积累观察经验,加强观察力。二是培养想象力。在阅读、写作、科学实验及各学科学习中,重塑事物结构、形状,培养想象能力。三是培养表达能力。在日常阅读、交流中培养书面表达能力、口头表达能力及总结提炼的表达能力。

第三节 创新能力提升训练方法

创新能力提升训练,其着力点在于提高创新者的创新思维能力,这与创新者发现问题、解决问题的能力直接紧密相关。思维的方法有多种,没有固定的模式。思维方法的作用是方向引领,不同的思维方法侧重于问题的不同角度。通过练习使用创新思维方法,从中得到启发,诱发创造性想象,形成自己的创新思维方法,培养创新思维的习惯,提高创新能力。

创新思维具有6种基本方式:联想思维、想象思维、逆向思维、灵感思维、直觉思维和逻辑思维等;创新思维包含8种变换方法:置换法、移植法、组合法、分解法、添加法、删除法、扩大法和缩小法;创新思维的4种综合表现为分析与综合、归纳与演绎、具体与抽象、观察与实验[①]。事实上,无论是基本方式还是变换方法,归根到底都

---

① 叶惠新. 论创新性思维方法[J]. 天津市教科院学报,2000(2):23-29.

是创新思维方法。这些方法中有的对立统一，有的相互独立，也有的交叉互补，既相互区别又相互联系、相互融合。这正是创新思维方法的复杂性和非单纯逻辑性的体现，因而也就不能纳入形式逻辑框架之中。结合诸多相关研究文献，下面对一些经典的创新思维能力提升训练方法进行介绍。

一、头脑风暴法

头脑风暴法经常被称为管理学中的经典创新思维方法。

(一) 头脑风暴法的定义

头脑风暴最早是精神病理学上的用语，是就精神病患者的精神错乱状态而言的，现在则表示无限制的自由联想和讨论，其目的在于产生新观念或激发创新设想。头脑风暴法又称智力激励法、自由思考法等，是由美国创造学家奥斯本于 1939 年首次提出、1953 年正式发表的一种激发思维的方法。此法经各国创造学研究者的实践和发展，已经形成了一个发明技法群，包括奥斯本智力激励法、默写式智力激励法、卡片式智力激励法等。

头脑风暴法提倡在不加评价的氛围下分享创意，打破头脑中的封闭局面，掀起思考的风暴，使个体在面对具体问题时能够从自我和他人的求全责备中释放出来，促使短时间内形成大量的创新想法。头脑风暴法的四大原则是自由畅谈、禁止批评、追求数量和对设想进行组合与改进。头脑风暴法被广泛应用于组织的创造力培训中，在硅谷的 IDEO 设计公司得到出神入化的应用。

(二) 头脑风暴法的使用

头脑风暴力图通过一定的讨论程序与规则来保证创造性讨论的有效性，因此，讨论程序构成了头脑风暴法能否有效实施的关键因素，从程序角度来说，组织头脑风暴会议的关键在于以下几个环节。

(1) 确定议题：一个好的头脑风暴会议从对问题的准确阐明开始。因此，必须提前确定一个目标，使与会者明确通过这次会议需要解决什么问题，同时不要限制可能的解决方案的范围。一般而言，比较具体的议题能使与会者较快产生设想，主持人也较容易把握方向；比较抽象和宏观的议题引发设想的时间较长，但设想的创造性也可能较强。

(2) 会前准备：为了使头脑风暴会议的效率较高，效果较好，可在会前做一点准备工作，如收集一些资料预先给大家作为参考，以便与会者了解与议题有关的背景材料和外界动态。就参与者而言，在开会之前，对待解决的问题一定要有所了解。会场可做适当布置，座位排成圆形的环境往往比课桌式的环境更为有利。此外，在头脑风暴会议正式开始前还可以提供一些创造力测验题供大家思考，以便活跃气氛。

(3) 确定人选：一般以 8~12 人为宜，也可略有增减(5~15 人)。与会者人数太少不利于交流信息、激发思维；而人数太多则不容易把握，并且每个人发言的机会相对减少，也会影响会场气氛。只有在特殊情况下，与会者的人数可不受上述限制。

(4) 明确分工：要确定一名主持人，1~2 名记录员(秘书)。主持人的作用是在头脑风暴会议开始时重申讨论的议题和纪律，在会议进程中启发引导，掌握进程，如通报会议进展情况，归纳某些发言的核心内容，提出自己的设想，活跃会场气氛，或者让大家静下来认真思索后再组织下一个发言高潮等。记录员应将与会者的所有设想都及时编号，简要记录，最好写在黑板等醒目处，让与会者及时了解。记录员也应随时提出自己的设想，切忌持旁观态度。

(5) 规定纪律：根据头脑风暴法的原则，可规定几条纪律，要求与会者遵守。如要集中注意力积极投入，不消极旁观；不要私下议论，以免影响他人的思考；发言要针对目标，开门见山，不要客套，也不必做过多的解释；与会者之间应相互尊重，平等相待，切忌相互褒贬等。

(6) 掌握时间：会议时间由主持人掌握，不宜在会前定死。一般来说，以几十分钟为宜，时间太短与会者难以畅所欲言，太长则容易产生疲劳感，影响会议效果。经验表明，创造性较强的设想一般会在会议开始 10~15 分钟后逐渐产生。美国创造学家帕内斯指出，会议时间最好安排在 30~45 分钟。倘若需要更长时间，就应把议题分解成几个小问题分别进行专题讨论。

二、找缺点法

找缺点法立足于对某一研究对象的特性的全面掌握和充分理解，查找相应的产品、方案、技术途径等的缺点，有的放矢，有针对性地开展创新活动。

(一) 找缺点法的定义

找缺点法也称缺点枚举法、缺陷弥补法，通俗地讲，就是通过查找已有产品的缺点，无论是产品本身的缺点还是设计中产生的缺点，并针对这些缺点进行分析，确定革新方案，从而实现创造发明的一种创新技法。

缺点就是问题，解决问题就能促进事物的发展。任何事物的缺点可能不止一个，在提出缺点时，要把它们的缺点尽可能地全部列出来，然后进行改进。对同一缺点，改进的方法、改进的方向可能有很多，可以选择一种改进方法、一个改进方向，也可以选择多种方法、多个方向。每种方法、每个方向对应的结果可能都是一项发明。所选的事物可以是自己熟悉的，也可以随意选。

只有不断地发现问题，才能不断地解决问题，科技才能不断发展、进步。随着社会的不断发展，时代的要求也会不断提高。同一事物在不同时代会有不同的缺点，因而，只有不断地革新，不断地弥补缺陷，才能满足时代的要求。

(二) 找缺点法的使用

找缺点法的使用大致分为三步：第一步，选取研究对象。一般来说，研究对象要根据个人和所处的研究环境选取。研究对象应尽量具体，不宜超出当时的能力和条件。若研究对象是一个综合体，则可以将问题拆分为若干个具体的、有一定关系的小问题。第二步，分析事物所有可能的不足和缺点。确定了研究对象，就要搜集与研究对象相关的信息，并对信息进行分类，对研究的问题或者事物进行系统分析。对事物进行多角度、多层次的研究和观察，从性能、结构、材料、外观、经济等不同角度提出不足和缺点。第三步，提出改进的方案，针对改进方案进行可行性分析。首先检索、查找已经发明的方案与所提出的方案有没有类似之处，然后再改进方案，直到得到具有新颖性、创造性和实用价值的最佳改进方案，并付诸实现。

下面通过案例来说明找缺点法的使用步骤。

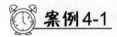

给玻璃杯找缺点

(1) 以当前市面上在销的一种玻璃杯作为研究对象，如图 4-1 所示。

图4-1 玻璃杯

(2) 列举玻璃杯的特点、材料以及可能的用途。搜集玻璃杯的所有可能的缺点，如易碎、不保温、烫手、太光滑、重量大、喝水需要仰脖、不知水的温度、行车中司机喝水不方便等。

(3) 针对所枚举的各种缺点，逐个提出解决方案。在改进这些缺点的过程中，可以随机选择一个缺点，然后针对这个缺点实施改进。改进方案是没有数量限制的，越多越好，在所有改进方案中可能就有新的发明方案。

例如，针对玻璃易碎的缺点，可能的改进方案有更换材料或者改变玻璃的性能。将材料更换为塑料、不锈钢，玻璃杯就变成了塑料杯、不锈钢杯；或者改变玻璃的性能，将玻璃更换为不易碎的钢化玻璃，玻璃杯就成了钢化玻璃杯。

又如，针对玻璃杯保温效果差的缺点，可能的改进方案有：把玻璃杯的单层玻璃改为双层真空玻璃，在玻璃杯的外层加隔热外套，将玻璃杯做成带玻璃瓶胆的水杯，增加电加热装置等。

在发明创造过程中，可以针对提出的所有改进方案进行可行性分析和查新检索，发现改进方案中的新颖之处和独特之处，并进行知识产权的申请。

(三) 找缺点法使用中的注意事项

使用找缺点法时需要注意两个方面：一是确定合适的研究对象是找到事物缺点的关键。只有确定合适的研究对象，才能发现缺点，提出不足。前人发明家给我们留下了一大批优秀的发明，给我们的生活带来了极大的便利。在多数人的潜意识中，似乎所有的物品都没有缺点，即使有不足，也认为改进产品不是某个人力所能及的事情。事实上，必须改变这个观念，任何物品都有缺点，任何人都可能是改进产品的设计者。二是养成敢于表达自己的观念和想法的习惯。克服传统上对任何事物都被动接受的态度，敢于提出产品缺点，从功能、结构、大小、安全、需求、使用、用途、环保、材料、经济等方面寻找缺点，对发现的缺点实施改进。

三、组合思维法

组合思维法是一种重要的创新思维方法，它将多种要素按照新的观点、新的思路重新组合，从而创造出新的事物。

(一) 组合思维的定义

组合指由几个部分或个体结合成整体。组合思维又称联结思维或合向思维，是指把多项貌似不相关的事物通过想象加以联结，使之变成彼此不可分割的新的整体的思考方式。在产品设计中，组合思维创新是指把两种或两种以上的产品及其要素组合在一起，获得新的发明创造成果的方法。组合思维过程是一个不断学习的过程，通过不断调整现有的组合策略，使得组合创新结果能够适应企业环境、资源和组织的变化。

据统计分析，20世纪50年代以后，技术创新的性质和方式发生了重大变化，原理突破型成果的比例开始明显降低，组合创新开始变成发明创新的主要方式。由于组合创新发明技法都是利用比较成熟的技术成果，不需要新原理和新技术的突破，因此它有利于运用已有技术快速实现新技术的突破[①]。

组合思维作为创新思维的一种重要形式,被许多科学家和技术发明家所青睐。许多科学家认为知识体系的不断重新组合是人类知识不断丰富、发展的主要途径之一,从这一角度来看,近现代科学的三次大创造是由三次大组合所带来的。第一次大组合是牛顿组合了开普勒天体运行三定律和伽利略的物体垂直运动与水平运动规律,从而创造了经典力学,引发了以蒸汽机为标志的技术革命。第二次大组合是麦克斯韦组合了法拉第的电磁感应理论和拉格朗日、哈密顿的数学方法,创造了更加完备的电磁理论,因此引发了以发电机、电动机为标志的技术革命;第三次大组合是狄拉克组合了爱因斯坦的相对论和薛定鄂方程,创造了相对量子力学,引发了以原子能技术和电子计算机技术为标志的新技术革命。

(二) 常见的组合思维法

常见的组合思维法有形态分析法、主体附加法、二元坐标法、焦点法、同物自组法、重组组合法、定向组合法及随机组合法等。下面着重讲解形态分析法和主体附加法,并简要介绍二元坐标法、焦点法和同物自组法。

(1) 形态分析法,是指通过对研究对象相关形态要素的分类和重新组合,全面寻求各种问题解决方案的方法。形态分析法以参数分解和问题构建为基础,是一种引导构造性发明的非定量建模方法,一般是以形态分析矩阵的形式给出各种不同的解决方案。形态分析矩阵是将技术形态中的属性与等级进行组合分析,构建出基于关键词的技术形态矩阵。通俗地讲,就是将形态分为不同的类型,不同类型的各种不同的组合方式就是所有可能的解决方案。

"形态分析"是在 20 世纪 40 年代由瑞士天文学家弗里茨·兹威基(Fritz Zwicky)正式提出的。当时正处于"二战"期间,美国情报部门探听到德国正在研制一种新型巡航导弹,但费尽心机也难以获得有关技术情报。然而,弗里茨·兹威基博士却在自己的研究室里轻而易举地判断出德国正在研制并严加保密的乃是带脉冲发动机的巡航导弹。他正是运用了他后来命名的"形态分析"的思考方法,先将导弹分解为若干相互独立的基本因素,这些基本因素的共同作用便构成任何一种导弹的效能,然后针对每种基本因素找出实现其功能要求的所有可能的技术形态,在此基础上进行排列组合,结果共得到 576 种不同的导弹方案。经过筛选和分析,排除了已有的、不可行的和不可靠的导弹方案后,他认为只有几种方案值得人们开发和研究,在这少数的几种方案中,就包含德国正在研制的方案。这就是形态分析法诞生之初的经典应用。

[①] 梁宏. 浅谈创新思维与发明技法[J]. 中国发明与专利, 2016(8): 22-24.

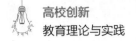

20世纪60年代以来，形态分析法被广泛应用于复杂工程问题构建、情景开发和安全政策思想研究，有力促进了形态分析法的应用研究。形态分析法被称为一种技术预测方法，其以定性的方式对新产品开发、技术机会等进行预测，正是由于形态分析是定性研究，因此不可避免地具有模糊性、非计量性和静态性等局限。

形态分析法的使用步骤：第一步，确定创新对象，准确表述所要解决的课题，包括该课题所要达到的目的及属于何类原理、技术系统等。第二步，分析基本因素，即确定创新对象的主要组成部分(基本因素)，编制形态特征表。第三步，进行形态分析，尽可能列出所有可能具备的功能、特征、技术手段(方法)。第四步，构建形态组合矩阵，根据对发明对象的总体功能要求，分别把各因素的各形态一一加以排列组合，以获得所有可能的组合设想。一般是用矩阵表示各种形态组合。若有两类形态，那么构建的形态矩阵是二维的，一个类作为一个维度，形成二维的矩阵表格。对于较复杂的课题，也可用多维空间模式的形态矩阵。第五步，选出少数较好的设想后，进行进一步具体化，最后选出最佳方案。

(2) 主体附加法，是指以某一特定的对象为主体，通过增加新的附件或者插入其他技术内容、加入其他原材料，使主体得以改善的方法。

主体附加法的使用步骤：选定一个主体，分析主体的缺点或者提出希望，选择合适的附加体，考虑组合体的联结方法，确定实现组合的方案。附加体虽然是配角，但是往往能使主体身价倍增，如带计数器的跳绳。主体附加法的应用中，一定要注意附加体应是主体的完善和补充，附加体的选择一定要有新颖性，与主体之间的联结应自然、和谐。

(3) 二元坐标法，是指借用平面直角坐标系在两条数轴上的标点(元素)，按序轮番地进行两两组合，然后选出有意义的组合物的创新方法。

(4) 焦点法，是指以某预定事物为中心或焦点，依次与罗列的各元素一一构成联想点，寻求新产品、新技术、新思想的推广与应用途径和对某一问题的解决途径。

(5) 同物自组法，是指将两个或者两个以上的同一事物进行组合来实现创新的一种创造方法，例如双向拉链。该方法实现创造性的本质是通过量的变化来弥补单件事物的功能或者性能的不足，使其性能发生质的变化。该方法在应用中需要注意同物自组的效果是否有本质的变化。还需要注意同物自组的结构变化问题。例如，三轴风扇设计中，扇叶连接就是一个结构复杂的问题。

(三) 组合思维法应用中应注意的问题

首先，组合所列物品越新奇，其组合的物品越能产生奇特的发明。组合的形式不要局限于形式的组合，要想象出新的奇特事物。因此，组合的产品或者成果取决于想象力的强弱，想象力越强，组合过程中想象到的物品越奇特。其次，事物间的组合方式是任意的，没有限制。因此，组合时不要局限于形式的组合，可以按照想象到的各种组合形式任意组合。最后，组合思维法要求创新者有广博的知识、丰富的实践经验和实时的市场信息，以触发创新灵感。

四、联想思维法

联想思维是基于逻辑思维的正确想象，由一个事物联想到另一个近似的事物。由于联想的方向、结果没有限制，因此它是创意思维的基础。

(一) 联想思维法的概念与解析

联想思维是指在人脑内记忆表象系统中由于某种诱因使不同表象之间发生联系的一种思维活动。联想思维法是根据事物之间都具有接近、相似或相对的特点，通过由此及彼、由近及远、由表及里的方式来思考问题的方法。它通过两种以上事物之间存在的关联性与可比性去扩展人脑中固有的思维，使其由旧见新，由已知推未知，从而获得更多的设想、预见和推测。

联想是由一个事物联想到另一个事物的心理过程，由此事物想到彼事物，由当前事物回忆过去事物或展望未来事物，都是联想。联想可以在相同事物之间进行，也可以在不同事物之间进行；可以在特定的对象中进行，也可以在特定的空间中进行；可以进行无限的自由联想，联想后的思考方向和结果也是无限的。联想是创意思维的基础。发明家奥斯本说过："研究问题产生设想的全部过程，主要是要求我们有对各种想法进行联想和组合的能力。"事实上，联想在创意过程中起着催化剂和导火索的作用，许多奇妙的观念和创意常常由联想的火花引发。

(二) 使用联想思维法应遵循的原则

联想思维是建立在逻辑思维基础上的正确想象的必然结果。使用联想思维法要遵守三条原则：原则一，有接近才能联想，即联想的事物之间必须有某些方面的接近与联系，能在时间或空间上使人脑与外界刺激联系起来；原则二，有相似才能联想，即联想事物对大脑产生刺激后，大脑能很快做出反应，回想起与同一刺激或环境相似的经验；原则三，有对比才能联想，即大脑能想起与这一刺激完全相反的经验。

(三) 联想思维训练中要注意的问题

(1) 明确联想思维与想象思维的异同，合理使用联想思维。著名美学家王朝闻说："联想和想象当然与印象或记忆有关，没有印象和记忆，联想或想象都是无源之水，无本之木。但很明显，联想和想象都不是印象或记忆的如实复现。"在艺术的创作过程

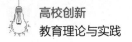

中，联想与想象是记忆的提炼、升华、扩展和创造，而不是简单的再现。从这个过程中产生一个设想导致另外一个设想或更多的设想，从而不断地创作出新的作品。

联想思维与想象思维的区别：联想只能在已存入人的记忆系统的表象之间进行，而想象则可以超出已有的记忆表象范围；想象可以产生新的记忆表象，而联想不能；联想思维的活动过程是一维的、线性的、单向的，想象思维的活动过程则可以是多维的、立体的、全方位的；联想思维的活动空间是封闭的、有限的，想象思维的活动空间则是开放的、无限的；想象思维的结果可以超越现实，联想思维的结果不能超越现实。

联想思维与想象思维的共同点：两者都属于形象思维的范畴，都可以借助形象展开，都是非逻辑思维；两者可以互为起点，也就是说，想象思维可以在联想到的事物周围展开，同时，想象思维所获得的结果又可以引起新的联想。

(2) 联想思维因人而异，因时间、环境等都有差异。同一个人在不同环境下面对同一个问题，或者不同的人在相同的环境下面对同一个问题会有不同的联想过程和联想结果。

(3) 联想的结果可能有意义，也可能没有意义。联想时不要考虑结果，有了结果后再去判断结果的实际价值和意义。

(4) 联想思维可以在日常生活中培养和自我训练，也可以在教师的指导下进行强化训练。在进行训练时，在两个没有关联的事物或者信息之间，将事物所涉及的情境进行各种联想，将它们联结起来。联想的情境越逼真，效果越好。每联想到一件事物，都要及时记录，直到穷尽为止。

五、异想天开

异想天开是一种天马行空、无拘无束的思维活动，需要超强的想象力，能够有效地打破思维禁锢，在人类社会发展中具有举足轻重的作用。

(一) 异想天开的概念

异想天开，比喻荒唐离奇，想象着暂时无法实现的事，还比喻具有超强的想象力，能够凭空想象出根本没有的事情，指想法很不切实际，非常奇怪。尽管在常人看来，异想天开是一种贬义的提法，但它的确是一种超越时空、超越自我、超越当前技术条件下，人所表现出的一种思维能力，这种能力往往带给人一种新的、过去从没有体现过的，甚至是从来没有人体验过的一种设想、一种技术、一种感觉。因而，从创新能力培养的角度来看，异想天开反而是有助于打开思维禁锢的有效途径。正确使用异想天开的方法，将使人们产生一种可能产品的设想、一种未来产品的设计、一种未来的发展设想蓝图。

异想天开思维是人们在创造活动中，或因外界某种刺激，或因某种事物联想，或因其他思维触类旁通所产生的新思想、新观念、新形象。异想天开是一种独辟蹊径的求异思维,它的最大特点是创新意识强,从心理学的角度讲,就是具有"意外"的想象力。这种超常的想象力在人类社会发展中具有举足轻重的作用,正如科学巨匠爱因斯坦所说:"超出人们寻常思维习惯的想象力,比知识更为重要,因为知识是有限的,而想象力概括着世界上的一切,推动着进步,并且是知识进化的源泉。严格地说,想象力是科学研究中的实在因素。"

从发明创造角度来看,异想天开给人们进行发明创造提供了一个支点,为人类的发明指明了方向。发明就是需要异想天开,不拘泥于陈规。从古至今的科学发展史一再证明,"异想天开"往往是科研成功的起点,有无数发明最初只是人们的异想天开而已,可是后来一项项被发明了出来,成为了现实。按照创造发明的过程,人们只有先能想到,才有可能把想到的事情发明创造出来。在分析与综合的思维过程中,如果伴随着合理想象与创造性思维,人的认识能力就会得到进一步发挥,可能会得到惊人的成果。

(二) 异想天开案例

以下通过两个案例说明如何使用异想天开的方法。

案例4-2

日本的"飞象"计划①

1944 年 6 月开始,美军的 B-29 从四川成都的基地群起飞,对日本本土进行战略轰炸。同年 10 月,美国利用在攻占的塞班、关岛、提尼安岛上修建的基地,战略轰炸的规模越来越大,日本的损失惨重。日本受技术和国力所限,完全没有能够对美国本土进行报复的手段。日本的科学家设想了一种办法:用气球携带炸弹,利用太平洋上空的气流把气球带到美国本土,用燃烧弹引燃美国西海岸的森林,在美国制造恐慌。

当时日本的资源已经极为匮乏,制造气球需要的橡胶或纺织物都极为短缺,只能采用日本最原始、最古老的材料和工艺来制造气球。日本民间有一种源于中国的手工纸——桑皮纸,以桑树的皮为纸浆的主要原料,纸的韧性极好。桑皮纸用柿胶(即中国的柿油)浸过之后,纸张的孔隙被封闭,且具有一定的抗水性。用 600 条裁成一定形状的纸条裱糊起来,可以形成一个直径 10 米的气球,充上氢气后能够提供 300 千克(海平面)的升力。每个气球的吊篮装有 1 枚 150 千克的常规炸弹和 2 枚小型燃烧弹,以及 30 个 6 磅重的沙袋。气球在日本本土放飞后,可以上升到 10000~12000 米的高度,这里有一股向东的高层大气急流,穿过太平洋直到美洲大陆上空,一旦气球进入这股气流,就可以以

---

① http://news.sohu.com/20050430/n225405743.shtml。

160~300 千米/小时的速度飞行，65~70 小时后抵达美洲上空。飞行途中，气球的气囊中的氢气不断损失，高度不断降低。为了使气球达到美洲大陆上空，气球的吊篮周围吊有 30 个 6 磅重的沙袋，当气球的高度低于 10000 米时，吊篮上的气压计就通过一个连动装置抛投一个沙袋，气球的高度又恢复到 10000 米以上。30 个沙袋抛完后，根据计算，气球已经达到美洲大陆上空，吊篮中由电池驱动的装置将自动投下炸弹。

按照计划将生产 15000 个气球，制造这 15000 个气球需要几百万个劳动力。日本动员了一支由裱糊匠、女中学生、红灯区的女人组成的劳动大军参加制造，将日本的许多电影院和相扑馆改为生产场地。1944 年 6 月，第一批 200 只气球起飞，但因设计上的问题没有一个能飞越太平洋。改进设计后，气球基本准备就绪。1944 年 11 月 1 日，日本千叶、茨城、福岛各县发射场的指挥官接到向北美进攻的命令，开始大规模放飞气球。两个星期后，美国蒙大拿州的一个渔夫在打鱼时捞起了一个气球气囊的部分碎片。之后，美国的其他州也发现了若干碎片，同时接到若干起森林小火灾的报告。美国科学家将这些碎片进行拼接，确定肇事者是一种纸气球携带的燃烧弹。为了确定发射地，美国科学家分析了一个沙袋中的沙子，沙子中没有珊瑚碎屑。根据北纬 36 度线以上的海域没有珊瑚生长，沙子的主要成分是火山岩等信息，断定气球是由日本本州岛的沿海地区起飞。经过 B-29 的高空侦察，美军发现了若干气球发射场，证实了科学家的推断。另外，一个操纵装置出了问题的气球飞到加利福尼亚州低空，美国战斗机很容易地用飞机的尾流将气球吹到地面，得到一枚气球的实物样品。

美国政府立即对气球威胁进行评估，评估认为光靠气球上的燃烧弹在辽阔的美洲大陆上漫无目标地抛掷，不会造成什么损失。令人担忧的是，如果日本将燃烧弹换为生物武器，将鼠疫、炭疽等恶性传染病的致病源撒向美洲，美国将遭受重创。美国立即通过战时新闻检查机构严密封锁了媒体任何有关气球炸弹的信息。由于战时美国的反间谍工作极有成效，日本只能通过媒体的公开信息了解情报。日本军方得不到任何关于气球袭击效果的情报，认为没有一个炸弹抵达美国，因而在 1945 年 4 月取消了"飞象"计划。

"飞象"计划在执行中一共制造了 10000 个气球，放飞了 9300 个。估计有 1000 个气球抵达美洲上空，大部分燃烧弹投在人迹罕见的地方，有记录的只有 285 起。投放地涉及北至阿拉斯加，南到墨西哥的广大地域，大部分落在美国西北部的沿岸地区。

1945 年 5 月 5 日，气球炸弹在美国造成了一次人员伤亡。当天，一个牧师带着妻子和 5 个孩子到俄勒冈州布莱附近的 Gearhart 山上野炊。牧师把妻子和孩子留在一个林间空地，自己准备找一个合适的地方泊车。孩子们发现空地中间有一个半埋在土中的奇怪的金属物品，好奇地试图将它拉出来，谁知这是一枚从气球上投下的未爆的炸弹，炸弹在移动时爆炸，牧师的妻子和 5 个孩子被炸死。这是"二战"时美国本土唯一一次因为敌方袭击造成的人员伤亡。

案例分析：按照常理想象日本"飞象"计划，气球炸弹简直是异想天开，一个荒唐离奇的想象竟然被日本的科学家实现了。"飞象"计划极具创意，用极其廉价的材料和最不熟练的劳动力制造出洲际攻击武器，使人不得不佩服日本科学家的想象力。"飞象"计划之所以未能达成目的，在于时机选择错误。气球炸弹攻击持续的半年，恰巧是美国的冬季和雨季，这时候爆炸的燃烧弹不可能引起大范围森林火灾。如果攻击时间选择在旱季，攻击将不可避免地引发多处森林大火。

案例4-3

美军的"救命子弹"[①]

2008年，美军新开发的一种"救命子弹"装备到部队，这种远距离战场救护的特殊功能子弹，与普通子弹大小相仿，只是内部不是金属铅，而是特制药品，弹体用一种可溶性高营养物质压缩而成，能被人体迅速吸收。其内部可装一定剂量的急救药品，如快速止血药、高效抗感染药、兴奋中枢药和解毒营养药等。该子弹用一种特制枪发射，由于采用了激光定位瞄准和激光夜视技术，所以击中目标部位的准确率在98%以上。作战时，"救命子弹"由随队医生指挥使用，通常配置在一线冲锋部队后方1500米的隐蔽处。当伤员一时无法被抢救回来时，随队医生通过计算机确定命中的最佳部位，立即配备药品的种类和剂量，然后指挥操作手发射，"救命子弹"会准确地击中伤员的伤口，并紧紧地贴在皮肤上，只需几秒钟，伤口处的流血就会被止住。

(三) 异想天开法使用时应注意的问题

一位哲人说过："只有做到敢想，才能做到敢为，近乎所有成功的故事皆始于一个伟大的想法。"有鉴于此，当前世界上一些发达国家非常重视培养人的求异思维能力。在异想天开时，"异想"不是脱离实际的胡思乱想。

进行异想天开想象时，不要对前期的想象过程和结果进行评价，要把所能想到的内容全部表达出来；对想象结果进行评价时，不要局限于以现实环境为标准的评价方式，可以设定未来的评价方式，也可以不设定评价方式，保留异想天开的内容，让后人去评价；异想的问题是没有限制的，想象的方向也是没有限制的，也可以是一个事件，也可以是技术、人物、故事等。

[①] 雨骤."救命子弹"上战场——美军加紧单兵装备研制[J]. 坦克装甲车辆，2008(11): 30.

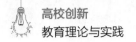

六、市场需求法

市场需求法以市场为导向进行创新,其立足点在于明确需求的内容,然后才是提出解决需求的方案,并对各种方案进行选择区分。

(一) 市场需求法的定义

市场需求是指顾客在一定的时间、一定的区域和一定的市场环境中,对某种商品或服务有强烈的购买意愿。

市场需求法是以市场为导向,根据市场的变化情况来确定产品开发和企业经营策略的方法,简单地说,就是不断地考察市场,挖掘顾客群体没有被满足或没有被充分满足的需求从而进行创新的方法。任何人都有需求,人在任何时候、任何地点都有需求。找到需求,设计实现方案,在满足需求的方案中,一定有创新发明。例如,随着生活节奏的加快,人们做家务的时间越来越少,于是,洗衣机、扫地机、吸尘器等家电设备越来越多,让做家务变得既轻松又省时。

(二) 市场需求法的使用

(1) 明确需求的内容,针对需求提出希望达到的结果。

(2) 把所有能满足需求的方案尽可能地都列出来,然后在所有方案中找最合适的方案并实施。对于能够满足市场需求的产品,先提出这个产品的设计方案,分析与现有产品的区别,提出新的产品设计方案。

(3) 提出的方案中涉及产品的需求,为了满足需求以及市场情况,就要针对需求选择最佳方案并实施最佳方案,最佳方案可能就是一项创新发明。选择最佳方案并实施最佳方案主要由两步组成,第一步是对所有提出的方案进行分类、分析,选择可以实现的方案作为当时的最佳方案,或同时选择几个方案;第二步是对几种方案进行对比,选择最优方案。

(三) 市场需求法使用中的注意事项

首先,提出需求是关键,能提出需求体现了发现问题、提出问题的能力。因此,在提出需求阶段,要克服思维定式,克服"面子"心理,不要有任何顾虑。大胆提出能想到的任何需要,只有提出需求问题,才能逐步提高发现问题、提出问题、思考问题的能力,才可能有新的创造发明产生。

其次,在提出方案阶段,不要关心这个方案是否可以实现,是否能够实现,而是要把能想到的所有方案统统列出来,此时应关心所列方案的数量。

再次，人类的需求是全方位的。例如为了满足吃饭的需求，发明了筷子、勺子、刀、叉、锅、电磁炉、微波炉、煤气炉、高压锅、电饭锅；为了满足娱乐的需求，发明了电影、电视机、收音机、录音机、各种棋、各种乐器；为了满足社会生活的需求，发明了城市、公共交通系统；为了满足知识传承的需求，发明了纸张、笔墨、书籍等。还可以针对不同类型的人、不同领域的工作和生活等提出各种需求，如老人和小孩的生活需求、国家和城市的需求、铁路和公路交通的需求、社会发展和环境治理的需求等。

最后，需求是发明之母。了解社会的需求和人们的需求，是寻找发明目标的重要途径。从生活、工作、学习等方面出发，挖掘、研究人们在这些方面的需求，也可以创造出很多成功的发明来。

案例4-4

火锅结构改进

吃火锅时，有的人喜欢吃辣味，有的人喜欢吃海鲜味，如何设计一个火锅来同时满足多种口味的需要？如图 4-2 所示，不同的火锅结构和形状，就能满足同时吃到多种口味火锅的需求。

图4-2 不同结构和形状的火锅

案例4-5

出租车驾驶员颈椎按摩器

出租车驾驶员长期驾车导致颈椎病发病率高，为预防出租车驾驶员颈椎病的发生，设计针对驾驶员的新型颈椎按摩器，放在驾驶椅的靠背上，休息时，只要将背靠在靠背上，按摩器就会按摩颈椎，预防颈椎病的发生。

七、分解法

分解法与组合思维法相反，是将一个物体或者问题按照过程、结构、功能等进行分解，并对各个分解部分进行创新，最后由各个分解部分组合成新的整体，或者将各个新的分解部分独立为新的整体,从而实现创新。

(一) 分解法的定义与解析

分解法是组合思维法的相反过程,是把思维对象分解成它的各个组成部分的思维活动。分解法是按照事物的原理、结构、功能、用途或者组织流程等对该事物进行分解,对分解后的某一部分或者所有部分进行改进,或者将分解后的每一个部分做成独立个体、一个新产品或新事物,或者将分解后的各个部分经过改进后重新组合而形成新的产品或新事物。它是在既有事物的基础上,通过分解的方法发现更多的创造对象而实现发明革新的方法。任何一个物体都是由不同部分,按照一定的结构、功能、原理等组合在一起形成的整体,任何一个物体都可以按照原理、结构、功能用途等分解成不同的部分。

分解法可以应用于生活各个方面,可以是一个产品、一个活动的分解,也可以是一个过程、一个组织、一个商务活动的分解。在分解时,应该尽可能地将要分解的事物从各个角度、各个方向进行分解。分解的单元越小,分解的方向越多,说明观察问题越仔细,越能发现新的问题,越能有所突破、创新、发明。

(二) 分解法的类型

分解法的类型有两种:一种是分解后的各部分仍构成一个整体,但新的整体已经不是分解前的整体了。新的整体具备了新功能,这是一种分解而不分离的创新。另一种是从一个整体中分出某个组成部分或某几个组成部分,由此构成功能独立的新的整体,这是一种既分解又分离的创新。任何一个物体或者问题都可以按照过程、结构、功能及其他属性进行分解。

(1) 过程分解,是指把事物或者问题按照其发生、发展的过程进行分解。例如,洗衣的过程一般包含浸湿、清洗、脱水、整形等4个过程。于是,可以针对这4个过程进行改进或者加上新的过程,来对洗衣机进行设计和开发。例如加设消毒过程,那么洗衣的过程变为浸湿、清洗、脱水、整形、消毒等5个过程,洗衣机的类型和功能就会有所创新。例如把商务过程分解成多个步骤或多个相对独立的商务子过程,把看似一个整体的商务内容分解成多个内容或多个相对独立的商务子内容。不断地分解,又不断地组合,就可以使有限的原始行业演化出千姿百态的商业。

(2) 结构分解,包括项目结构、组织结构、物质结构等的分解。例如军队分为军、师、旅、团、营、连、排、班、组等,使人力各就各位、各司其职、各尽其能。

(3) 功能分解,包括原功能分解和变功能分解。原功能分解是将事物或者问题的整体分成若干部分或分出某一部分作为一个新整体时,其功能与整体时的功能一样。虽然分解后的功能基本不变,但由于经过分解,功能的性能、效果、表现形式、载体、代价、寿命、意义等发生了变化，就可能产生新的价值。例如，企业的工作可以分解成"产""供""销""存"，使管理有条不紊。变功能分解是指将某个整体分成若干部分或分出某一部分，作为一个新的整体和新的组合整体时，结构基本不变，而功能却不同于整体原来的功能。变功能分解创新追求的是功能的变化。例如，将自行车分解为独轮自行车，虽然其功能结构基本不变，但是其功能目的发生了变化，其用途不再是代步，而是成为杂技表演的道具供演员使用。

(4) 信息性分解。利用同样的商品分别向不同的客户群传递不同的个性信息，分别建立情感联系，这是信息性分解法的应用要领。据传，曾有针织厂专门生产男式汗衫，样式老化，越来越没有销路，只有退休老人购买，被人们称为"老头衫"。由于产品积压严重，工厂面临绝境。一位技术员提出一个解决方案——在衬衫上印不同的文字或图案，根据社会心理划分，年轻人用活泼的图文，中年人用哲理性图文，小孩子用童话类图文。结果，"老头衫"迅速变成"文化衫"，销路大开。

(5) 利益性分解。以下通过案例对利益性分解进行介绍。

案例4-6

尤伯罗斯与奥运会[①]

1984年以前，奥运会一直是很赔钱的工程。1980年莫斯科奥运会花掉90亿美元，致使1984年申请举办奥运会时，只有美国洛杉矶一个城市申办。洛杉矶成立了筹备委员会，请尤伯罗斯担任主任。他上任后的第一个任务就是降低成本、减少亏损。于是，他采取民间办奥运会的方针，广泛、细致地分解各个利益点。首先，压缩成本，将服务奥运作为荣誉，吸引大学将宿舍提供给运动员使用，招募志愿人员为大会提供免费劳务。其次，广开财源，将各种用品的供应权作为商品拍卖，将广告收入作为办会费用。小到胶卷，大到汽车，甚至连火炬接力手都采取招标方式征集，可谓是把钱算计到了"骨髓"。结果，第二十三届奥运会不仅没有亏空，反而节余两亿多美元。从那以后，各届奥运会主办城市纷纷效仿尤伯罗斯的分解法，1988年的汉城奥运会、1992年的巴塞罗那奥运会、1996年的亚特兰大奥运会、2000年的悉尼奥运会、2004年的雅典奥运会都获得了直接或间接赢利。

---

① 唐怡岚. 彼得·尤伯罗斯——以奥运养奥运[J]. 环球体育市场，2008(1)：78-80.

(三) 应用分解法的经典案例

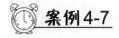

案例 4-7

希尔顿酒店创始的故事①

著名的希尔顿酒店产业创始于 20 世纪 20 年代。当初，创始人希尔顿在达拉斯商业街上漫步，发现这里竟然没有一家像样的酒店，萌生了建一家高级酒店的想法。

希尔顿是一个创造力与行动力都很强的人，想到就去做，他很快就看中一块"风水宝地"。酒店属于典型的服务业，这个产业最大的影响因素就是地皮，选择一个好的地皮，即使初始投资较大，也很快会在后续的有利经营中收回。所以，希尔顿决心买下这块"风水宝地"。

这块地皮的出让价格为 30 万美元，而他眼下可支付的资金仅有 5000 美元，而且解决地皮问题之后，还要筹集大量的建设资金。所以，表面上看，这个项目显然不可行。但他没有放弃，他把这个难题进行了分解。首先，他把 30 万美元的地皮费用分解到了每年、每月。他对土地拥有人说："我租用你的土地，首期 90 年，每年给你 3 万美元，按月支付，90 年共支付 270 万美元，一旦我支付不起，你可以拍卖酒店。"对方感到占了大便宜，于是签订了土地租赁协议。希尔顿马不停蹄，将自己开酒店的方案以及诱人的经营远景讲给投资商听，很快与一个大投资商达成了协议，合股建设酒店，酒店如期建成，经营效益超出先期预料，获得了巨大成功，从此，希尔顿走上世界级酒店大王之路，一度跻身全球十大富豪之列。

案例分析：希尔顿将租金问题运用分解法进行思考，用现有的有限资金作为签订协议的资本，将未来的项目利润作为履约资本，把自己的协议权用智慧放大为股份资本，将建设资本压力变成另一位投资者的投资动力，解决了全部建设资本问题。

(四) 分解法使用与训练中应注意的问题

(1) 分解法和组合思维法虽然是不同的创新方法，但是，以现有事物的功能为前提，以改变功能为目的，完善旧功能、增添新功能、开发新产品是这两种创新技法的同一思路。组合思维法作为一种创新技法早就引起了人们的注意，并在创新实践中得到广泛应用。

(2) 分解绝不是把组合创新的成果再分离成组合前的状况。对于任何一个整体，只要能分解成异于原先的状态，区别于原先的功能，或者分解出新的事物，就具有进行分

---

① https://www.sohu.com/a/259056060_743539.

解创新的意义和价值。可见，分解创新不仅是创新技法，也是认识事物的方法。通过分解事物，可以使人们深入事物内部，进行系统的观察与周密的思考。在分解过程中，接触事物各层次的结构、功能，会看到很多巧妙的结构，学到许多结构设计的方法。

(3) 分解的角度、方向是任意的，没有限制，只要是能考虑到的角度都可以作为分解的方向。分解法思维改变了人们思考问题的角度，既可以从宏观角度思考问题，也可以从微观角度思考问题；既可以是思维方向的改变，也可以是思维角度的改变。分解的角度、方向是没有限制的，取决于个体的思维能力、知识层次、能力层次。

(4) 分解创新的首要环节是选择和确定分解的对象。分解创新的对象是一个事物，经过分解创新，该事物的局部结构或局部功能将产生脱离整体的变化。

(5) 发现、解决问题时要从小处入手寻找突破点。分解法是化大问题、大事物为小问题、小事物的有效手段和方法。从问题或事物的局部入手，逐个击破，积小胜为大胜，这是分解法的优势所在。

八、逆向思维法

逆向思维是打破固有观点的一种思维方式，是指跳出常规的解决问题的途径，通过逆向思考，从结论往回推，从而得到解决问题的方法。有时逆向思考问题或许会使问题简单化，而且逆向思维常常会使人得到意想不到的结果。

(一) 逆向思维的定义与解析

逆向思维也叫求异思维、反向思维，是从司空见惯的似乎已成定论的事物或观点的反面去思考问题的一种思维方式，也就是为了实现创造过程中的某个目标，以背叛常规解决问题的方法、方向为前提，通过逆向思考来实现发明的方法。

世界上所有事物都有正反两个方面，其表现形式是多种多样的，如大小、上下、东西、里外、正负、作用力与反作用力、分解与化合等。人们习惯于沿着事物发展的正方向去思考问题并寻求解决办法，其实，对于某些问题，尤其是一些特殊问题，从结论往回推，倒过来思考，从求解回到已知条件，或许会使问题简单化。在考虑问题时，逆向思维常常会使人得到意想不到的结果。

(二) 逆向思维法的类型

常见的逆向思维法主要有以下几种。

(1) 反转型逆向思维法，是指从已知事物的相反方向进行思考，产生发明构思的途径，有以下几种形式：①原理逆向。例如，电可以生成磁，磁可以生成电，这叫电磁感应现象。许多事物从原理上就有互逆存在的可能。②起始位置及方向逆向。例如，改变数学计算时的起始位置及方向，史丰收创立了史丰收计算法，在进行数学计算的时候，从高位数算起，从左到右"逆向"计算。③状态逆向。例如，人们改变过去木匠用锯和刨来加工木头的方式，从工具不动、木头动的角度出发设计发明了电刨，从而大大提高了效率和工艺水平，减轻了劳动量。④方向逆向。例如，火箭是向空中发射的，但是，人们要了解地下的情况，将火箭改为向地下发射，因而发明了一种探地火箭。

(2) 转换型逆向思维法，是指在研究问题时，由于解决这一问题的手段受阻，从而转换成另一种手段，或转换思考角度，以使问题顺利解决的思维方法。例如历史上被传为佳话的司马光砸缸救落水儿童的故事，实质上就是一个用转换型逆向思维法的例子。由于司马光不能通过爬进缸中救人的手段解决问题，因而他转换手段，破缸救人，进而顺利地解决了问题。

(3) 缺点逆向思维法，是指利用事物的缺点，将缺点变为可利用的东西，化被动为主动，化不利为有利的思维发明方法。这种方法并不以克服事物的缺点为目的，相反，它将缺点化弊为利，从而找到解决方法。例如，金属腐蚀是一件坏事，但人们利用金属腐蚀原理进行金属粉末的生产或进行电镀等，无疑是缺点逆向思维法的一种应用。

还有其他类型的逆向思维，例如打篮球时，篮球筐是空的，将篮球向篮球筐里投；打羽毛球时，羽毛球拍是网状的，用球拍寻找羽毛球，这可以看作结构逆向。又如，在嘈杂的环境中读书、学习，无法清晰地听到自己的声音。若是加上耳塞，加个话筒，排除环境的嘈杂声音，只听到自己的声音，就可以制作排干扰朗读器，可以看作功能逆向。再如，新型侧加温式无烟煎鱼锅可以防止形成油烟，可以认为是因果逆向思维法的应用；反季蔬菜种植让人们一年四季都吃上新鲜蔬菜，可以看作时间逆向思维法的应用等。

(三) 应用逆向思维法的注意事项

(1) 逆向思维法的适用范围。正反向思维起源于事物的方向性，客观世界存在着互为逆向的事物，由于事物的正反向，才产生思维的正反向，两者是密切相关的。解决问题时，人们常习惯于按照熟悉的、常规的思维路径去思考，即采用正向思维，有时能找到解决问题的方法，收到令人满意的效果。然而，实践中也有很多事例，对某些问题利用正向思维不易找到正确答案，运用反向思维常常会取得意想不到的功效。

逆向思维法适用于各种领域、各种活动。逆向思维有多种方式，如性质上对立两极的转换：软与硬、高与低等；结构、位置上的互换、颠倒：上与下、左与右等；过程上的逆转：气态变液态或液态变气态、电转为磁或磁转为电等。不论哪种方式，只要是从一个方面联想到与之对立的另一个方面，都可以看作逆向思维。

(2) 逆向思维中，必须坚持辩证统一的思想，深刻认识事物的本质。所谓逆向，不是简单的、表面的逆向，不是别人说东，我偏说西，而是真正从逆向思考中得到独到的、科学的、令人耳目一新的超出正向效果的成果。

(3) 从发明角度来看，只要改变了思维的方法，和原来的思维方向不一样，就可以看作逆向思维。在应用时，应运用思考问题的方法来提高发现问题、解决问题的能力，因此，不要局限于概念的统一或追求方法的完整性，而应从多个角度思考创新的方向。

(4) 在实际工作和生活中，任何事物都有缺点，有些缺点受各种因素的影响或当时技术水平的限制是很难改进的。正确认识这些缺点，在工作中利用逆向思维，告诉同事你的不足或者告诉顾客产品的瑕疵，反而可能有助于更好的合作或得到更高的顾客忠诚度。

九、移植法

(一) 移植法的定义

"移植"一词来源于生物学，最早是指将植物移动到其他地点种植，后来引申到人类的生命机体中，表示将器官或组织从一个生命体移到另一个生命体中。移植的本意是通过这种方法使生命体重新焕发生机，现在多用移植比喻引进别处的经验、长处、做法等，将一个平台上的程序转移到另一个平台，将优点持续下去。

移植法是指将某个学科、领域中的原理、技术、方法等，应用或渗透到其他学科、领域中，为解决某一问题提供启迪、帮助的创新思维方法。一般是把已成熟的成果转移、应用到其他领域，从而在新领域与应用之间产生内在联系或直观联系，实现问题解决的新方法或者新技术。因此，移植法是现有成果在新情境下的延伸、拓展和再创造。把现有成果引入新领域，往往能使人们以新眼光、从新角度发现新事物，产生新成果。

(二) 移植法常用的类型

移植法是没有限制的，对于要发明的产品，可以将任何技术移植过来加以利用。移植法的常见类型有形态移植、结构移植、功能移植、材料移植、原理移植、方法移植等。

在产品设计中，常用移植法来进行创新性设计[①]。所谓产品设计的移植法，是指沿用已有的设计成果，创造性地移植在新产品的设计中，是一种巧妙的移花接木之术。而移植并非一种简单的复制和模仿，而是要恰到好处地将原有产品的精髓移入新的产品设计中，其核心目的在于创新。经过产品设计初期的调研和定位后，需要对产品进行设计，此时便可将移植法引入产品设计过程中。在具体设计时，可以从产品的形态、结构

---

① 吴婕. 移植法在产品创新设计中的运用[J]. 艺海，2016(11)：95-96.

和功能方面分别进行移植创新，而在实际的移植设计过程中，这几方面又相互影响、互为因果，因此不能过分独立地去看待移植设计过程。

(1) 形态移植。形态移植创新是最为直接的移植设计方式。实际中，可以很直观地在形态移植创新产品中看到移植的痕迹。例如，现在有很大一部分人喜欢亲近自然或散发原生态气息的设计，因此有的设计师直接把树干形态移植到水果架的设计中，不仅将水果有效收纳在架子上，而且还原了水果长在树上的一种天然面貌。

(2) 结构移植。结构是产品的重要组成因素之一，结构通常决定一个产品的造型，同时结构是实现产品功能的载体。在产品设计中，对结构进行移植设计通常是为了使新产品获得更好的功能。

(3) 功能移植。功能是产品最为核心的要素之一，好的功能能为产品带来良好的使用体验，越来越多不同领域的产品在功能上进行相互借鉴。产品设计其实具有很强的跨行业属性，产品设计师在日常工作和生活中，应该与不同领域和行业的人沟通，积累移植设计的灵感素材。

(4) 材料移植。材料移植是指采用新的材料替换现有产品的材料，从而产生新的产品。例如，将原来洗衣机的钢板外壳改用硬塑料外壳，提高了综合性能，防止了腐蚀和漏电；将丝绸、棉布的衣服改用化学纤维、特种纸张来制作，不仅提高了衣服的耐用性、外观，还降低了生产成本。

(5) 原理移植。原理移植是指把某一学科中的科学原理应用于解决其他学科中的问题。例如，蛋壳的外形呈拱形结构，能够承受较大的压力，建筑设计师们用此原理成功设计了大型游乐宫、球形体育馆、各种拱桥等。再如，科学家把蝙蝠探路的原理移植到超声波仪器中，这种仪器目前已被广泛用于军事、医疗、环保、远航等领域。

(6) 方法移植。方法移植是指把某一学科、领域中的方法应用于解决其他学科、领域中的问题。例如，利用声音可以在物质中传播，莱纳克发明了听诊器；面包是由面粉经过发酵加工而成的，把面包发酵的方法移植到塑料加工中，对塑料进行发酵处理，发明了价廉物美的泡沫塑料，还用类似的方法发明了泡沫金属、橡胶海绵、气泡混凝土等。

(三) 移植法应用步骤

步骤一：列出欲移植的原理或方法；列出这个已知原理或方法能产生的具体功能；列出现实生活中需要这些功能的事物；提出应用这种原理或方法的各种设想；检验移植后的设想。

步骤二：提出对待发明产品的要求；明确待解决问题的关键；列出在现实生活中能解决这个问题的各种装置；针对每种装置提出移植设想；检验这些设想。

(四) 应用移植法的注意事项

移植的过程中，需要分析原有产品最具代表性的特征，它可能是一个美好的造型、一个精巧的结构，也可能是一个合理的功能；还要分析新设计的产品应满足的需求，这需要在前期调研中做足功课，给出新产品的合理定位，从而寻找可以移植的元素，为新旧产品或跨界产品搭建桥梁，使产品设计存在无限可能，提升产品设计的创新性。应用移植法的过程中需要注意以下几点。

(1) 应用移植法，首先要从问题出发，寻找方法、原理进行移植，其次从结构、材料等方面进行分析和研究，将其他领域内相关或不相关的技术借鉴过来，创造出与原型完全不同的新产品，达到创新的目的。

(2) 在应用移植法进行发明的过程中，如果移植过来的技术不能使用，可再借鉴其他技术实施新的技术移植。

(3) 应用移植法的目的是寻求解决问题的办法，其核心理念是为我所用，借鉴提高。借鉴但不要侵权，不要抄袭，要学会站在巨人的肩膀上做事，可以发挥想象力，发明出更多的移植类型。

(4) 发明方法是在发明过程中对过程的总结，在应用移植法的过程中不要追求方法的应用，而要追求发明结果的产生。

十、专利文献法

专利文献是人类的一个巨大知识宝库，从文献中可以获得成功的经验和失败的教训。应用专利文献法时，首先需要掌握文献及专利的检索方法，然后借助专利文献启发新思路，获取新动态，进行创新活动。

(一) 专利文献法的概念

专利文献法指的是针对现有的发明，利用专利文献检索出现有发明存在的问题，然后去改进、完善并进行实施的创新方法。专利文献法又称专利发明法，为避免与发明法混淆，本书称为专利文献法。

专利文献主要是指实行专利制度的国家及国际专利组织在受理、审批、注册专利的过程中产生的官方文件及其出版物的总称。世界知识产权组织对专利文献的定义是：专利文献是包含已经申请或被确认为发现、发明、实用新型和工业品外观设计的研究、设计、开发和试验成果的有关资料，以及保护发明人、专利所有人及工业品外观设计和实用新型注册证书持有人权利的有关资料的已出版或未出版的文件(或其摘要)的总称。

《中华人民共和国专利法》规定，发明人必须在说明书中将发明技术公开。据统计，目前全世界每年发明的新技术中，90%～95%发表在专利文献上，其余发表在技术刊物中。因此，利用专利文献进行发明创造，是一条重要的发明途径。

(二) 我国专利文献的情况

我国的专利文献主要包括各种专利申请文件、专利说明书、专利公报、专利分类表、专利索引和专利文摘等。我国的专利有三种类型，即发明专利、实用新型和外观设计。对应地，我国的专利文献也包括了三种类型，即发明专利文献、实用新型专利文献和外观设计专利文献。

我国专利文献部是收藏专利文献信息种类最多、数量最大、范围最广的国家级专利文献资源收藏与服务中心。当前，10 个专利检索系统，可检索 83 个专利机构的专利著录项目或文摘数据逾 8000 万件，5 个国家、地区或组织的专利全文图像数据逾 2500 万件，40 个国家、地区或组织的专利全文文本数据近 800 万件。15 个非专利检索平台或数据库，可检索涉及多学科、多领域的科技文献。目前有知识产权及相关类图书 8 万余册，知识产权及相关中外文期刊 1600 余种。专利文献的数量每年都在增加，2015 年，国家知识产权局共受理发明专利申请 110.2 万件，2016 年受理 133.9 万件，2017 年我国发明专利申请量为 138.2 万件，每年增加的专利文献数量巨大。

(三) 专利文献的作用

有效地利用专利文献是人们进行创造发明的重要手段。从专利文献中，人们不但可以找到成功的途径，也可以找到失败的脉络，甚至还可以找到许多潜在的、经过努力可以成功的线索。专利文献有以下几个鲜明的作用。

(1) 借助专利文献，可以对专利申请进行查新检索。申请专利前，都必须检索相关的专利文献，检查所申请的发明创造是否具有新颖性、创造性与实用性。

(2) 阅读专利文献，可以启发创新思维，提高发明创造的能力。很多发明都是在他人的发明的基础上通过技术提升或者工艺改进等发展起来的，研读专利文献，可以从中得到思想启发和方法借鉴。

(3) 借助专利文献，可以了解某些领域的最新发展动态。由于专利文献的情报比其他文献要早 1～3 年，同时，一项新技术的诞生到推广应用有一个时间差。从专利文献中可以及时查阅科技发展的最新动态，了解某一专门领域内比较活跃的企业及其技术水平等。专利文献正确地反映了专利发明潜在的市场和经济情况，对预测未来的技术、经济和市场范围的竞争等有重要的指导意义。

在技术发明史上，许多重大的发明都是先从专利文献中获得启示而产生的。例如，爱迪生采用碳丝作为灯丝制成具有实用价值的白炽灯泡，是在他读了电灯发明家——

——英国人斯旺发表在美国《科学美国人》杂志上的文章,得到启示后完成的。而斯旺却是在 1845 年看到了 J. W. 斯塔尔关于电灯的英国专利后才开始考虑如何制造碳丝白炽灯的。

(四) 专利文献法的应用流程

专利文献法的具体操作过程:根据提出的设想以及针对这个设想设计的技术方案,在申请专利或者开发新产品前查阅并检索专利文献;通过专利文献检索,检查设计的技术方案是否具有新颖性、创新性和实用性,确定发明技术方案的可行性和创造性。

专利检索的步骤:首先把待检索的课题内容转换为检索语言,即专利分类号和关键词,因为专利文献检索工具主体部分通常采用专利分类号和关键词来表示特定的技术内容;然后利用《国际专利分类表》确定 IPC 号,以 IPC 号为检索点去搜索《中国专利索引》的分类索引或《专利公报》的 IPC 索引,得到相应的公开号(授权公告号)、申请号(专利号)、申请人(专利权人)、发明(专利)名称、卷期号等,再转入公开号途径。

例如,饭店服务员送菜时,一不小心会将手指浸到菜汤里,很不卫生。怎么解决这个问题呢?

首先提出技术方案:设计一个双层盘子,服务员端菜时,手指放在下层盘子上就解决了这个问题。这个创新的技术方案是盘子的外层结构是双层的。其次检索这个技术方案能不能申请专利。可以借助国家知识产权局网上平台,登录国家知识产权局综合服务平台 http://www.sipo.gov.cn/zhfwpt/zljs/ 并进行注册。注册完成后进行普通检索,输入"双层盘子",检索发现自 2006 年到 2012 年有 8 篇专利,对每个专利项目进行详览就可以阅读专利文献的所有材料,包括摘要、全文文本及全文图像等信息。这些文件有助于对该项专利的技术以及方案等进行全面、翔实的了解。如果有同类技术方案,说明设计的双层盘子已经落后了;如果没有,则可以进一步了解这种产品有没有市场价值,是不是可以进行生产,是否需要申请专利。还可以研究检索到的发明技术方案,然后改进这个技术方案,使其变得更具有创造性、新颖性和实用性,就变成了创新发明。

检索技术方案是否具有创新性的时候,也可以查阅《中国专利索引》,它是检索专利文献的一种十分有效的工具书。该索引分为《分类年度索引》《申请人、专利权人年度索引》及《申请号、专利号索引》三种。《分类年度索引》是按照国际专利分类或国际外观设计分类的顺序进行编排的;《申请人、专利权人年度索引》是按申请人或专利权人姓名或译名的汉语拼音首字母顺序进行编排的;《申请号、专利号索引》是以申请号数字顺序进行编排的。若知道分类号、申请人名、申请号或专利号,就可以以它们为入口,从索引中查出公开(公告)号,根据公开(公告)号就可以查到专利说明书,从而了解某项专利的全部技术内容和要求保护的权利范围。若要了解该专利的法律状态,可以通过索引查出它所刊登的公报的卷期号。如果想了解某一技术领域的现有技术状况，或者既不知道申请人，也不知道专利号，但又想了解自己所开展的发明创造项目的专利技术状况，可以根据该项目所属技术领域或者关键词去查阅国际专利分类表，确定其分类号，根据分类索引中的专利号、申请人所申请的专利名称进一步查阅其专利说明书。

(五) 应用专利文献法的注意事项

(1) 文献检索的时间性。数据与检索的时间有关，检索时检索到的数据是一个时间节点的数据，随着时间的延续，数据会逐渐增多。

(2) 文献检索的过程是一个学习的过程。对检索到的文件进行对比分析，对文献中的技术特点与自己提出的方案进行对比：如果现有发明的技术方案和自己申请的都不一样，那么自己的技术方案或者创造发明就可以申请专利；还可以对检索出来的技术方案进行改进和完善，那么改进的技术方案就是自己的发明创新，也满足申请专利的要求。

(3) 利用专利文献搞发明创造，实际上是一种寻找现有专利空隙，实施新发明的方法。具体实现步骤：针对一个产品提出创意方向和技术方案，并且完善技术方案；通过国家知识产权局专利网站进行专利检索。检索与这个产品及相关技术有关的所有发明技术方案；检查自己提出的发明技术方案是否有新意，判断自己的发明技术方案能否达到申请专利的水平；根据检索出的所有已经形成专利的技术方案，检查现有的这些技术方案是否存在技术漏洞和盲点，并针对这些漏洞和盲点提出新的技术改进方案；根据检索结果，学习他人之长，继续改进和完善自己产品的技术方案；完成自己的发明技术方案；实施专利申请；取得专利权。

(4) 文献检索的阶段性。任何发明都是阶段性的发明，都受技术、人的能力等的影响和限制，任何发明都是不完善的，都有可以改进的地方。为了更好地实施发明，可以从改进现有发明存在的问题入手，改进这些问题，完善这些不足，就会有新发明产生。

(5) 专利文献的公开性和透明性。充分运用专利技术公开、透明的特点，在发明时可以通过检索少走弯路，避免重复研究，避免侵权，提高发明的效率和质量。同样，在应用专利文献法进行发明创造时，要注意的是如果对方的专利在专利保护期内，一定不要直接使用，避免侵犯他人的知识产权。

十一、TRIZ理论

TRIZ 来源于俄文"发明问题解决理论"的首字母缩写，是苏联的根里奇·斯拉维奇·阿奇舒勒及其领导的一批研究人员从 1946 年开始，通过对世界各国约 250 万件专利进行分析、研究而得到的一个综合方法。研究了数万项专利和发明后，阿奇舒勒发现了发明的主要规律，并揭示了发明的管理过程。发明过程中要求有正确的思维理念，克服思维惯性，追求理想的解决方案，解决任何非标准问题隐藏的矛盾。

　　TRIZ 理论是全世界公认的、用于解决人类活动不同领域内的创造性问题的理论，从结构、设计开始，以广告、管理结束。其最终目的是研究人类在进行发明创造和解决技术难题的过程中所遵循的科学原理和法则。各个国家的研究者发现人们在解决发明创造性问题的过程中是普遍存在客观法则的，大量发明所面临的基本问题和矛盾(TRIZ 理论中称之为技术矛盾和物理矛盾)也是相同的，同样的技术创新原理和相应的问题与方案，在不同的技术和应用领域中被重复应用。这就是 TRIZ 理论的强大之处。因而，阿奇舒勒被称为"TRIZ 理论之父"。

　　阿奇舒勒主持撰写的《寻找创意：TRIZ 入门》的初稿形成于 1956 年，1957 年正式出版。该书以大量的发明专利(证书)作为基础，形成了独特的创新方法——TRIZ 理论，并首次引用了 TRIZ 理论的基本工具：发明问题标准解、完整的发明问题解决算法(ARIZ-85B)、解决技术矛盾的创新原理。该书基于发明问题解决理论和需要独立解决的习题提出了大量发明创造的方法，有利于各行各业的学习和研究，并且在实践中得到了验证。作者还在苏联创办了一系列的发明问题解决理论的培训班，也多次在小学举办了学习班，从而使 TRIZ 理论深入人心。尤其是从 20 世纪 80 年代起，在西方发达国家，TRIZ 理论在工商界获得了广泛的研究和应用，各种创新书籍云集。

　　目前，TRIZ 理论和方法已在全世界范围内得到广泛应用，推动了成千上万的发明创造和技术创新，并逐步形成了一套成熟的发明创造问题解决理论体系，为众多知名企业和研发机构带来了巨大的经济效益和社会效益。因而，TRIZ 理论也被一些欧美专家称为"超级发明术"，说明了其在帮助人们挖掘和开发自身创造潜能方面所发挥的重要作用。

　　当前，除了阿奇舒勒关于 TRIZ 理论的专著，还有大量相关教材和著作介绍该理论，读者可以选择其一作为参考资料，学习 TRIZ 理论，并将其应用于创新创业实践。

思考题

1. 组建一个小组，确定一个主题，开展一次头脑风暴。
2. 选定一个主题，分别使用组合思维法、异想天开法进行创新能力训练。
3. 结合专业课程，练习使用专利文献法。
4. 自主学习 TRIZ 理论，并做一个简单练习。

第五章
大学生创新创业活动实践

创新教育,除了要帮助大学在理论层面提高认知,更重要的是帮助大学生将理论知识与实践相结合,将知识储备灵活运用于现实问题中,积极开展实践活动。本章主要围绕大学生在校期间参加的创新创业类活动,从创新创业项目的选择、策划书的撰写等方面,介绍活动细节,帮助大学生提升参与竞赛的积极性,锻炼相关能力,提升自身创新能力,成为新时代社会发展所需要的创新型人才。

第一节 大学生创新创业活动概述

目前,各类高校普遍开设了创新创业类课程,为大学生创新创业发展提供了良好的教育环境。大学生在完成相关课程学习的基础上,还可以通过参加丰富的创新创业活动来进行相关的实践训练,为进一步的发展打下坚实基础。目前,比较有代表性的创新创业活动有中国"互联网+"大学生创新创业大赛、"挑战杯"全国大学生系列科技学术竞赛、"创青春"全国大学生创业大赛、大学生创新创业训练计划等。

一、中国"互联网+"大学生创新创业大赛

中国"互联网+"大学生创新创业大赛由政府、教育部与各高校共同主办。首届比赛于2015年举办,之后每年举办一次。大赛采用校级初赛、省级复赛、全国总决赛三级赛制。校级初赛由各院校负责组织,省级复赛由各地负责组织,全国总决赛由各地按照大赛组委会确定的配额择优遴选推荐项目。大赛赛道包括高教主赛道、"青年红色筑梦之旅"赛道、职教赛道、产业赛道等,下面重点介绍前3个赛道。

(一) 高教主赛道

高教主赛道参赛项目要求将移动互联网、云计算、大数据、人工智能、物联网、下一代通信技术、区块链等新一代信息技术与社会各领域紧密结合，服务新型基础设施建设，培育新产品、新服务、新业态、新模式；发挥互联网在促进产业升级以及信息化和工业化深度融合中的作用，服务新型基础设施建设，促进制造业、农业、能源、环保等产业转型升级；发挥互联网在社会服务中的作用，创新网络化服务模式，促进互联网与教育、医疗、交通、金融、消费、生活等深度融合。具体参赛项目包括：

(1) "互联网+"现代农业，包括农林牧渔等；

(2) "互联网+"制造业，包括先进制造、智能硬件、工业自动化、生物医药、节能环保、新材料、军工等；

(3) "互联网+"信息技术服务，包括人工智能技术、物联网技术、网络空间安全技术、大数据、云计算、工具软件、社交网络、媒体门户、企业服务、下一代通信技术、区块链等；

(4) "互联网+"文化创意服务，包括广播影视、设计服务、文化艺术、旅游休闲、艺术品交易、广告会展、动漫娱乐、体育竞技等；

(5) "互联网+"社会服务，包括电子商务、消费、金融、财经法务、房产家居、高效物流、教育培训、医疗健康、交通、人力资源服务等。

需要注意的是，参赛项目不只限于"互联网+"项目，还鼓励各类创新创业项目参赛，根据行业背景选择相应类型。

以下按照不同组别来介绍高教主赛道。

1. 本科生与研究生创意组

本科生与研究生创意组的参赛项目应具有较好的创意和较为成型的产品原型或服务模式，大赛通知下发日之前尚未完成工商登记注册，并符合以下条件。

(1) 参赛申报人须为团队负责人，须为普通高等学校在校生(可为专科生、本科生、研究生，不含在职生)；

(2) 学校科技成果转化的参赛项目(科技成果的完成人、所有人中有参赛申报人排名第一的除外)不能参加。

本科生与研究生创意组参赛项目评审要点如表5-1所示。

表5-1 本科生与研究生创意组评审要点

评审要点	评审内容	分值
创新维度	1. 具有原始创新或技术突破，取得一定数量和质量的创新成果(专利、创新奖励、行业认可等)； 2. 在商业模式、产品服务、管理运营、市场营销、工艺流程、应用场景等方面取得突破和创新	30
团队维度	1. 团队成员的教育、实践、工作背景、创新能力、价值观念等情况； 2. 团队的组织构架、分工协作、能力互补、人员配置、股权结构以及激励制度合理性情况； 3. 团队与项目关系的真实性、紧密性，团队对项目的各类投入情况，团队未来投身创新创业的可能性情况； 4. 支撑项目发展的合作伙伴等外部资源的使用以及合作伙伴与项目的关系等情况	25
商业维度	1. 商业模式设计完整、可行，项目已具备盈利能力或具有较好的盈利潜力； 2. 项目目标市场容量及市场前景，项目与市场需求匹配情况，项目的市场、资本、社会价值情况，项目落地执行情况； 3. 对行业、市场、技术等方面有翔实的调研，并形成可靠的一手材料，强调实地调查和实践检验； 4. 项目对相关产业升级或颠覆的情况，项目与区域经济发展、产业转型升级相结合的情况	20
就业维度	1. 项目直接提供就业岗位的数量和质量； 2. 项目间接带动就业的能力和规模	10
引领教育	1. 项目的产生与执行充分展现团队的创新意识、思维和能力，体现团队成员解决复杂问题的综合能力和高级思维； 2. 突出大赛的育人本质，充分体现项目成长对团队成员创新创业精神、意识、能力的锻炼和提升作用； 3. 项目充分体现多学科交叉、专创融合、产学研协同创新等发展模式； 4. 项目所在院校在项目的培育、孵化等方面的支持情况； 5. 团队创新创业精神与实践的正向带动和示范作用	15

2. 初创组

初创组的参赛项目工商登记注册应未满 3 年，且获机构或个人股权投资不超过 1 轮次，并符合以下条件。

(1) 参赛申报人须为初创企业法人代表，须为普通高等学校在校生(可为专科生、本科生、研究生，不含在职生)，或毕业 5 年以内的毕业生(专科生、本科生、研究生，不含在职生)。企业法人代表在大赛通知发布日之后进行变更的不予认可。

(2) 初创组参赛项目的股权结构中，参赛企业法人代表的股权不得少于10%，参赛成员股权合计不得少于1/3。

(3) 学校科技成果转化的项目(不含基于国家级重大、重点科研项目的科研成果转化项目)可以参加初创组比赛，允许将拥有科研成果的教师的股权与学生所持股权合并计算，合并计算的股权不得少于51%(学生团队所持股权比例不得低于26%)。

初创组参赛项目评审要点如表5-2所示。

表5-2 初创组参赛项目评审要点

评审要点	评审内容	分值
商业维度	1. 商业模式设计完整、可行，产品或服务成熟度及市场认可度较高； 2. 经营绩效方面，重点考察项目存续时间、营业收入(合同订单)现状、企业利润、持续盈利能力、市场份额、客户(用户)情况、税收上缴、投入与产出比等情况； 3. 成长性方面，重点考察项目目标市场容量及可扩展性，是否有合适的计划和可靠资源(人力资源、资金、技术等方面)支持其未来持续、快速成长； 4. 经营管理方面，是否有科学、完备的研发、销售、运营、管理、人力等制度和体系支撑项目发展； 5. 现金流及融资方面，关注项目已获外部投资情况、维持企业正常经营的现金流情况，以及企业融资需求及资金使用规划是否合理； 6. 项目对相关产业升级或颠覆的情况，项目与区域经济发展、产业转型升级相结合的情况	30
团队维度	1. 团队成员的教育和工作背景、创新能力、价值观念、分工协作和能力互补情况，重点考察成员的投入程度及团队成员的稳定性； 2. 团队的组织构架、股权结构、人员配置及激励制度合理性情况； 3. 支撑项目发展的合作伙伴等外部资源的使用，以及与项目关系的情况	25
创新维度	1. 具有原始创新或技术突破，取得一定数量和质量的创新成果(专利、创新奖励、行业认可等)； 2. 在商业模式、产品服务、管理运营、市场营销、工艺流程、应用场景等方面取得突破和创新	20
就业维度	1. 项目直接提供就业岗位的数量和质量； 2. 项目间接带动就业的能力和规模	10

(续表)

评审要点	评审内容	分值
引领教育	1. 项目充分体现多学科交叉、专创融合、产学研协同创新等发展模式; 2. 突出大赛的育人本质,充分体现项目成长对团队成员创新创业精神、意识、能力的锻炼和提升作用; 3. 项目所在院校对项目发展的支持情况或项目与所在院校的互动、合作情况; 4. 团队创新创业精神与实践的正向带动和示范作用	15

3. 成长组

成长组的参赛项目工商登记注册应在3年以上;或工商登记注册未满3年,获机构或个人股权投资2轮次(含2轮次)以上,并符合以下条件。

(1) 参赛申报人须为企业法人代表,须为普通高等学校在校生(可为专科生、本科生、研究生,不含在职生),或毕业5年以内的毕业生(专科生、本科生、研究生,不含在职生)。企业法人代表在大赛通知发布日之后进行变更的不予认可。

(2) 成长组参赛项目的股权结构中,参赛企业法人代表的股权不得少于10%,参赛成员股权合计不得少于1/3。

(3) 学校科技成果转化的项目(不含基于国家级重大、重点科研项目的科研成果转化项目)可以参加成长组比赛,允许将拥有科研成果的教师的股权与学生所持股权合并计算,合并计算的股权不得少于51%(学生团队所持股权比例不得低于26%)。

成长组参赛项目的评审要点与初创组相同。

4. 师生共创组

师生共创组的参赛项目应为基于国家级重大、重点科研项目的科研成果转化项目,或者教师与学生共同参与创业且教师所占权重比例大于学生(如已注册成立公司,则教师持股比例大于学生)的项目,并符合以下条件。

(1) 参赛项目必须注册成立公司,且公司注册年限不超过5年,师生均可为公司法人代表。企业法人代表在大赛通知发布日之后进行变更的不予认可。股权结构中,师生股权合并计算不低于51%,且学生参赛成员合计股份不低于10%。

(2) 参赛申报人须为普通高等学校在校生(可为专科生、本科生、研究生,不含在职生),或毕业5年以内的毕业生(专科生、本科生、研究生,不含在职生)。

(3) 参赛项目中的教师须为高校在编教师(正式入职)。

师生共创组参赛项目评审要点如表5-3所示。

表5-3 师生共创组参赛项目评审要点

评审要点	评审内容	分值
商业维度(未注册公司)	1. 商业模式设计完整、可行，项目已具备盈利能力或具有较好的盈利潜力； 2. 项目目标市场容量及市场前景，项目与市场需求匹配情况，项目的市场、资本、社会价值情况，项目落地执行情况； 3. 对行业、市场、技术等方面有翔实调研，并形成可靠的一手材料，强调实地调查和实践检验； 4. 项目对相关产业升级或颠覆的情况，项目与区域经济发展、产业转型升级相结合的情况	30
商业维度(已注册公司)	1. 商业模式设计完整、可行，产品或服务成熟度及市场认可度较高； 2. 经营绩效方面，重点考察项目存续时间、营业收入(合同订单)现状、企业利润、持续盈利能力、市场份额、客户(用户)情况、税收上缴、投入与产出比等情况； 3. 成长性方面，重点考察项目目标市场容量及可扩展性，是否有合适的计划和可靠资源(人力资源、资金、技术等方面)支持其未来持续、快速成长； 4. 经营管理方面，是否有科学、完备的研发、销售、运营、管理、人力等制度和体系支撑项目发展； 5. 现金流及融资方面，关注项目已获外部投资情况、维持企业正常经营的现金流情况，以及企业融资需求及资金使用规划是否合理； 6. 项目对相关产业升级或颠覆的情况，项目与区域经济发展、产业转型升级相结合的情况	30
团队维度	1. 团队成员的教育和工作背景、创新能力、价值观念、分工协作和能力互补情况，重点考察师生分工协作、利益分配情况及合作关系稳定程度； 2. 项目的组织构架、股权结构、人员配置及激励制度合理性情况； 3. 支撑项目发展的合作伙伴等外部资源的使用，以及合作伙伴与项目的关系等情况	25
创新维度	1. 具有原始创新或技术突破，取得一定数量和质量的创新成果(专利、创新奖励、行业认可等)； 2. 在商业模式、产品服务、管理运营、市场营销、工艺流程、应用场景等方面取得突破和创新	20
就业维度	1. 项目直接提供就业岗位的数量和质量； 2. 项目间接带动就业的能力和规模	10
引领教育	1. 项目展现了师生共创对团队成员特别是学生的创新创业能力的提升； 2. 项目充分体现多学科交叉、专创融合、产学研协同创新等发展模式； 3. 突出大赛的育人本质，充分体现项目成长对团队成员创新创业精神、意识、能力的锻炼和提升作用； 4. 项目所在院校对项目发展的支持情况或项目与所在院校的互动、合作情况； 5. 团队创新创业精神与实践的正向带动和示范作用	15

(二)"青年红色筑梦之旅"赛道

根据参赛项目的性质和特点,"青年红色筑梦之旅"赛道可分为公益组、创意组与创业组。

1. 公益组

公益组参赛项目的要求包括:①参赛项目应为以社会价值为导向,在公益服务领域具有较好的创意、产品或服务模式的创业计划和实践;②参赛申报主体为独立的公益项目或者社会组织,注册或未注册成立公益机构(或社会组织)的项目均可参赛;③师生共创的公益项目若符合"青年红色筑梦之旅"赛道要求,可以参加该组比赛。

"青年红色筑梦之旅"赛道公益组参赛项目评审要点如表5-4所示。

表5-4 公益组参赛项目评审要点

评审要点	评审内容	分值
项目团队	1. 团队成员的基本素质、业务能力、奉献意愿和价值观与项目需求相匹配; 2. 团队的组织架构与分工协作合理; 3. 团队权益结构或公司股权结构合理; 4. 团队的延续性或接替性	20
公益性	1. 项目以社会价值为导向,以解决社会问题为使命,不以营利为目的,有可预见的公益成果,公益受众的覆盖面广; 2. 在公益服务领域有良好的产品或服务模式	15
实效性	1. 项目对巩固脱贫攻坚成果、乡村振兴和社区治理等社会问题的贡献度; 2. 在引入社会资源方面,对农村组织和农民增收、地方产业结构优化等产生的效果; 3. 项目对促进就业、教育、医疗、养老、环境保护与生态建设等方面的效果	20
创新性	1. 鼓励技术或服务创新、引入或运用新技术,鼓励高校科研成果转化; 2. 鼓励组织模式创新或进行资源整合	20
可持续性	1. 项目的持续生存能力; 2. 创新研发、生产销售、资源整合等持续运营能力; 3. 项目模式可复制、可推广,且具有示范效应等	10

(续表)

评审要点	评审内容	分值
引领教育	1. 项目充分展示了创业团队扎根中国大地了解国情民情，运用创新思维和创业能力服务社会； 2. 项目充分体现专业教育与创新创业教育的有机融合，充分体现思政教育与创新创业教育的有机融合； 3. 突出大赛的育人本质，充分体现项目成长对团队成员的社会责任感、创新精神、实践能力的锻炼和提升作用； 4. 项目所在院校对项目发展的支持情况或项目与所在院校的互动、合作情况； 5. 团队创新创业、社会服务精神的正向带动和示范作用	15
必要条件	参加由学校、省、市或全国组织的"青年红色筑梦之旅"活动，符合公益性要求	

2. 创意组

创意组参赛项目的要求包括：①参赛项目以商业手段解决农业、农村和城乡社区发展的痛点问题，巩固脱贫攻坚成果，助力乡村振兴，实现经济价值和社会价值的融合；②参赛项目在大赛通知下发日之前尚未完成工商等各类登记注册；③师生共创的商业项目不允许参加"青年红色筑梦之旅"赛道，可参加高教主赛道。

"青年红色筑梦之旅"赛道创意组参赛项目评审要点如表5-5所示。

表5-5 创意组参赛项目评审要点

评审要点	评审内容	分值
项目团队	1. 团队成员的基本素质、业务能力、奉献意愿和价值观与项目需求相匹配； 2. 团队的组织架构、股权结构、人员结构与分工协作合理； 3. 团队外部资源引用及与项目的关系清晰，逻辑合理	20
创新性	1. 鼓励高校科研成果和文创成果在乡村或社区进行产业转化落地与实践应用； 2. 鼓励技术或服务创新、引入或运用新技术在乡村和社区生产生活中的实践应用； 3. 鼓励组织和协作模式的创新或进行资源有效性优化和整合	20
实效性	1. 项目商业模式设计完整、可行，产品或服务对巩固脱贫攻坚成果、乡村振兴和社区治理等社会问题的贡献度； 2. 项目对农民增收、农村组织、社区服务和地方产业结构优化的效果； 3. 项目对促进文化、教育、医疗、养老、环境保护与生态建设等方面的效果	20

(续表)

评审要点	评审内容	分值
可持续性	1. 项目的持续生存能力，在创新研发、生产销售、资源整合等方面具备良性成长能力； 2. 项目具备模式可复制性、产业可推广性、成果可示范性等； 3. 项目的成长与区域经济发展、地方产业升级高度融合，经济价值和社会价值适度融合	15
带动就业	1. 项目直接提供就业岗位的数量和质量； 2. 项目间接带动就业的能力和规模	10
引领教育	1. 项目充分展示了创业团队扎根中国大地了解国情民情，运用创新思维和创业能力服务社会； 2. 项目充分体现专业教育与创新创业教育的有机融合，充分体现思政教育与创新创业教育的有机融合； 3. 突出大赛的育人本质，充分体现项目成长对团队成员的社会责任感、创新精神、实践能力的锻炼和提升作用； 4. 项目所在院校对项目发展的支持情况或项目与所在院校的互动、合作情况； 5. 团队创新创业、社会服务精神的正向带动和示范作用	15
必要条件	参加由学校、省、市或全国组织的"青年红色筑梦之旅"活动	

3. 创业组

创业组参赛项目的主要要求包括：①参赛项目以商业手段解决农业农村和城乡社区发展的痛点问题、巩固脱贫攻坚成果，助力乡村振兴，实现经济价值和社会价值的融合；②参赛项目在大赛通知下发之日前已完成工商等各类登记注册，项目的股权结构中，企业法人代表的股权不得少于10%，参赛成员股权合计不得少于1/3，如已注册成立机构或公司，学生须为法人代表；③师生共创的商业项目不能参加"青年红色筑梦之旅"赛道，可参加高教主赛道。

"青年红色筑梦之旅"赛道创业组参赛项目评审要点如表5-6所示。

表5-6 创业组参赛项目评审要点

评审要点	评审内容	分值
项目团队	1. 团队成员的基本素质、业务能力、奉献意愿和价值观与项目需求相匹配； 2. 团队的组织架构与分工协作合理； 3. 团队权益结构或公司股权结构合理	20

(续表)

评审要点	评审内容	分值
实效性	1. 项目商业模式设计完整、可行，产品或服务对巩固脱贫攻坚效果、乡村振兴和社区治理等社会问题的贡献度； 2. 在引入社会资源方面对农村组织和农民增收、地方产业结构优化的效果； 3. 项目对促进文化、教育、医疗、养老、环境保护与生态建设等方面的效果； 4. 项目的成长性与区域经济发展、产业转型升级相结合	20
创新性	1. 鼓励技术或服务创新、引入或运用新技术，鼓励高校科研成果转化； 2. 鼓励在生产、服务、营销等方面创新； 3. 鼓励组织模式创新或进行资源整合	20
可持续性	1. 项目的持续生存能力； 2. 经济价值和社会价值适度融合； 3. 创新研发、生产销售、资源整合等持续运营能力； 4. 项目模式可复制、可推广，具有示范效应	15
带动就业	1. 项目直接提供就业岗位的数量和质量； 2. 项目间接带动就业的能力和规模	10
引领教育	1. 项目充分展示了创业团队扎根中国大地了解国情民情，运用创新思维和创业能力服务社会； 2. 项目充分体现专业教育与创新创业教育的有机融合，充分体现思政教育与创新创业教育的有机融合； 3. 突出大赛的育人本质，充分体现项目成长对团队成员的社会责任感、创新精神、实践能力的锻炼和提升作用； 4. 项目所在院校对项目发展的支持情况或项目与所在院校的互动、合作情况； 5. 团队创新创业、社会服务精神的正向带动和示范作用	15
必要条件	参加由学校、省、市或全国组织的"青年红色筑梦之旅"活动	

(三) 职教赛道

职教赛道分为创意组与创业组。

1. 创意组

创意组的参赛项目具有较好的创意和较为成型的产品原型、服务模式或针对生产加工工艺进行创新的改良技术，在大赛通知下发日之前尚未完成工商登记注册。参赛申报人须为团队负责人，须为职业院校的全日制在校学生或国家开放大学学历教育在读学生。

职教赛道创意组参赛项目评审要点如表 5-7 所示。

表5-7 职教赛道创意组参赛项目评审要点

评审要点	评审内容	分值
创新维度	1. 具有原始创意； 2. 项目体现产教融合模式创新、校企合作模式创新、工学一体模式创新； 3. 鼓励面向职业和岗位的创意及创新，侧重于加工工艺创新、实用技术创新、产品(技术)改良、应用性优化、民生类创意等	30
团队维度	1. 团队成员的教育、实践、工作背景、创新能力、价值观念等情况； 2. 团队的组织构架、分工协作、能力互补、人员配置、股权结构及激励制度合理性等情况； 3. 团队与项目关系的真实性、紧密性，团队对项目的各类投入情况，团队未来投身创新创业的可能性等情况； 4. 支撑项目发展的合作伙伴等外部资源的使用以及合作伙伴与项目的关系等情况	25
商业维度	1. 商业模式设计完整、可行，项目已具备盈利能力或具有较好的盈利潜力； 2. 项目目标市场容量及市场前景，项目与市场需求匹配情况，项目的市场、资本、社会价值情况，项目落地执行情况； 3. 对行业、市场、技术等方面有翔实的调研，并形成可靠的一手材料，强调实地调查和实践检验； 4. 项目对相关产业升级或颠覆的情况，项目与区域经济发展、产业转型升级相结合等情况	20
就业维度	1. 项目直接提供就业岗位的数量和质量； 2. 项目间接带动就业的能力和规模	15
引领教育	1. 项目的产生与执行充分展现团队的创新意识、思维和能力，体现团队成员解决复杂问题的综合能力和高级思维； 2. 突出大赛的育人本质，充分体现项目成长对团队成员创新创业精神、意识、能力的锻炼和提升作用； 3. 项目充分体现多学科交叉、专创融合、产学研协同创新等发展模式； 4. 项目所在院校在项目的培育、孵化等方面的支持情况； 5. 团队创新创业精神与实践的正向带动和示范作用	10

2. 创业组

创业组的参赛项目在大赛通知下发日之前已完成工商等各类登记注册，且公司注册年限不超过 5 年。参赛申报人须为企业法人代表，须为职业院校全日制在校学生或毕业 5 年内的毕业生、国家开放大学学历教育在读学生或毕业 5 年内的毕业生。企业法人在大赛通知发布日之后进行变更的不予认可。已完成工商登记注册参赛项目的股权结构中，企业法人代表的股权不得少于 10%，参赛成员合计不得少于 1/3。

学校科技成果转化的项目只能参加创业组比赛(科技成果的完成人、所有人中有参赛申报人排名第一的除外)，允许将拥有科技成果的教师的股权与学生所持股权合并计算，合并计算的股权不得少于 51%(学生团队所持股权比例不得低于 26%)。教师持股比例大于学生团队持股比例的项目，只能参加高教主赛道师生共创组比赛，不能报名参加职教赛道比赛。

职教赛道创业组参赛项目评审要点如表 5-8 所示。

表5-8 职教赛道创业组参赛项目评审要点

评审要点	评审内容	分值
商业维度	1. 商业模式设计完整、可行，产品或服务成熟度及市场认可度； 2. 经营绩效方面，重点考察项目存续时间、营业收入(合同订单)现状、企业利润、持续盈利能力、市场份额、客户(用户)情况、税收上缴、投入与产出比等情况； 3. 成长性方面，重点考察项目目标市场容量大小及可扩展性，是否有合适的计划和可靠资源(人力资源、资金、技术等方面)支持其未来持续、快速成长； 4. 经营管理方面，是否有合理、完备的研发、销售、运营、管理、人力等制度和体系支撑项目发展； 5. 现金流及融资方面，关注项目已获外部投资情况、维持企业正常经营的现金流情况、企业融资需求及资金使用规划是否合理； 6. 项目对相关产业升级或颠覆的情况，项目与区域经济发展、产业转型升级相结合的情况	30
团队维度	1. 团队成员的教育和工作背景、创新能力、价值观念、分工协作和能力互补情况，重点考察成员的投入程度及团队成员的稳定性； 2. 团队的组织架构、股权结构、人员配置及激励制度合理性等情况； 3. 支撑项目发展的合作伙伴等外部资源的使用，以及与合作伙伴项目的关系等情况	25
创新维度	1. 具有原始创意； 2. 项目体现产教融合模式创新、校企合作模式创新、工学一体模式创新； 3. 鼓励面向职业和岗位的创意及创新，侧重于加工工艺创新、实用技术创新、产品(技术)改良、应用性优化、民生类创意等	20

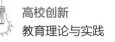

(续表)

评审要点	评审内容	分值
就业维度	1. 项目直接提供就业岗位的数量和质量； 2. 项目间接带动就业的能力和规模； 3. 项目创造新就业形态的现实性与可能性等情况	10
引领教育	1. 项目充分体现多学科交叉、专创融合、产学研协同创新等发展模式； 2. 突出大赛的育人本质，充分体现项目成长对团队成员创新创业精神、意识、能力的锻炼和提升作用； 3. 项目所在院校对项目发展的支持情况或项目与所在院校的互动、合作情况； 4. 团队创新创业精神与实践的正向带动和示范作用	15

二、"挑战杯"全国大学生系列科技学术竞赛

"挑战杯"全国大学生系列科技学术竞赛简称"挑战杯"，是由共青团中央、中国科协、教育部和全国学联共同主办的全国性的大学生课外学术实践竞赛，竞赛官方网站为www.tiaozhanbei.net。"挑战杯"竞赛共有两个并列项目，一个是"挑战杯"全国大学生课外学术科技作品竞赛，另一个则是"挑战杯"中国大学生创业计划竞赛。这两个项目的全国竞赛轮流开展，每个项目每两年举办一届。

"挑战杯"全国大学生课外学术科技作品竞赛是由共青团中央、中国科协、教育部、全国学联和地方政府共同主办，国内著名大学、新闻媒体联合发起的一项具有导向性、示范性和群众性的全国竞赛活动，1989年举办首届竞赛，简称"大挑"，被誉为当代大学生科技创新的"奥林匹克盛会"。

竞赛的基本方式：高等学校在校学生申报参赛作品，分为自然科学类学术论文、哲学社会科学类社会调查报告和学术论文、科技发明制作三类。自然科学类学术论文的作者限专科生、本科生。哲学社会科学类社会调查报告和学术论文限定在哲学、经济、社会、法律、教育、管理6个学科内。科技发明制作类分为A、B两类：A类指科技含量较高、制作投入较大的作品；B类指投入较少，且为生产技术或社会生活带来便利的小发明、小制作等。聘请专家评定出具有较高学术理论水平、实际应用价值和创新意义的优秀作品，给予奖励；组织学术交流和科技成果的展览、转让活动。

"挑战杯"全国大学生课外学术科技作品竞赛规则：评审过程中综合考虑作品的科学性、先进性、现实意义等因素。其中，自然科学类学术论文侧重考核基础学科学术探索的前沿性和学术性，哲学社会科学类社会调查报告和学术论文侧重考核与经济社会发展热点、难点问题的结合程度和前瞻意义，科技发明制作侧重考核作品的应用价值和转化前景。

"挑战杯"中国大学生创业计划竞赛则借用风险投资的运作模式,要求参赛者组成优势互补的竞赛小组,提出一项具有市场前景的技术、产品或者服务,并围绕这一技术、产品或服务,以获得风险投资为目的,完成一份完整、具体、深入的创业计划。竞赛采取学校、省(自治区、直辖市)和全国三级赛制,分预赛、复赛、决赛三个赛段进行。作为学生科技活动的新载体,创业计划竞赛在培养复合型、创新型人才,促进高校产学研结合,推动国内风险投资体系建设方面发挥了积极的作用。2014年,"挑战杯"中国大学生创业计划竞赛改革提升为"创青春"全国大学生创业大赛,每两年(偶数年)举办一次。

三、"创青春"全国大学生创业大赛

(一) 大赛类别

"创青春"全国大学生创业大赛是由共青团中央、教育部、人力资源和社会保障部、中国科协、全国学联在"挑战杯"中国大学生创业计划竞赛的基础上,共同组织开展的全国大学生创业大赛,大赛于2014年首次举办,下设三项主体赛事:创业计划竞赛、创业实践挑战赛、公益创业赛。

1. 创业计划竞赛

创业计划竞赛共有农林、畜牧、食品及相关产业,生物医药,化工技术和环境科学,信息技术和电子商务,材料,机械能源,文化创意和服务咨询等7个组别。实行分类、分组申报,参赛项目分为已创业与未创业两类。

(1) 拥有或授权拥有产品或服务,并已在工商、民政等政府部门注册登记为企业、个体工商户、民办非企业单位等组织形式,且法人代表或经营者为符合《"创青春"全国大学生创业大赛章程》第十五条规定的在校学生、运营时间在3个月以上(以省赛网络报备时间4月初为截止日期)的项目,可申报已创业类。报名时需提交相关证明材料(含单位概况、法定代表人情况、营业执照复印件、税务登记证复印件、组织机构代码复印件等材料)。

(2) 拥有或授权拥有产品或服务,拥有核心团队,具备实施创业的基本条件,但尚未在工商、民政等政府部门注册登记或注册登记时间在3个月以内的项目,可申报未创业类。

2. 创业实践挑战赛

拥有或授权拥有产品或服务,并已在工商、民政等政府部门注册登记为企业、个体工商户、民办非企业单位等组织形式,且法人代表或经营者为符合《"创青春"全国大学生创业大赛章程》第十五条规定,运营时间在 3 个月以上(以省赛网络报备时间 4 月初为截止日期)的项目,可申报创业实践挑战赛。申报不区分具体类别、组别。

3. 公益创业赛

拥有较强的公益特征(有效解决社会问题,项目收益主要用于进一步扩大项目的范围、规模或水平)、创业特征(通过商业运作的方式,运用前期的少量资源撬动外界更广大的资源来解决社会问题,并形成可自身维持的商业模式)、实践特征(团队须实践其公益创业计划,形成可衡量的项目成果,部分或完全实现其计划的目标成果)的项目,且参赛学生符合大赛章程规定的项目,可申报公益创业赛。申报不区分具体类别、组别。

(二) 参赛要求

(1) 全日制本科生、硕士研究生和博士研究生(不含在职研究生)可参加全部主体赛事;毕业 3 年以内的本科生、硕士研究生和博士研究生可参加创业实践挑战赛(需要提供毕业证明,仅可代表最终学历颁发高校参赛)。

(2) 参赛者以创业团队的形式参加比赛。每个团队的人数不超过 10 人,每人最多可同时参加 3 支队伍,只能担任一支队伍的队长。

(3) 创业计划竞赛主要面向在校学生,以商业计划书评审、现场答辩为主要评价内容,创业实践挑战赛面向在校学生或毕业未满3年的毕业生且已投入实际创业3个月以上的项目,以经营状况、发展前景、营销策略和财务管理为主要评价内容。公益创业赛面向在校学生,以创办非营利性质社会组织的计划和实践为主要评价内容。

四、大学生创新创业训练计划

大学生创新创业训练计划是教育部"十二五"期间为提高高等学校本科教学质量所开展的教学改革工程项目。大学生创新创业训练计划可分为国家级立项、省级立项、校级立项三个层次。国家级大学生创新创业训练计划内容包括创新训练项目、创业训练项目和创业实践项目三类。

创新训练项目是本科生个人或团队,在导师指导下,自主完成创新性研究项目设计、研究条件准备和项目实施、研究报告撰写、成果(学术)交流等工作。

创业训练项目是本科生团队,在导师指导下,团队中每个学生在项目实施过程中扮演一个或多个具体的角色,完成编制商业计划书、开展可行性研究、模拟企业运行、参加企业实践、撰写创业报告等工作。

创业实践项目是学生团队在学校导师和企业导师的共同指导下,采用前期创新训练项目(或创新性实验)的成果,提出一项具有市场前景的创新性产品或者服务,以此为基础开展创业实践活动。

除了以上几种创新创业类活动,还有全国大学生电子商务"创新、创意及创业"挑战赛、"金蝶杯"全国大学生创业大赛、"昆山杯"全国大学生优秀创业团队大赛、"中国创翼"青年创业创新赛,以及各地方、学校各自组织的创新创业类活动。

第二节 大学生创新类活动实践

按照目的和内容的不同,创新创业类活动可以划分为创新类活动和创业类活动。创新类活动的目的在于通过科学研究方法,发现研究问题中的新现象、新规律和新机理。相对于创业类活动,创新类活动的侧重点是专业性的学术研究,要求参与者具备基本的科学研究能力。大学本科生进行的创新类活动主要是本科生科研立项和学术论文写作。

一、调研与选题

创新类活动的选题需要从新意与深度等方面来考虑。所谓新意,是指研究的问题、内容、方法不应完全与别人的工作雷同,前人已经有结论的问题,已经解释清楚的机理,不应作为研究选题的范畴。所谓选题深度,是指研究的问题不应仅仅局限于对一些现象或者要素的简单描述,而是要发掘现象或者各要素背后的作用机制,对于发现的现象进行合理的解释,洞察更为一般性的规律,从具象的问题抽象出研究选题。

大学生参与的创新类活动,其选题的起源通常来自学生个人的兴趣,例如有些同学关心大学生心理健康问题,有些同学关心公司的运营与营销问题,有些同学关心大数据技术与推荐系统的结合等,这些都是创新研究的起点,即参与者本身对某类问题具有强烈的关注与好奇,具有进一步探究的求知欲。

初步确定感兴趣的方向之后,需要进行调查研究来评价所选择方向的研究价值。一般情况下,调研分为文献调研和实地调研。文献调研是大学生常用的调研方式,需要研究人员具备一定的文献检索能力,有时还需要外文文献阅读能力。查阅一定数量的文献是创新研究必不可少的一个环节。通过查阅文献,可以对选定的方向有更深一步的认知,比如:当前选定的方向是否有研究价值,是不是在很多年前就已经研究清楚了,问题早已经解决了;对于该方向的研究都有哪些视角,是不是已经足够充分地展开,是否有些研究还存在改进和提升的可能性;是否有新的方法和技术可以用来更为深刻地分析原有的一些经典问题,等等。除了文献调研,还可以通过调查问卷、实地访谈、田野调查等,去了解实际生产、生活中存在的问题,作为自己选题的依据。

对于初次参加创新类活动的大学生而言，切忌选题过大，不可一味求深、求难。事实上，从自己关心的实际问题出发，利用所学的知识进行问题的剖析和解释，就初步具备了基本的创新研究能力。以国家级大学生创新训练计划为例，以"大学生"为检索关键词查询到很多与大学生日常生活和当前流行趋势紧密相关的内容，如"新冠肺炎疫情对大学生学习生活的影响""关于大学生安全意识和应急物资储备情况的调查""京津冀地区大学生媒介素养现状及对策研究——以公共安全事件舆情研究为例""自媒体时代大学生的体育学习现状分析""家庭第一代大学生学业需求及影响因素研究""现代大学生消费观念变迁及对校园餐饮企业的影响研究""'00后'大学生的网络语言表达方式及其心理研究——以长三角地区为例""大学生线上'逃课'现象调查研究——以新冠防控期间在线教学为例""大学生对'网络暴力'问题的认知现状调查研究""家庭视角下寒门大学生的学业能力与提升策略研究""校园网贷背景下，大学生互联网理财意识及方式的研究""互动仪式链视角下明星直播带货对大学生的影响"等。

二、项目申请书的撰写要求

通过文献调研与实地调查等方式确定研究方向后，需要根据研究的具体问题，拟定研究技术路线、研究方法、预期目标等，撰写项目申请书参加专业评审，以获得立项支持。项目申请书的撰写是科研活动必不可少的重要环节，需要回答以下几个问题：做什么？为什么做？为什么让我做？我怎么做？

一般来说，项目申请书正文包括立项依据、研究内容、研究目标、研究方案与技术路线、可行性分析、项目特色与创新、研究基础等部分，例如国家级、省部级的自然科学基金申请书的撰写即遵循这几个部分来展开，又如"挑战杯"全国大学生系列科技学术作品项目申请书的内容包括撰写目的和基本思路，科学性、先进性及独特之处，应用价值和现实意义，学术论文摘要，获奖情况，鉴定结果，参考文献，同类课题研究水平概述几部分。

(1) 立项依据：回答要做什么内容以及为什么要做这项内容。立项依据分为研究的背景和意义、国内外研究现状及发展动态两部分。研究的背景和意义部分需要交代选题的起源与由来、本研究的目的和意义如何。论述选题的起源应将微观的技术细节与宏观的产业问题相关联，从一个技术性的问题出发，反映相关领域发展中的需求，比如由商品价格的制定反映为某种商业模式或商业策略。这个过程需要数据文献作为支撑，来提出某些现象背后的本质问题，并说明这类本质问题尚未得到有效解决，凸显出研究问题的价值。国内外研究现状及发展动态部分需要结合文献调研的情况，针对之前提出的问题，说明相关研究进行到了什么程度，已经完成了什么，解决了哪些问题，交代研究的进展情况。然后通过系统分析前人工作，重点阐述当前研究中存在的不足或者亟待解决的问题，在此基础上，提出自己的新方案和新思路。

（2）研究内容：需要明确主题，是针对新问题进行研究，还是针对老问题采用新方法去研究，抑或针对新问题采用新方法去研究？研究内容应该分为若干部分，如3~5部分，各部分之间既要独立又要相互关联，有层次、成体系，串联、并联关系明确，最好用一个逻辑框图来准确描述研究内容之间的关系。

（3）研究目标：应从科学研究的角度概括通过研究得到的具体科学成果，明确本研究要达到的科学的目标，如针对某类研究，提出某某方法，解决某某问题。

（4）研究方案与技术路线：注意与研究内容做区分，应该通过公式、图形细化研究内容，侧重点在于研究内容的具体实现；技术路线部分应给出框图，明确研究的先后关系以及各研究内容之间的联系，需要体现研究方法的先进性与技术路线的可行性。

（5）可行性分析：说明方案的可行性，包括理论上的可行性、研究方法的可行性、研究基础的可行性、项目组构成的可行性等，要从选题的正确、方法的恰当、研究条件的完备、项目成员合理等角度充分论证项目的可行性。

（6）项目特色与创新：项目特色部分论述研究中的问题、方法有何特别之处，区别于其他工作的特点等。项目创新部分介绍研究问题创新、研究方法创新等，需要结合前人工作做对比论证，客观论证自己的工作。

（7）研究基础：根据项目的主题，概括介绍申请人或团队已有的前期研究成果，并说明值得进一步研究的理由。该部分需要展示项目组整体的科研实力、具备的工作条件等。

三、学术论文的写作要求

大学生通过科研项目立项，得到科研经费开展研究后，需要将研究成果提炼为学术论文，在学术期刊上发表，从而完成一个完整的科研活动周期。学术论文在大学生的评价体系中占有重要的地位，是衡量大学生学术能力的关键指标之一，学术论文的写作也是大学生必须具备的科研能力。

学术论文由题目、摘要、关键词、正文、致谢、参考文献几部分构成。

（1）题目：题目的拟定需要准确、精当，是研究问题的高度概括，不宜起得过大，要能够准确反映研究问题的范围、层次，具体到问题、方法，如"基于某某方法的某某问题研究""某某问题的某方面分析"。

（2）摘要：摘要是论文的凝练与总结，需要用几句话总结本研究的重要性与必要性、主要研究内容、主要结论、研究的价值与意义等。摘要需要高度概括论文的主要工作，厘清论文的脉络。研究人员在泛读文献时，通常会先浏览摘要进行文献的筛选，一篇精当的摘要既能体现作者的水平，也能大大提高读者归类的效率。

（3）关键词：关键词相当于文章的路标，要求准确、恰当，能够根据这些关键词检索到文章。关键词一般为 3~5 个，要求出现具体的问题、方法、特征等可以准确描述论文特点的短语。

(4) 正文：正文可分为引言、方法论、结论三部分。

正文的引言部分承担着引入论文研究内容的任务，引言的开篇通常做背景性的描述，论述大背景下的研究方向，通过分析其他研究人员的研究工作开展情况，分析当前的研究趋势和不足，从而引出论文作者研究的角度，突出研究的重要意义和价值所在。引言的视角具有从大到小，逻辑层层递进的关系，最后应说明论文研究在同类问题的研究中所处的地位。

正文的方法论部分对应科研活动的主体内容，通过某些方法来分析特定的问题，得到明确的结果，需要注意方法应用的科学性，是否满足了应用的条件，引入的理论或假设是否适用于该问题等。方法论部分的撰写要求严谨、细致，应完整地呈现研究过程，达到读者可以根据内容复现工作的程度。

正文的结论部分是全文总结，不能仅仅是各个段落结论的汇总，更需要总结出文章中最有价值的结论，并进一步阐述研究结论的价值和意义，与引言部分相呼应，进一步提升本文研究结论的价值。此外，还可以根据研究情况提出值得进一步开展研究的问题。

(5) 致谢：学术论文的致谢部分一般为感谢某部门提供科研经费的支持，或者感谢除本论文作者之外对论文研究有帮助的其他人员。

(6) 参考文献：参考文献因为附在论文最后，特别容易被忽视，经常出现很多格式不规范的问题。参考文献可分为专著、期刊、会议、网络资源等类型，不同的类型有各自的引用格式，具体如下：

① 专著、论文集、学位论文、报告引用格式：

[序号]主要责任者.文献题名[文献类型标识].出版地：出版者，出版年.起止页码.

文献类型标识为专著[M]、论文集[C]、学位论文[D]、报告[R]。

② 期刊文章引用格式：

[序号]主要责任者.文献题名[J].刊名，年，卷(期)：起止页码.

③ 论文集中的析出文献应用格式：

[序号]析出文献主要责任者.析出文献题名[A].原文献主要责任者(任选).原文献题名[C].出版地：出版者，出版年.析出文献起止页码.

④ 报纸文章引用格式：

[序号]主要责任者.文献题名[N].报纸名，出版日期(版次).

⑤ 国际、国家标准引用格式：

[序号]标准编号，标准名称[S].

⑥ 专利引用格式：

[序号]专利所有者.专利题名[P].专利国别：专利号，出版日期.

⑦ 电子文献引用格式：

[序号]主要责任者.电子文献题名[电子文献及载体类型标识].电子文献的出处或可获得地址，发表或更新日期/引用日期(任选).

⑧ 各种未定义类型的文献引用：

[序号]主要责任者.文献题名[Z].出版地：出版者，出版年.

限于本书篇幅，感兴趣的读者可以自行下载感兴趣的学术论文，试着分析其中的写作逻辑、各部分之间的关联，以及参考文献的引用格式等，本书不再赘述。

第三节 大学生创业类活动实践

与创新类活动注重探究不同，创业类活动更关注项目的实用价值。相比于创新类活动要求较高的学术研究能力，创业类活动要求的能力更为多元，活动团队通常更为庞大，需要的专业种类多，除了项目主体的特定专业之外，通常还需要营销、财务、美编、运维、演讲等多方面的能力，因而参与群体更加广泛，是大学生参与程度和范围较大的一类活动。

一、参与创业比赛的要点

大学生参与创业活动，首先需要根据创业程度选择适合自己的组别，如创意组、初创组、创业组等，一般首次组队参加创意组创业比赛，有成熟项目需要进一步孵化的则参加初创组或创业组比赛等。

创业比赛的活动分为选题、撰写项目策划书、路演等环节。

1. 选题

与创新类活动需要事先进行调查类似，进行创业类活动同样需要充分的调查、研究，所不同的是，创业类活动需要掌握政策与市场的动向，找准行业痛点，考察刚需群体，并结合自身具备的条件，提出商业或者公益的企划方案。表 5-9 列举了部分获奖或立项的创业项目的类型和题目，可以看到都是满足当前社会需要的选题。

表 5-9 部分获奖或立项的创业项目的类型和题目

类型	题目
教育	• 复课宝，定义学习新方式——云端教育学习系统 • 基于"互联网＋"的农村区域智能教学系统 • NASH 美育

(续表)

类型	题目
教育	• "学无涯·师资优+"新型教培业服务计划 • 智师教育——基于高级智能算法的自适应AI学习平台
农业	• 农民家——"互联网"+基础上的农产品增值服务模式研究 • 童心体验，麦田印象"——乡村文化儿童创意DIY手工体验馆 • 问诊土壤——"检测+修复+AI预警"一体化服务的领航者 • 筑行天下——专业性与经济性融合的乡村规划商业模式探索 • "果然菜"农场经营App——助农平台建设
养老	• 乐年——老年人疫情防控、健康管理整体解决方案 • 基于自研NB-IoT智能医疗手环的摔倒自动化救援一体化解决方案 • 出走的牵挂——智能北斗定位鞋垫 • 美夕养老服务中心 • 银色浪潮背景下城市社区养老服务"托老所"项目探析
文旅	• "乐不思蜀"——高校旅游服务与管理平台 • 传统手工艺设计制作及教学成果转换创业训练计划 • 匠心非遗：非物质文化遗产创新推广交易平台 • 基于5G新时代互联网视域下齐长城文化创意开发研究 • 习习古风——传统手工艺的传播者
育儿	• 0~3岁幼儿托管与配餐吧 • MC时代——托管式家庭辅导机制构建研究 • "哈哈境"——中国儿童家庭创意角

2. 撰写项目策划书

项目策划书是向竞赛评委或者投资人展示商业(或公益)策划的主要依据。创意创业团队在市场调查中发掘行业痛点和刚需人群后，需要结合自身的能力和条件，通过分析当前市场上的同类产品，打造满足需求的产品或者服务。如果是商业类项目，则需要组建团队、制订营销计划，并进行财务分析、风险分析等，最后形成一份完整的商业策划书。商业策划书的撰写将在后文详细介绍。

3. 路演

创业计划中，除了书面工作之外，路演的现场展示也是必不可少的环节，创业团队需要向评委或投资者宣传自己的创业计划以获得支持。路演部分要做好两方面的工作：一是路演材料的准备，对于多数大学生参与的创意阶段的产品来说，路演材料即PPT及简单的印刷材料，如果有能够初步展示的实物，效果会更好；二是讲解与答辩，根据 PPT 的内容，详略得当地介绍市场分析、产品特点、营销策略、财务分析、创业团队等，并完整回答评委或者投资人提出的任何问题。两者的核心都在于理顺创业策划的逻辑关系，在有限的时间内，将策划书的主干介绍清楚，如借助多媒体的展示方式，用不同颜色、字号等区分层次关系，借助图片、动画、视频等阐明过程、关系。讲解过程中，切忌面面俱到，要做到详略得当，主干的部分要提到，次要的部分可以选择一带而过。演讲时应保持良好的精神面貌，展示稳重、自信、严谨、职业的创业团队形象。

二、策划书的撰写示例

商业策划书是大学生参与创业活动的第一重关卡，策划书的内容应从商业、创新、团队、就业等维度展示一个新的创业点子从论证到落地的过程。如果参加具体的创业比赛，则应根据大赛的评审要求来组织结构，撰写策划书。

一般来说，商业策划书的内容基本上包括摘要、市场分析、产品介绍、营销方案、财务分析、风险分析、公司及团队情况、附录等部分。

(一) 摘要

摘要是内容的高度概括，方便投资人或评审人快速浏览整个项目。内容要求精炼，每个要点尽量用一两句话描述，以呈现结果为主，不要附带过程性的描述。

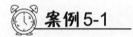
案例5-1

摘　要

一、商机描述

美术行业兴起的背后离不开国家政策的支持。《中共中央国务院关于深化教育教学改革全面提高义务教育质量的意见》中提出增强美育熏陶，实施学校美育提升行动，严格落实音乐、美术、书法等课程，结合地方文化设立艺术特色课程。在政策和市场助推下，少儿美术教育正开始向类K12的刚性需求方向发展。

随着新一代家长对孩子综合能力和素质的重视，美术培训成为更多家庭的选择，从而造就高增长的市场空间。在××公司的培训业务中，我们可以获得××%左右的纯利润，同时，这并不是××公司唯一的盈利渠道。

××公司经营的业务覆盖教育行业三大成熟模型，构建"三位一体"业务解决方案：
① ××OL：在线网校、双师联教作为整个业务的纽带和基础设施。
② ××美育：基于社区的少儿美育直营培训业务，具有良好的增长空间。

③××美术：针对B端机构的课程赋能业务，教培行业极度分散的特点及整体缺乏产品的现状使得B端市场空间巨大。

④××公司特许连锁：阶梯化多层合作模型，包括单店、半托、全托加盟业务。特许加盟是行业内成熟的高利润、高增长业务模型。

二、公司业绩

××公司目前经营有××校区、××××校区等直营校，运营×××校区、×××校区等×家加盟及课程植入合作校，这些学校大多数是近半年时间合作和发展起来的。

××公司以自主研发并不断迭代的××课程体系作为教学及师资培训支持，构建良好的运营支持体系，并发展出了一系列精准匹配××课程体系的工具和方法论，为进一步扩大加盟业务提供了良好支撑。

××公司的一家标准社区店年收入总计约为×××万元人民币，其中××课程是报名率最高的课程，××和××课程占总收入的 2/3，年报会员占比超过××%，是现金流相当充裕的社区门店业态。

2020年新冠疫情来袭，众多线下机构措手不及，甚至迎来倒闭潮，××依托2019年极具前瞻战略思维构建的××体系迅速推出了纯线上的×××等爆款网络课程，为直营校区和加盟合作校区带来大量流量。在其他迟迟无法复课甚至不断倒闭的线下机构的衬托下，××公司在C端学员家长层面和B端合作商层面都获得了更多的商誉和认同。疫情过后，相信××体系会在空出的大量的市场空间中迎来增长性红利。

三、团队

创始人×××：(个人情况)，提出××美育体系，具有行业前瞻性和先进性，目前已经经历多次版本迭代，形成覆盖××的成熟系统。

运营负责人×××：(个人情况)，带领团队设计了专门适用××美育系统的××运营支持体系，带领团队实现高水准的业务实践和运营落地。

教学负责人×××：(个人情况)，具有丰富的一线少儿美术教学经验，直接负责并把关教学、师训、双师等一系列教学场景的流程化、标准化体系构建及质量监控。

营销负责人×××：(个人情况)，拥有教培行业大营销经验，带领团队实现微信、抖音、外呼、地推、品推、异业等丰富营销场景的高水平业绩实操。

案例分析：摘要从商机、公司业绩与团队三方面介绍了某公司的商业策划内容，商机描述部分说明了为什么做，公司业绩部分说明了做得怎么样或者可能达到什么程度，团队则说明为什么创业团队可以做到。摘要言简意赅地将主营业务、盈利模式、实践情况等投资人关心的问题一一交代清楚。

(二) 市场分析

市场分析主要介绍市场现状、竞品分析、用户调研等内容。市场现状部分主要评估近几年的市场情况，包括市场需求及发展情况。竞品分析部分选取当前市场上同类的产品(服务)，分别从价格、外观、功效、安全等方面进行比较。用户调研部分可以通过调查问卷，调查消费者对于产品的需求，证明自身产品可以聚焦行业痛点，实现价值变现。

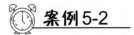

市场分析

××公司处于中国教培行业，同时又在教育加盟细分行业和在线美术教育行业等细分市场看到了机会。我们将对××公司所处的整体和具体的行业情况进行详细分析。

任何一个行业都有其发展规律和生命周期。一般而言，行业根据发展阶段的不同分别面对新兴市场、整合市场和成熟市场。中国教培行业经历 20 年的高速增长，已经渐渐由新兴市场阶段步入整合市场阶段，在这样的市场周期内，行业发展趋势明朗且市场仍存在很多机会。这为××公司的商业计划提供了清晰的背景地图和检验标尺。

一、中国教培行业及素质教育行业

1. 中国教培行业 20 年

详细介绍中国教培行业的发展历程、行业赛道的细分和盈利情况。

2. 美术教育行业新机会

对标 K12 学科教育赛道，中国美术教育培训行业仍然处于快速增长的市场阶段。(美术教育市场规模大，有巨大的市场空间可供深挖)

近年来随着教育制度改革的进行，美术学科的地位正在快速上升。(政策支持)

××公司商业模式的实施就是基于仍处于新兴阶段的中国美术培训市场，主要深耕×××细分市场和×××细分市场。

3. 业内主要企业

① 加盟企业如下。

企业一：基本信息、具体方式、课程体系、服务对象等。

企业二：同上。

② 在线企业如下。

企业一：基本信息、具体方式、课程体系、服务对象等。

企业二：同上。

二、教育加盟行业分析和门槛

1. 教育加盟市场分析

(主要介绍加盟教育总体情况、投资回报)

2005年前后,以××公司为代表的首批教育加盟公司开始开展加盟业务,教育加盟也经历了教培行业由新兴市场向整合市场过渡的整个历程。(阐述行业背景下加盟形式的变化)

虽然市面上仍存在单纯以加盟费为生的教育加盟企业,但素质教育加盟市场仍存在巨大的市场空间和机会,尤其是经过2020年新冠肺炎疫情冲击后。在接下来的2~3年,该垂直赛道存在有市场红利的投资机会。

2. 教育加盟行业门槛

(主要在政策层面、知识产权层面、业务推广层面、人才储备层面进行介绍)

以上这些只是顺利开展加盟业务的基本门槛。2020年,新冠肺炎疫情引发的OMO(线上结合线下)大趋势和在此环境下对线下原有天然区域屏障的破坏等,都给教育加盟企业提出了一系列的新要求,也带来了全新的机会。

3. 主要竞争者分析

(列举竞争者1的业务拓展思路、竞争者2的课程体系及优势)

三、在线教育行业前景

1. 中国在线教育发展现状

(中国在线教育行业市场规模及预测)

2. 美育在线教育的趋势与机会

(中国在线美术教育行业市场规模及预测)

案例分析:该案例中,创业团队根据自身的业务特点,全面分析了教培行业、加盟、在线教育等方面的市场情况。参赛者在撰写策划书的市场分析内容时,应着眼于一类行业、业务模式的问题,从宏观到微观全面论证构想的商业模式,分析竞争者的情况,明确其中存在的商机。

市场分析的常用方法有PEST分析、SWOT分析、波特五力模型等。

(1) PEST分析是对宏观环境的分析。分析一个企业集团所处的外部环境时,通常从政治(politics)环境、经济(economy)环境、社会(society)环境、技术(technology)环境四个角度来分析企业集团所面临的状况。

- 政治环境主要包括政治制度与体制、政局、政府的态度等,以及政府制定的法律、法规。
- 经济环境的关键战略要素有GDP、利率水平、财政货币政策、通货膨胀、失业率水平、居民可支配收入水平、汇率、能源供给成本、市场机制、市场需求等。

- 社会环境主要包括人口规模、年龄结构、人口分布、种族结构及收入分布等。
- 技术环境不仅包括发明,而且还包括与企业市场有关的新技术、新工艺、新材料的出现、发展趋势及应用背景。

(2) SWOT 分析法是一种企业竞争态势分析方法,是市场营销的基础分析方法之一,即评价自身的优势(strengths)、劣势(weaknesses),外部环境中的机会(opportunities)和威胁(threats),用于在制定发展战略前对自身进行深入、全面的分析以及竞争优势的定位。

(3) 波特五力模型用五种要素来分析一个行业的基本竞争态势。五种要素包括供应商和购买者的讨价还价能力、潜在进入者的威胁、替代品的威胁以及来自同一行业的公司间的竞争。

(三) 产品介绍

在正式介绍产品之前,可以介绍项目背景,提出用户的需求,并对比现有产品的不足,从而凸显自己产品的优势。

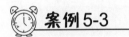

案例 5-3

产品简介

1. 产品背景与概况

(我国该技术产业的现状、优势与差距、传统技术领域的问题,区别于传统产品的特点。)

2. 产品优势

 2.1 产品功能

 2.2 产品成本优势

 2.3 产品用途

3. 产品竞争

 3.1 产品对比

 3.2 自身竞争力

(四) 营销方案

商业模式主要回答怎么赚钱的问题,明确目标客户、盈利与推广的模式。对于目标客户的定位源于市场分析,分析谁会使用本产品,需求如何。其中,盈利模式指通过什么方式来卖产品或者服务，怎么赚钱；推广模式指如何让别人了解本产品或服务，通过什么渠道来购买等。

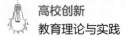案例5-4

营销方案

一、社区直营营销
    1. 目标市场战略
    2. 产品/服务战略
    3. 价格战略
    4. 广告宣传
    5. 销售战略
    6. 销售预测

二、特许经营销售
    1. 目标市场战略
    2. 产品/服务战略
    3. 价格战略
    4. 广告宣传
    5. 销售战略
    6. 销售预测

(五) 财务分析

财务分析一般包括基础数据、财务报表、投资方案风险分析、财务效益评价结论等。基础数据包括项目总投资、资金筹措方案、销售收入、产品成本、运营费用、税费及其他。财务报表包括资产负债表、利润表和现金流量表等。

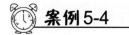案例5-5

财务分析

一、财务制度
    1. 总则
    2. 资本金和负债管理

3. 流动资产管理

4. 收入管理

5. 成本费用管理

6. 利润及利润分配管理

二、股本结构及规模

三、主要财务报表

1. 资产负债表

2. 利润表

3. 未来预期收入

四、其他财务报表

1. 成本增长表

2. 销售及管理费用预算表

3. 预估收益曲线

(六) 风险分析

风险分析部分需要分析各种潜在的风险，并提出规避措施。风险主要来自创业团队、产品以及环境的不确定性，风险内容包括政策、经济、技术、财务、管理等方面。

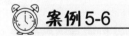

案例5-6

风险分析

1. 政策风险

  1.1 风险分析

  1.2 具体对策

2. 经济风险

  2.1 风险分析

  2.2 具体对策

3. 技术风险

  3.1 风险分析

  3.2 具体对策

4. 财务风险

  4.1 风险分析

  4.2 具体对策

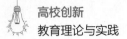

5. 管理风险

    5.1 风险分析

    5.2 具体对策

(七) 公司及团队情况

公司情况包括董事会、经理、市场营销部门、财务部门、宣传策划部门、法律事务部门、人力资源部门等。团队情况包括创业指导教师、企业导师、技术团队、核心成员等。

(八) 附录

附录是对正文关键部分的描述提供证据性的补充，主要内容有核心团队成员的履历、论文、专利证书、软件著作权、荣誉证书、合同、授权、调查问卷等。

思考题

1. 在校大学生可以参加的创新创业活动有哪些？

2. 一篇标准的学术论文包括哪几个部分？各部分的作用分别是什么？

3. 自行选择一个主题，在国家级大学生创新创业训练计划网站上检索立项情况，并撰写一篇调查报告。

4. 组成一个 3~5 人的创业团队，对感兴趣的创业领域进行市场分析调查，撰写一份完整的商业策划书。

第六章
创新创业政策及高校实践案例

创新创业是国家发展之根,是民族振兴之魂,创新是引领发展的第一动力。当今时代,全球新一轮科技革命和产业变革正在孕育兴起,知识更新和技术创新速度明显加快,各国纷纷调整发展战略,更加注重创新驱动和教育的作用。"大众创业、万众创新"的时代潮流正在涌动,全面提高高等学校人才培养质量、造就"大众创业、万众创新"的生力军、推进高校创新创业教育改革迫在眉睫。深入推进高校创新创业教育改革,事关高等教育改革发展,事关国家全局和民族未来,需要国家与各级政府、高等学校、企事业单位和广大师生的共同努力。本章首先介绍国家宏观层面在高等学校创新创业方面的政策与方针;然后以山东省为例,叙述省级政府创新创业政策与措施,介绍部分影响力较大的创新创业活动如"互联网+"大学生创新创业大赛等,并总结山东大学、青岛大学、山东师范大学三所高校创新创业教育改革的经验,以期能为我国创新创业教育的深化改革提供借鉴。

第一节 国家与地方有关高校创新创业政策

我国高等学校的创新创业教育始于 20 世纪初,经历了 20 世纪初到 1978 年的最初探索阶段、1979—2012 年的起步期和发展期,以及 2013 年至今的繁荣阶段,我国的创新创业教育已经打下了较为坚实的基础。1998 年,清华大学举办首届创业计划大赛并开设创业教育类课程,标志着我国高校创新创业教育的实质性开展。党的十八大以来,创新驱动发展战略、"大众创业、万众创新"等政府顶层设计确立了创新创业教育的宏观方向。按照党中央、国务院决策部署,各地区、各部门、各高校高度重视推进创新创业工作,积极探索推进创新创业的新机制、新政策,不断完善创新创业服务体系,结合

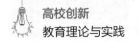

地方实际制定了具体实施方案,并加大资金投入、政策支持和条件保障力度。国家部门通过一系列专项政策的制度引导和规章制度着力深化创新创业教育改革,打造了创新创业教育体系,营造了良好的创新创业环境。

一、国家创新创业政策与措施

教育部于 2010 年 4 月发布了《关于成立 2010—2015 年教育部高等学校创业教育指导委员会的通知》,就创业教育的理论与实践研究、课程建设、教材建设、教学内容改革、师资培训、实践活动等工作做出政策指示。紧随其后,教育部下发《关于大力推进高等学校创新创业教育和大学生自主创业工作的意见》,指出大学生是最具创新创业潜力的群体之一,要求全国各级各类高校统一开展创新创业教育[①]。2012 年,党的十八大报告中提出"促进创业带动就业",同时,创新创业的理念被正式引入高校大学生培养体系中,培养大学生创新创业的精神、创新能力和实践能力、创业意识等立即成为高等教育管理部门的使命之一。2012 年 2 月,为切实增强学生的创新创业能力,转变高校教育思想观念和人才培养模式,教育部印发《关于做好"本科教学工程"国家级大学生创新创业训练计划实施工作的通知》,在制度层面规定以项目制方式,通过专项资金资助,基于创新训练、创业训练和创业实践三大模块推行国家级大学生创新创业训练计划(简称"国创计划")。2012 年 8 月,教育部为深入贯彻落实《国家中长期教育改革和发展规划纲要(2010—2020 年)》以及《教育部关于全面提高高等教育质量的若干意见》精神,推动高等学校创业教育科学化、制度化、规范化建设,切实加强普通高等学校创业教育工作,制定了《普通本科学校创业教育教学基本要求(试行)》[②],指出在普通高等学校开展创业教育,是服务国家加快转变经济发展方式、建设创新型国家和人力资源强国的战略举措,是深化高等教育教学改革、提高人才培养质量、促进大学生全面发展的重要途径,是落实以创业带动就业、促进高校毕业生充分就业的重要措施。

2015 年 5 月 13 日,国务院办公厅发布《关于深化高等学校创新创业教育改革的实施意见(国办发〔2015〕36 号)》[③]文件,明确了创新创业教育改革的目标包含"坚持创新引领创业、创业带动就业,主动适应经济发展新常态,以推进素质教育为主题,以提高人才培养质量为核心,以创新人才培养机制为重点"。时隔仅 1 个月,2015 年 6 月 16 日,国务院发布了《关于大力推进大众创业万众创新若干政策措施的意见(国发〔2015〕32 号)》[④]文件,指出"推进大众创业、万众创新,是发展的动力之源,也是

---

① 杨冬. 我国高校创新创业教育政策变迁的轨迹、机制与省思[J]. 高校教育管理,2021,15(05):90-104.
② http://www.moe.gov.cn/srcsite/A08/s5672/201208/t20120801_140455.html.
③ http://www.gov.cn/zhengce/content/2015-05/13/content_9740.htm.
④ http://www.gov.cn/zhengce/content/2015-06/16/content_9855.htm.

富民之道、公平之计、强国之策,对于推动经济结构调整、打造发展新引擎、增强发展新动力、走创新驱动发展道路具有重要意义,是稳增长、扩就业、激发亿万群众智慧和创造力,促进社会纵向流动、公平正义的重大举措"。为高校创新创业教育的开展提供了社会、经济以及国家政策的外部环境保障。

2016年2月18日,国务院办公厅发布的《关于加快众创空间发展服务实体经济转型升级的指导意见(国办发〔2016〕7号)》①文件中指出了众创空间的总体要求:"促进众创空间专业化发展,为实施创新驱动发展战略、推进大众创业万众创新提供低成本、全方位、专业化服务,更大释放全社会创新创业活力,加快科技成果向现实生产力转化,增强实体经济发展新动能。通过龙头企业、中小微企业、科研院所、高校、创客等多方协同,打造产学研用紧密结合的众创空间,吸引更多科技人员投身科技型创新创业,促进人才、技术、资本等各类创新要素的高效配置和有效集成,推进产业链创新链深度融合,不断提升服务创新创业的能力和水平。"同时,为众创空间提供全程化的配套支持、个性化的创新服务及专业化辅导等。其中在7个重点任务中,明确指出"鼓励科研院所、高校围绕优势专业领域建设众创空间。发挥科研设施、专业团队、技术积累等优势,充分利用大学科技园、工程(技术)研究中心、重点实验室、工程实验室等创新载体,建设以科技人员为核心、以成果转移转化为主要内容的众创空间,通过聚集高端创新资源,增加源头技术创新有效供给,为科技型创新创业提供专业化服务"的高校创新创业的任务。

2016年5月12日,国务院办公厅发布的《关于建设大众创业万众创新示范基地的实施意见(国办发〔2016〕35号)》②文件进一步夯实了高校创新创业的工作目标:"加强顶层设计和统筹谋划,通过试点示范完善双创政策环境,推动双创政策落地,扶持双创支撑平台,构建双创发展生态,调动双创主体积极性,发挥双创和'互联网+'集众智汇众力的乘数效应,发展新技术、新产品、新业态、新模式,总结双创成功经验并向全国推广,进一步促进社会就业,推动形成双创蓬勃发展的新局面,实现发展动力转换、结构优化,促进经济提质增效升级。"高校应形成以"引导双创要素投入,有效集成高校、科研院所、企业和金融、知识产权服务以及社会组织等力量,实施一批双创政策措施,支持建设一批双创支撑平台,探索形成不同类型的示范模式"。在该文件中,要求高校的示范基地以"深化教育、科技体制改革,完善知识产权和技术创新激励制度,充分挖掘人力和技术资源,把人才优势和科技优势转化为产业优势和经济优势,促进科技成果转化,探索形成中国特色高校和科研院所双创制度体系和经验"为建

---

① http://www.gov.cn/zhengce/content/2016-02/18/content_5043305.htm.

② http://www.gov.cn/zhengce/content/2016-05/12/content_5072633.htm.

设目标，重点完成四项任务：第一，完善创业人才培养和流动机制，深化创新创业教育改革，建立创业理论研究平台，完善相关课程设置，实现创新创业教育和培训制度化、体系化。落实高校、科研院所等专业技术人员离岗创业政策，建立健全科研人员双向流动机制，加大吸引海外高水平创业创新人才力度。第二，加速科技成果转化。全面落实改进科研项目资金管理，下放科技成果的使用、处置和收益权等改革措施，提高科研人员成果转化收益比例，加大股权激励力度，鼓励科研人员创业创新。开放各类创新创业资源和基础设施，构建开放式创新创业体系。第三，构建大学生创业支持体系。实施大学生创业引领计划，落实大学生创业指导服务机构、人员、场地、经费等。建立健全弹性学制管理办法，允许学生保留学籍休学创业。构建创新创业教育和实训体系，加强创业导师队伍建设，完善兼职创业导师制度。第四，建立健全双创支撑服务体系。引导和推动创业投资、创业孵化与高校、科研院所等技术成果转移相结合。完善知识产权运营、技术交流、通用技术合作研发等平台。

2017 年，国务院及其办公厅相继制定了《关于强化实施创新驱动发展战略进一步推进大众创业万众创新深入发展的意见(国发〔2017〕37 号)》[①]以及《关于建设第二批大众创业万众创新示范基地的实施意见(国办发〔2017〕54 号)》[②]等文件。2017 年 9 月，在国务院办公厅《关于推广支持创新相关改革举措的通知(国办发〔2017〕80 号)》[③]文件中制定了支持创新相关改革举措推广清单：专利快速审查、确权、维权一站式服务；以关联企业从产业链核心龙头企业获得的应收账款为质押的融资服务；面向中小企业的一站式投融资信息服务；贷款、保险、财政风险补偿捆绑的专利权质押融资服务；强化创新导向的国有企业考核与激励；事业单位可采取年薪制、协议工资制、项目工资等灵活多样的分配形式引进紧缺或高层次人才；事业单位编制省内统筹使用；国税地税联合办税；军民大型国防科研仪器设备整合共享；以股权为纽带的军民两用技术联盟创新合作；民营企业配套核心军品的认定和准入标准；鼓励引导优秀外国留学生在华就业创业，符合条件的外国留学生可直接申请工作许可和居留许可；积极引进外籍高层次人才，简化来华工作手续办理流程，新增工作居留向永久居留转换的申请渠道等 13 项具体举措。

为进一步提升双创示范基地对促改革、稳就业、强动能的带动作用，促进双创更加蓬勃发展，最大限度地激发市场活力和社会创造力，2020 年 7 月 30 日，国务院办公厅发布了《关于提升大众创业万众创新示范基地带动作用进一步促改革稳就业强动能的

[①] http://www.gov.cn/zhengce/content/2017-07-27/content_5213735.htm.

[②] http://www.gov.cn/zhengce/content/2017-06-21/content_5204264.htm.

[③] http://www.gov.cn/zhengce/content/2017-09-14/content_5225091.htm.

实施意见(国办发〔2020〕26号)》①文件，文件总体要求为：以习近平新时代中国特色社会主义思想为指导，全面贯彻党的十九大和中共十九届二中、三中、四中全会精神，认真落实党中央、国务院关于统筹推进新冠肺炎疫情防控和经济社会发展工作的决策部署，深入实施创新驱动发展战略，聚焦系统集成协同高效的改革创新，聚焦更充分更高质量就业，聚焦持续增强经济发展新动能，强化政策协同，增强发展后劲，以新动能支撑保就业保市场主体，尤其是支持高校毕业生、返乡农民工等重点群体创业就业，努力把双创示范基地打造成为创业就业的重要载体、融通创新的引领标杆、精益创业的集聚平台、全球化创业的重要节点、全面创新改革的示范样本，推动我国创新创业高质量发展。2020年10月，中共十九届五中全会关于支持创新型中小微企业成长为创新重要发源地的决策部署，进一步提升中小企业创新能力和专业化水平，推动中小企业高质量发展。2021年6月22日，国务院总理李克强主持召开国务院常务会议，部署"十四五"时期纵深推进大众创业万众创新，更大激发市场活力促发展、扩就业、惠民生②。可以预见，未来国家将继续实施创新驱动发展战略，推进创新创业相关政策的顶层设计，持续推出更多鼓励创新创业的强力政策。这些国家层面的举措将进一步营造良好的创新创业环境，为大学生创新创业教育提供有力支撑。

二、省级政府出台的创新创业政策与措施——以山东省为例

山东省政府为高校创新创业教育改革提供持久动力。山东省根据《关于深化高等学校创新创业教育改革的实施意见(国办发〔2015〕36号)》的目标和要求，制定了《关于贯彻国办发〔2015〕36号文件全面深化高等学校创新创业教育改革的实施意见(鲁政办发〔2016〕13号)》③，旨在以培养具备创新创业能力的人才为目标，统筹设计、综合施策，大力推动高校创新人才培养模式改革，努力造就"大众创业、万众创新"的主力军。实施意见下发后一年左右的时间里，山东省内各个高校认真研究制定了创新创业教育改革实施方案。截至2017年年初，已有120余所高校完成了实施方案制定工作，并明确了创新创业教育管理机构。各高校制定的实施方案以提高学生的创新精神、创业意识和创新创业能力为目标，重点体现人才培养模式改革、创新创业课程体系构建、教学方法和考核方式改革、创新创业基地和综合实践平台建设、教师创新创业教育执教能力提升、大学生创新创业服务体系建设等方面的要求。时任山东省教育厅厅长的左敏在2015年12月份的《中国教育报》的各地教育厅厅长谈创新创业教育改革专栏发表题为

---

① http://www.gov.cn/zhengce/content/2020-07/30/content_5531274.htm.
② http://www.gov.cn/premier/2021-06/23/content_5620380.htm.
③ http://www.moe.gov.cn/s78/A08/gjs_left/s3854/cxcyjy_ssfa/201605/t20160516_244095.html.

《为创新创业教育提供持久动力》①的文章,阐明山东省高校培养的人才必须具备创新创业能力。

2016年2月,山东省科技厅制定的《关于加快推进大众创新创业的实施意见》②中明确指出:"支持大学生积极参与创新创业大赛等活动。允许创业大学生在孵化器虚拟注册企业,并享受孵化器提供的各项服务。支持组建大学生创业者联盟,定期开展联谊活动,交流创业经验,加强与政府创业政策和创业服务的信息互通,共享创新创业服务资源。发挥留学人员创业园的载体和服务功能,创造有利条件,吸引国外留学人员或团队携带项目回国转移转化。省市两级科技计划将大学生创办企业的研发项目和留学人员主持的创业研发项目纳入支持范围。高等学校应通过多种形式、多种途径加强对在校学生的创新创业教育和培训,引导、扶持具备创新创业潜质的在校生创办企业。"

2020年4月1日,山东省教育厅印发了《关于加大教师招聘力度促进高校毕业生就业的通知》③,指出应提升创业指导和帮扶实效,针对电子商务、信息技术、教育培训、文化创意以及民生急需领域的创业需求,强化大学生创新创业教育和创业指导。对进入创业实施阶段的应届毕业生实行"一人一策"精准帮扶,助力孵化落地。2021年1月22日,为深入贯彻落实全国、全省研究生教育会议精神和《关于加快新时代研究生教育改革发展的意见(教研〔2020〕9号)》,推动新时代研究生教育高质量发展,山东省教育厅、山东省发展和改革委员会与山东省财政厅联合印发了《关于推动新时代山东省研究生教育改革发展的实施方案》④的通知,指出山东省研究生教育改革发展的总体目标为:以习近平新时代中国特色社会主义思想为指导,全面贯彻党的教育方针,坚定走内涵式发展道路,坚持立德树人、服务需求、提高质量、追求卓越,以培养又红又专的高层次创新人才为目标,实施研究生教育改革发展"六大工程"。到2025年,全省在校研究生规模达到20万人,初步建成布局优化、质量过硬、支撑能力强的研究生教育体系。到2035年,基本建成研究生教育强省。具体措施中指出,科学制定培养方案,强化研究能力培养,坚持扎根中国大地,深入经济社会建设一线,提升科学精神、创新思维和解决实际问题的能力。加强创新创业教育,定期举办"未来科学家"学术论坛、科技创新大赛。2021年4月20日,为贯彻落实山东省2021年工作动员大会会议精神,山东省教育厅、山东省科学技术厅、山东省工业和信息化厅等部门印发了《山东省百校教研产"三个一"融合工程实施方案》⑤,决定在山东省省属高校实施百校教研产

---

① http://www.moe.gov.cn/jyb_xwfb/moe_2082/zl_2015n/2015_zl46/201511/t20151113_218903.html.
② http://www.gov.cn/zhengce/2016-02/23/content_5045285.htm.
③ http://edu.shandong.gov.cn/art/2020/4/1/art_124277_9097718.html.
④ http://edu.shandong.gov.cn/art/2021/1/22/art_107055_10285562.html.
⑤ http://edu.shandong.gov.cn/art/2021/4/20/art_124277_10289154.html.

"三个一"融合工程,贯穿学科专业建设、教学育人、科研创新、社会服务等各个环节,推动形成教研产融合发展体系,服务科教强省建设。

山东省为高校制定的创新创业教育改革措施中,包含了创新创业激励措施和政策文件、培养体系的优化、实践实习等方面的内容,其内在逻辑主要有以下几点。

(1) 完善校内教育培养过程,创新创业教育必须与专业教育紧密融合,并且使之贯穿人才培养的全过程。在培养过程中,要构建创新创业教育教学的评价体系,如构建"通识课程+创新创业课程+专业课程+实践教学"的模块化课程体系。结合互联网课堂教学,推广开展线上与线下相结合的教学模式,开展研讨式课堂教学。同时,完善课堂教学的优秀案例,改革实施多元化考核方式,注重考查学生运用知识分析、解决问题的能力,并将学生的研究性成果、创新性成果、社会实践成果等纳入学分体系。

(2) 为创业提供虚拟场景,强化实习实训。借助学科实验平台、科研团队以及国家级、省级虚拟仿真实验平台,为理工农医类专业提供创新创业的实践舞台。国家在"十三五"期间建设的国家级、省级开放式大型虚拟仿真实践教学中心、创新创业教育示范中心和创新创业示范园区等,极大地促进了创新实践平台的建设,为大学生尽早进行科学研究和创业实践提供了基础保障。

(3) 制定激励政策和保障措施,积极引进和培养"双师型"教师。大力实施"创新创业教育行业名师"建设计划,支持高校引进创新创业指导教师。实施创新创业教育教学名师培育和教学团队建设工程,扩大"双百计划"实施领域,提高"双师型"教师比例,推进高校与行业企业优秀人员互聘交流。加强创新创业能力考核评价,把考核结果作为职称评定和奖惩的重要依据。《关于公布山东省高等学校创新创业教育导师库人员名单的通知(鲁教高函〔2017〕19号)》①文件中选取了包含省部级高校教师在内的2800人进入山东省创新创业教育首批导师库,其中包含860名创新教育导师、1176名学科专业导师和764名创业教育导师。2019年1月,公布第二批导师名单,共1124名,包含372名创新教育导师、315名学科专业导师、437名创业教育导师。山东省创新创业教育导师库包括各高校推荐的各行各业优秀创新创业人才、具有较高理论水平和实践经验的高校教师,旨在集聚优质、共享的创新创业导师资源,切实发挥导师的教育引导和指导帮扶作用,提高创新创业教育的针对性、时代性、实效性,增强大学生的创新精神、创业意识和创新创业能力,提高人才培养质量,努力造就"大众创业、万众创新"的生力军。

(4) 政府、社会和高校三方协同育人。以社会需求为导向,通过政府政策引导、高校有效对接校内外资源,为学校开展创新创业教育提供全方位的资源与保障。有些高校

---

① http://edu.shandong.gov.cn/art/2017/9/4/art_11990_7739211.html.

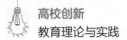

则探索实施"高校专业联盟+行业企业"的校企合作模式，由企业支持高校的产学研，推动政校企组建协同创新平台。也有的高校实施"高校+政府+企业"项目，利用政府政策，依托企业实践平台，为大学生提供专业实践实习平台，建设一批创新创业学院，鼓励学生跨学校、跨学科、跨专业选修课程。

三、各级机构组织的创新创业活动

(一) 全国性比赛

1. 中国"互联网+"大学生创新创业大赛

为贯彻落实《关于深化高等学校创新创业教育改革的实施意见 (国办发〔2015〕36号)》，进一步激发高校学生创新创业热情，展示高校创新创业教育成果，以"互联网+"为主题，2015 年 5 月至 10 月由教育部与有关部委和吉林省人民政府共同主办，吉林大学承办首届中国"互联网+"大学生创新创业大赛。中国"互联网+"大学生创新创业大赛是我国深化创新创业教育改革的生动实践，是深化创新创业教育改革的重要载体和平台，已成为覆盖全国所有高校、面向全体大学生、影响最大的高校双创盛会。

2. "挑战杯"全国大学生系列科技学术竞赛

"挑战杯"全国大学生系列科技学术竞赛由共青团中央、中国科协、教育部、全国学联和地方政府共同主办，国内著名大学、新闻媒体联合发起的一项具有导向性、示范性和群众性的全国竞赛活动，以下简称"挑战杯"竞赛。自 1989 年首届竞赛举办以来，"挑战杯"竞赛始终坚持"崇尚科学、追求真知、勤奋学习、锐意创新、迎接挑战"的宗旨，在促进青年创新人才成长、深化高校素质教育、推动经济社会发展等方面发挥了积极作用，在广大高校乃至社会上产生了广泛而良好的影响，被誉为当代大学生科技创新的"奥林匹克"盛会。目前，"挑战杯"竞赛已经成为吸引广大高校学生共同参与的科技盛会，促进优秀青年人才脱颖而出的创新摇篮，引导高校学生推动现代化建设的重要渠道，深化高校素质教育的实践课堂，展示全体中华学子创新风采的亮丽舞台。

3. "创青春"全国大学生创业大赛

2013 年 11 月 8 日，习近平总书记向 2013 年全球创业周中国站活动组委会致贺信，特别强调了青年学生在创新创业中的重要作用，并指出全社会都应当重视和支持青年创新创业。中共十八届三中全会对"健全促进就业创业体制机制"做出了专门部署，指出了明确方向。为贯彻落实习近平总书记系列重要讲话和党中央有关指示精神，适应大学生创业发展的形势需要，共青团中央、教育部、人力资源和社会保障部、中国科协、全国学联决定，在原有"挑战杯"中国大学生创业计划竞赛的基础上，自 2014 年起共同组织开展"创青春"全国大学生创业大赛,每两年举办一次。

4. 大学生创新创业训练计划

根据《关于"十二五"期间实施"高等学校本科教学质量与教学改革工程"的意见 (教高〔2011〕6 号)》和《关于批准实施"十二五"期间"高等学校本科教学质量与教学改革工程"2012 年建设项目的通知(教高函〔2012〕2 号)》,教育部在"十二五"期间实施国家级大学生创新创业训练计划。大学生创新创业训练计划项目是国家为了促进高等学校转变教育思想观念,改革人才培养模式,强化创新创业能力训练,增强高校学生的创新能力和在创新基础上的创业能力,培养满足创新型国家建设需要的高水平创新人才而成立的项目。

(二) 地方政府和其他机构组织的创新创业活动

2014 年,为引导、支持、激励大学生和高校开展科技创新活动,培养大学生的创新精神、探索意识和实践能力,发现和培育一批有创新潜力和研究能力的优秀人才,山东省教育厅组织开展了山东省大学生科技创新大赛,至今已举办了 7 届。

除了各级政府部门主办的比赛,为响应政府号召,一些协会、学会、专业委员会、企事业单位等也组织主办了不少创新创业相关的比赛。表 6-1 给出了部分国际组织、国家部委、协会或知名企业主办的具有较高影响力的创新创业相关的竞赛。

表 6-1 具有较高影响力的创新创业相关的竞赛(部分)

序号	名称	主办单位
1	中国"互联网+"大学生创新创业大赛	教育部与有关部委
2	"创青春"全国大学生创业大赛	共青团中央
3	"挑战杯"全国大学生课外学术科技作品竞赛(又称"大挑")	共青团中央
4	"挑战杯"中国大学生创业计划大赛(又称"小挑")	共青团中央
5	全国大学生电子商务"创新、创意及创业"挑战赛	教育部高等学校电子商务专业教学指导委员会
6	全国大学生数学建模竞赛(CUMCM)	教育部高等教育司、中国工业与应用数学学会
7	全国大学生机械创新设计大赛(CNMMTD)	教育部高等教育司、教育部高等学校机械学科教学指导委员会
8	全国大学生广告创意大赛	教育部高等教育司

(续表)

序号	名称	主办单位
9	东芝杯·中国师范大学理科师范生教学技能创新大赛	教育部国际交流与合作司、日本东芝公司
10	"博创杯"全国大学生嵌入式物联网设计大	中国电子学会
11	"高教杯"全国大学生先进成图技术与产品信息建模创新大赛	教育部高等学校工程图学教学指导委员会、中国图学学会制图技术专业委员会、中国图学学会产品信息建模专业委员会
12	"金蝶杯"全国大学生创业大赛	教育部教育管理信息中心、中国教育信息化理事会
13	"昆山杯"全国大学生优秀创业团队大赛	全国高等学校学生信息咨询与就业指导中心、中国教育电视台
14	"为中国而设计"全国环境艺术设计大展	中国美术家协会
15	"中国软件杯"大学生软件设计大赛	工业和信息化部、教育部
16	"中联杯"全国大学生建筑设计竞赛	中国建筑学会
17	"中国创翼"青年创业创新大赛	中国宋庆龄基金会、人力资源和社会保障部
18	全国高等学校测绘学科大学生科技创新论文大赛	教育部高等学校测绘类专业教学指导委员会、中国测绘学会测绘教育委员会、北京则泰盛业科技发展有限公司
19	全国大学生节能减排社会实践与科技竞赛	教育部高等教育司、教育部高等学校能源动力类专业教学指导委员会
20	全国大学生网络商务创新应用大赛	中国互联网协会
21	全国大学生物流设计大赛	教育部高等学校物流类专业教学指导委员会和中国物流与采购联合会
22	全国大学生物流设计大赛	教育部高等学校物流类专业教学指导委员会
23	全国高校电子信息类实践创新作品竞赛	中国电子学会
24	中国包装创意大赛	中国包装联合会
25	中国大学生物联网创新创业大赛	教育部高等学校理工学科教学指导委员会(机械、电子、计算机)、中国微米纳米技术学会及全球华人微纳米分子系统学会
26	中国大学生工程实践与创新能力大赛	教育部等
27	全国博士后创新创业大赛	人力资源和社会保障部、全国博士后管理委员会
28	中国创新创业大赛	科技部、财政部等
29	济南市创业大赛	济南市人社局
30	校级创新创业类竞赛	各高校

第二节 高校创新创业教育实践
—— 山东三所高校创新创业经验总结与分析

自高校创新创业教育进入全面推进阶段以来,创新创业教育在国家政策法规、财政经费的支持下,在高校自身的尝试探索下,得到了长足的发展,取得了优异的成果。各高校依据自身的学科特色和地域特点,从不同的视角对创新创业教育进行解读,采取不同的形式进行工作安排与管理,在实施创新创业教育的过程中逐渐形成了多种多样、各具特色的类型,促进了其多元化的发展。本节将近几年山东省的高校创新创业教育情况进行总结与分析,以期能为创新创业教育的深化改革提供借鉴。

山东省各高校认真贯彻习近平总书记关于"创新是民族发展的第一动力"的战略思想,积极响应李克强总理"大众创业、万众创新"的号召,全面落实中央和省委、省政府的部署要求,在人才培养、课程体系、师资队伍、校内外基地和实践平台、协同育人机制等方面大力实施改革,并取得了显著效果,涌现出了一批先进学校和典型经验高校。青岛理工大学、山东协和学院、山东商业职业技术学院入选 2016 年度全国创新创业典型经验高校,山东大学、济南大学、青岛理工大学、山东师范大学、山东协和学院被教育部评为首批深化创新创业教育改革示范高校;青岛大学、中国石油大学(华东)、曲阜师范大学、山东商业职业技术学院、日照职业学院 2017 年被评为教育部第二批深化创新创业教育改革示范高校;山东高校的大学生在中国"互联网+"大学生创新创业大赛中屡获殊荣。

山东大学进行大学生创新创业能力的平台化教育体系建设和实践;青岛大学全面深化创新创业教育改革,着力构建创新创业教育体系;山东师范大学"四轮"驱动,跑出"双创"加速度;中国石油大学(华东校区)将信息技术与教学深度融合,促进学生"深度学习";青岛理工大学将赛场与市场融为一体;青岛科技大学紧密对接"一带一路"倡议,探索创新创业协同育人;济南大学把创新创业教育融入人才培养全过程;鲁东大学坚持"三位一体",深化创新创业教育改革;中国海洋大学进行"互联网+创新创业教育"模式的探索与实践;山东工商学院构筑双创生态系统,培育创新创业人才;山东财经大学与企业合作开展创新创业教育,构建具有财经特色的创新创业教育工作体系;鲁东大学"四新并进"打造创新创业腾飞新引擎,构建"三四三"培养体系。

山东大学是教育部直属的全国重点大学、985 大学、"双一流"大学 A 类建设高校,在全国享有盛名;青岛大学是山东省省属重点综合大学、山东省与青岛市共建高校,入选山东省省属高校高水平大学"冲一流"建设高校,是山东省近些年发展势头强劲的高校;山东师范大学是一所综合性高等师范院校,是中华人民共和国教育部与山东省人民政府共建高校，入选山东省省属高校高水平大学"冲一流"建设高校，师范类教育开展较早，在山东省省内具有较大影响力。鉴于山东大学、青岛大学和山东师范大学三所高校具有一定的代表性，本节主要介绍这三所高校的创新创业教育改革的经验和成果。

一、山东大学：大学生创新创业能力的平台化教育体系建设和实践[①]

山东大学历来重视大学生创新创业能力培养。2009年，山东大学印发了《关于加强大学生创新教育的意见(山大教字〔2009〕18号)》(以下简称《意见》)，在《意见》指导下，山东大学建立了12个校级大学生创新创业教育平台。山东大学全方位推动"国家双创示范基地双创支撑平台"的建设，建立健全创新创业教育体系、平台和生态系统，实施师资队伍、课程课堂、训练平台、基金项目、孵化体系"五位一体"建设，实现双创教育"全过程，广覆盖，普受益，可持续"，开展引领性、开放式、生态型实践育人。2021年8月，教育部组织专家对山东大学"国家双创示范基地双创支撑平台"项目进行线上竣工验收。大学生创新创业教育平台体系的建设和实践对山东大学进行完整的创新创业教育体系建设发挥了积极的推动作用。

(一) 创新创业教育平台建设

(1) 在《意见》指导下，山东大学于2010年成立创新创业教育工作委员会，统筹全校大学生创新创业教育建设；加强创新创业教育课程体系建设，建设必修课、选修课、通识核心课等多层次的创新创业教育课程体系，充分体现"基础训练普及化、学科训练系列化、综合训练复合化、创新训练个性化"的指导思想。

(2) 依托山东大学物理、机械、工程训练、医学、管理、考古、物联信息等7个国家级实验教学示范中心构建创新创业教育平台，先后建立起数学实验和数学建模、电工电子创新设计、嵌入式系统与智能控制、低碳经济与节能减排、机电产品创新设计、创业教育与创业计划、临床技能训练、人工智能与机器人、工程技能训练、系统分析与软件设计、"互联网+"、就业创业体验等12个校级大学生创新创业教育平台(见表6-2)。物理学院、化学与化工学院、土建与水利工程学院等建立院级创新企业教育平台，建设基于"以基础训练、学科训练、综合训练、创新训练为平台，融知识、能力、素质教育于一体，能力培养贯穿始终"高素质人才培养实践教学体系的新型实验教学模式。

[①] http://edu.shandong.gov.cn/art/2017/6/28/art_12037_992469.html.

表 6-2 山东大学 12 个校级大学生创新创业教育平台

平台名称	职责
数学实验和数学建模	数学建模创新训练与数学建模竞赛
电工电子创新设计	电工电子基础训练,指导学生参加国家、省市电子设计竞赛,国际大学生物联网创新创业竞赛,嵌入式电子设计竞赛,单片机竞赛等
嵌入式系统与智能控制	飞思卡尔单片机训练,全国智能车比赛
低碳经济与节能减排	节能减排训练与节能减排竞赛
机电产品创新设计	机电产品创新设计、工业设计竞赛等
创业教育与创业计划	创新创业训练,全国(省)创新创业大赛
临床技能训练	教学及指导学生参加全国临床医学技能大赛
人工智能与机器人	机器人设计与竞赛
工程技能训练	工程技能训练与工程技能竞赛
系统分析与软件设计	数学建模训练以及数学建模竞赛
"互联网+"	"互联网+"创新创业大赛
就业创业体验	就业创业体验基地、实践实训基地等

(3) 形成大学生创新创业平台化教育体系协同运行机制。从多平台视角出发,构建"创新创业大赛+实验室+大学创业科技园+创新创业实践实习基地+科技创新与工程训练中心+创新创业过程软件模拟"等多平台类型联动体系,形成多平台联动的创新企业教育模式,促进学校、教师、学生、社会、创新创业组织等个体之间的交流与合作,为各类创新创业人才搭建更加广阔的综合平台。

(4) 坚持目标导向,实现大学生创新创业教育的多目标组织模式。根据学生个性发展需求,制定不同层次的创新创业人才培养方案,初级目标为"创新创业知识与创新创业精神教育",中级目标为"创新创业技能教育",高级目标为"创新创业精英教育",促进不同类型创新创业人才的发掘和培养。

(二) 创新创业教育平台的支撑体系构建

(1) 吸引一批知名教授担任本科生指导教师,建立平台指导教师教学团队,如电子设计教学团队、机器人竞赛教学团队、机电产品设计教学团队、飞思卡尔智能车教学团队、工程训练综合能力竞赛教学团队,以及结构设计、数学建模、临床医学、创新创业等教学团队。聘请国内外知名专家在课程体系建设、教学内容和方法的改革等方面给予全面指导,打造一支学历高、创新意识强、实践经验丰富、年龄结构合理的多平台协作

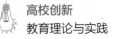

创新教育教师团队。

(2) 加强创新创业教育课程建设，形成多平台、多层次课程体系。第一层次是面向大一学生开设创新创业教育通识课程，使学生初步了解创新创业的基本知识，激发学生创新企业的兴趣。第二层次是面向大二、大三学生开设专业性强的多平台课外兴趣课程，使 60%左右的大二、大三学生能够参与科研和创新活动，参加国家级、校级和院级的科技创新基金立项活动，受到比较系统的科研训练。第三层次是面向大三、大四学生开设能够解决复杂工程问题的课外兴趣课程和竞赛培训课程，使 10%以上的大三、大四学生参加各类创新竞赛、申请专利、发表论文。

此外，学校利用暑期开展学术讲座、技能培训、社会实践、开放实验、国内外交流、竞赛培训，以及极具特色、富有吸引力的创新创业项目，并进行电子竞赛、数学建模、机器人制作等训练，鼓励学生参加全国或省级创新竞赛以培养学生的创新能力和综合素质，以竞赛检验学生的创新创业能力。

(3) 构建学科交叉融合、综合性强的实验研究项目体系。本着学科交叉、优势互补的原则，鼓励学生跨专业、跨学科、跨年级自由组队，构建由学生结合理论知识，自主完成选题、设计、制作科技创新作品及创业规划的创新实践教学新模式。学生可以自主选择训练模块，加强对本专业外知识的了解和学习，扩展知识面，培养团队的协作精神和解决复杂工程问题的能力。"国家级大学生创新创业训练计划"和"山东大学大学生科技创新基金"优先支持创新教育平台项目。学校设立专项基金支持创新创业教育活动，每年投入 400 万元左右，其中 200 万元用于创新创业教育平台建设和竞赛支持，200 万元用于学生科技创新训练。

(4) 以校外实践基地及创业孵化器为核心构建学生创新创业校外实践平台体系。通过整合校外实习基地、创业实践基地等，形成与学校教学、实验、训练密切衔接的创新创业校外实践平台。遴选具有一定创新创业基础的学生，前往苏州研究院、深圳研究院及北京研究院进行创新创业教育体验式学习。

(5) 构建大学生创新创业教育激励模式。大学生创新创业教育体系的运行需要广大教育工作者的共同努力。为了更好地激发创新创业导师的积极性，建立了更加合理的创新创业导师及校外导师管理与激励制度，以满足高校大学生创新创业能力提升需求。同时，对学生参与创新训练的成果予以认定，奖励创新学分。

通过以上措施，坚持"以赛带训、以训促学、课赛一体、课训一体"的原则，打通创意、创新、创造、创业全环节，构建理论与实践并重、课内课外相互融合、校内校外互为补充、多学科交叉融合的创新创业综合训练平台，建设集课程平台、训练平台、竞赛平台和管理平台于一体的大学生创新创业教育体系。

(三) 创新创业教育平台的实践效果

(1) 面向全校或学科大类的校级大学生创新创业教育平台承担国家级、校级大学生科技创新训练项目。2004年，启动首批山东大学大学生科技创新基金批准立项243项，投入经费29万元，到2016年，山东大学大学生科技创新基金共立项4700余项，投入资金超过660万元。2007年，山东大学成为首批国家大学生创新性实验计划立项高校，共立项国家级大学生创新创业训练计划项目860余项，获得经费资助860余万元。

(2) 2003年秋季学期，山东大学启动大学生创新奖励学分认定工作，首批认定学生4人，共8学分。此后每年都进行创新奖励学分认定工作，截至2016年，山东大学共认定2975名学生获得创新奖励学分，共计6731.6学分。

(3) 鼓励学生参加各类竞赛。组织学生参加中国"互联网+"大学生创新创业大赛、全国大学生电子设计大赛、数学建模大赛、节能减排大赛、智能车大赛、机器人大赛等各项赛事。2016年，山东大学举办了"2016中美创新创业大赛"等。据不完全统计，各创新创业平台2010—2016年共组织各级各类培训389余次，学生累计参与85 700余人次；开设课程440门次，学生累计参与72 700余人次。2016年，学校组织或参加教育部重点支持的各级别赛事49项，参与学生27 445人次，获得省级及以上奖项558项。其中，获得国际奖71项，国家级奖87项，省级奖381项。2009年获得"高教社杯"全国大学生数学建模竞赛最高奖；2012年，山东大学机器人团队以三比一的成绩击败美国西点军校队并获得冠军；2016年，在第二届中国"互联网+"大学生创新创业大赛中获得金奖并夺得季军。2020年第六届中国国际"互联网+"大学生创新创业大赛中，山东大学有1500多个项目参赛，覆盖一校三地10 000多名学子，涌现出的优秀创业项目有"国家战略急需高性能电磁材料与天线产业化""中密链——基于国密算法的区块链系统服务开创者""'匠之心'"金属前处理行业新旧动能转换的引领者"等。2021年第七届山东省"互联网+"大学生创新创业大赛中，山东大学获得10项金奖、9项银奖的优异成绩。

二、青岛大学：全面深化创新创业教育改革，着力构建创新创业教育体系[①]

在创新创业教育改革的大潮中，青岛大学高度重视学生创新创业能力培养工作，通过贯穿创新创业教育培养一条主线，建设校内校外创新创业导师两支队伍，开设通识课程、技能课程和实践课程三类创新创业教育课程模块，推进实践训练、项目引领、活

---

① http://edu.shandong.gov.cn/art/2017/7/25/art_12037_992491.html.

动引导、创新文化四项引领，构建创新创业课程、讲堂、训练、竞赛和成果孵化"五位一体"创新创业教育体系，凝练形成"一二三四五"青岛大学创新创业人才培养模式，有力推动了学生创新创业能力培养工作。

(一) 政策引导

学校把创新创业教育作为深化教育教学改革的重要内容，纳入《青岛大学综合改革方案》和《青岛大学"十三五"发展规划》，制定并实施了《青岛大学关于加强大学生创新创业教育的实施意见》《青岛大学深化创新创业教育改革实施方案》《青岛大学一流本科教学改革建设方案》等，对创新创业人才培养目标、基本思想、工作机制、任务举措等内容进行了顶层设计。2017年，青岛大学修订了本科专业人才培养方案，把创新创业教育融入人才培养全过程，构建了"通识+专业+多元"和"通识+专业+实践"创新创业教育课程体系，全面落实"全体教师参与、面向全体学生、立足学生全面发展、贯穿到人才培养全过程"的四全原则。

(二) 课程为本

为实现创新创业教育改革与人才培养的深度融合、与专业教育的有机结合，构建了全校性多层次模块化创业教育课程体系。按照"依次递进、有机衔接、通专结合、校企合作"的建设思路，以及课程建设、实践指导、孵化服务、队伍建设、赛事引领"五位一体"的发展思路，构建由创新创业基础必修课程、素质拓展选修课程和学科专业课程三类课程组成的，多层次、立体化、全覆盖的创新创业教育"第一课堂"课程体系。完善第二课堂，实施创新创业训练计划。支持学生参加高水平创新创业大赛，打造"日新大讲堂""创客面对面"等创新创业教育优秀论坛，建立吸引本科生、研究生参与科研项目的机制，促进科研成果与创新创业教育的融合共生。丰富第三课堂，利用大学生暑期社会实践活动、创新创业训练营、参观考察活动、创新创业社团活动等，组织学生深入工厂、农村、学校开展顶岗实习、科技帮扶、法律援助、专项调查活动等，拓宽创新创业教育教学途径，提高学生创新创业的综合素质。拓展第四课堂，探索国际化跨界创新创业人才培养新模式，培养学生的全球化视野和创新创业精神，推进创新创业教育的国际化。

(三) 师资引领

健全创新创业教育教师激励机制，加强创新创业教育的考核评价，将教师从事创新创业教育情况作为专业技术职务评聘和绩效考核的重要指标；完善教师培训制度，增强教师创新创业教育意识和能力；加强创新创业专职教师队伍建设，保证有一批具有专业知识的教师开设创新创业类课程或实施专门化培训，聘任行业领军人物、企业家、创业成功者、专家学者、优秀创业校友参与创新创业教育，建立优秀创新创业导师库。

(四) 平台为基

整合校内外资源，逐步建立大学生创业支撑体系。青岛大学与政产学研单位建立了 12 个创新创业实践教育基地、139 个校级创业就业实习实训基地、179 个院级校外实践教育基地，学校的国家级和省级实验教学示范中心、中央与地方共建基础教学实验室、中央与地方共建特色优势学科实验室、山东省骨干学科教学实验中心等 264 个专业实验室全面开放以满足学生创新创业实验实训需要。青岛大学与海尔集团、海信集团、青啤集团、青岛港集团等 200 余家知名企业开通了"校企直通车"服务项目，校企合作由最初单纯的求职招聘合作转变为"产、学、研"项目合作、就业指导与职前教育合作、实习见习合作等多元化合作形式。青岛大学与红岛高新区孵化器、蓝色硅谷等孵化基地对接，建立有效的"个转企"绿色通道，为学生创业团队的成长提供更为有效的支持。2015 年，青岛大学联合青岛市崂山区政府、清青创科技服务股份有限公司，在青岛大学浮山校区宁夏路沿街共建青岛创客大街，建筑面积 15 000 平方米，其中融合了创新创业及创客服务机构，集合了孵化、路演、展示、培训、研发、生活娱乐等功能，联结优秀学生团体和业界团体，构建低成本、便利化、全要素、开放式的大学生综合创业服务生态体系。截至 2017 年 6 月，该创业街已吸引 70 多家创客企业入驻，邀请行业、企业专家开展了"科创大讲堂"等一系列重要活动，为大学生创业提供鲜活的案例素材，深受广大学生喜爱。另外，青岛创客大街也积极拓展海峡两岸创新创业交流功能，以开拓在校大学生的创新创业视野。先后有台湾大学生、台湾民意代表费鸿泰一行等到青岛创客大街参观考察，对创新创业教育向纵深发展产生了积极的推动作用。另外，各学院也积极开展与行业企业的合作，在校外设立了 130 个创新创业基地，孵化创新创业企业 52 家，成为青岛市创新创业的一张新名片。

(五) 竞赛驱动

坚持以赛促教、以赛促改、以赛促创，把各种竞赛活动作为深化学校创新创业教育改革的重要抓手。2016 年，青岛大学组织并参加各类专题竞赛活动 54 项，获省级以上奖励 645 项；承办 2016 年"创青春"山东省大学生创业大赛，获金奖 5 项、银奖 5 项、铜奖 10 项，获得团体总分第三名的成绩；在第二届山东省"互联网+"大学生创新创业大赛中获得实践组金奖一项、银奖三项、铜奖三项，并获得优秀组织奖；成功举办了山东省大众创业万众创新活动周专题活动；2016 年，学校首次在"创青春"全国大学生创业大赛中获得金奖一项、银奖两项，同时被评为全国优秀组织单位，成绩取得

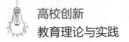

历史性突破。参加创新创意竞赛、各种学科竞赛、创业竞赛等科技文化活动的学生达70%以上。

青岛大学成立创新创业学院,由教务处牵头,学生处、团委、创新创业学院密切配合,构建"校院联动、多部门合力"的双创教育协同机制,成立了校院两级创新创业领导小组,组建了52个创新创业协会社团组织,为学生创新创业提供指导;实行弹性学制,支持学生保留学籍休学创新创业;自2016年开始,每年举办青岛大学"i·创"创新创业文化节、创新创业训练营、"创新手拉手,创客面对面"沙龙活动、"校长杯"创新创业大赛;开设日新大讲堂,持续邀请学科专家、行业领袖等为学生带来引领时代风潮的创新创业理念、经验和精神;拓宽资金渠道,专门设立大学生创新创业专项经费,通过学校划拨经费以及吸引社会公益组织、企事业单位和个人募捐等方式多渠道筹措资金,用于支持学生参加创新创业训练计划项目、学科竞赛,奖励优秀创新创业成果,发放创新创业实践奖学金等。

近年来,青岛大学先后荣获全国和山东省普通高等学校毕业生就业工作先进集体、山东省大学生创业教育示范院校、青岛市优秀高校毕业生创业孵化基地、全国就业工作50强、全国"挑战杯"竞赛优秀组织单位、全国"创青春"竞赛优秀组织单位等荣誉。青岛大学创新创业文化节活动被选为"2016年山东省大众创新万众创业活动周"十大专题活动之一,得到了新华网、央广网等国家媒体的关注和报道;先后培养出"状元水饺"常九矿,"尚德传媒"胡国庆,"青岛市大学生十佳创业明星"孙国良青岛市"创业明星"、"创业带头人"和"青岛市创客形象大使"范旭,"山东省高校毕业生十大成功创业者"孙军波,青岛市"十佳校园创客"杨善任等100余位毕业生创业典型。近几年,团中央书记处书记以及山东省教育厅、人社厅、青岛市政府等主要领导先后来校调研创新创业工作,对学校大学生创新创业工作等给予高度评价。

三、山东师范大学:多维课堂深度融合的创新创业教育体系

山东师范大学以"创新驱动、聚焦育人、建立深度融合的创新创业课程体系"为起点,在教育部和山东省关于创新创业等相关文件的指导下,构建了第一、二、三课堂,以及实践与理论深度融合的创新创业教育体系,在创新创业教育方面取得了一些可借鉴的经验成果。

山东师范大学是一所省部共建大学,近几年,在党的十八大政府报告精神和国家创新驱动发展战略的指引与推动下,学校始终坚持立德树人的根本任务,以培养学生的创新精神、创新思维和创新能力为目标,以构建科学合理、特色突出、多元融合的课程体系为落脚点,通过第一、二、三课堂的协同育人机制,全面提升学校的人才培养水平,形成了学生和教师广泛参与的创新创业良好氛围,取得了显著成效。2016年,国

家级大学生创新创业训练计划项目立项 297 项，参与学生 1273 人；2017 年，国家级大学生创新创业训练计划项目立项 260 项，参与学生 976 人；2018 年，国家级大学生创新创业训练计划项目立项 215 项，参与学生 726 人；2019 年，国家级大学生创新创业训练计划项目立项 284 项，参与学生人数超过了 1300 人；2016—2018 年的各类竞赛活动中，获得省级及以上竞赛奖励的分别有 1507 人次、1625 人次、1918 人次；学校的学生项目团队在 2016 年、2017 年中国"互联网+"大学生创新创业大赛中获得金奖，在 2020 年第六届中国国际"互联网+"大学生创新创业大赛总决赛中获 1 金 3 铜。2016 年，山东师范大学成为全国 99 所深化创新创业教育改革示范高校之一。在创新创业教育体系建设过程中，山东师范大学总结出了几条经验，具体内容如下。

（一）构建与学科、专业有机融合的创新创业课程体系，以提升创新创业能力为目标，充实并优化第一课堂内容

高校创新创业教育目标的实现需要以创新创业教育课程体系为载体，克服现阶段大学生创新创业能力不足的难题，首先要优化专业培养方案，完善学校内部的创新创业课程体系。

山东师范大学的创新创业课程体系并不是创新教育和创业教育的简单相加，而是包括却不限于创新教育、创业教育、通识教育、专业教育有机融合的创新创业课程体系。按照时间顺序设计创新创业能力的培养过程：对大学一年级学生进行创新创业意识培养、创新创业品德的熏陶；大学二年级学生应将创新创业教育与专业知识融会贯通；对大学三、四年级学生进行创新创业思维与技巧的指导，通过各类实践平台对学生进行创新研究、转化及创业实战等能力的培养。在这样的培养思路之下，学校修订人才培养方案，把提升大学生创新精神、科研能力和就业创业能力作为人才培养方案的重点，增设创新创业课程模块，设置创新创业教育学分，在专业课程中增加科技成果转化的教学内容。在课程体系构架中，强化基础课、专业课在创新创业人才培养中的主导作用。加大实践实验课程学时学分，拓宽实践教学课程模块。通过培养模式与课程体系的优化，在全校课程体系中融入创新创业教育模块的专业课程数量超过了 1000 门次。其中，专设的创新创业应用型课程有"创新思维与创新创业发明创造""创新创业教育""KAB 创业基础""职业生涯规划"等；基础型通识课程，如"经济学""管理学""心理学""法学""哲学""人文社会科学""公共关系学""美学"等都融入了创新创业教育理念，作为创新创业教育的公共基础课。

为了更好地提升学生的创新精神、科研思维、科技成果转化意识和能力，促进创新创业知识有效吸收，采用多样化的教学模式保障课程的效果。加大在线课程建设和引进力度，通过线上与线下相结合的教学模式，开设"创新精神与实践""思辨与创新"

"互联网与营销创新"等多门线上与线下混合式课程,每学期在线学习人数超过3000;聘请名家学者、企业家、风投专家担任大学生创业项目导师,并为大学生开设诸如"国学与创业""创业实战"等多门创新创业课程。在课程学习与项目开发过程中,引导、发现、提升大学生的创新思维和创业实践的能力。山东师范大学还开发了大学生海外创新创业与职业生涯规划项目,作为学生走出国门学习创新创业课程的平台,畅通了大学生了解国外创新创业状况、拓宽国际视野、提高国际竞争力的渠道。

(二)加强大学生创新创业实训体系建设,发挥第二课堂教学实效

实践是检验课堂知识掌握情况的有效手段,也是巩固创新创业课程教育的有效过程,构建大学生创新创业实训体系,才能使创新创业课程体系更加完善。除了课堂上的知识之外,学校还将大学生的社会实践、科研训练、科技创新和创业大赛等各种竞赛活动作为创新创业教育体系强有力的补充。山东师范大学根据各学科的特点,建立了与专业知识相融合的创新创业教育平台。目前,学校的国家、省、校三级教学示范中心,虚拟仿真教学中心,创新实验室和创业训练中心等通过资源共享与整合,形成了多个协同创新创业教育实训中心,覆盖所有应用型专业。学生依托实训平台开展科学探索、创业项目模拟实训等活动,使创新创业教育体系中课堂学习的内容得到有效延伸,是学校创新创业课程中的第二课堂。

以创新创业项目驱动的大学生实践实训体系包括科研训练和创业项目训练。为调动大学生在创新创业教育中的积极性和能动性,学校制定了《山东师范大学学生创新创业学分管理办法》,明确了大学生参加的各类创新创业项目和竞赛活动都可以获得学分,表现优异的学生最多可获得20学分。例如,山东师范大学2013级公共管理专业郑同学,主持了2项国家级大学生创新创业计划项目,分别是"雨点公益社会服务中心"和"天悦琴行",共获得4学分。其中,"雨点公益社会服务中心"项目获第二届中国"互联网+"大学生创新创业大赛金奖,获得10学分;"天悦琴行"项目获2016年"创青春"全国大学生创业大赛银奖,获得6学分。按照《山东师范大学学生创新创业学分管理办法》,郑同学获得了20学分。学校实施本科生科研训练计划,由大学生自主提出研究问题或者参与教师的研究课题,依托上述训练平台,在教师指导下开展科学探索,培养大学生的科学探索精神和研究兴趣,及早挖掘具有科研潜质的学生并进行专门培养。学校的创业项目训练主要依托大赛项目,通过这些实践实训平台的支持,开展项目实践,熟悉创业流程,促成创业成果转化。在这些创新创业项目实现过程中,学校、学生产出了一批有价值的调研报告、学术论文、发明专利,甚至有的学生有了自己的公司。学校连续两届获得"互联网+"大学生创新创业大赛金奖的项目都是出自学校大学生创新创业训练计划。目前,依托第二课堂的大学生创新创业训练计划已成为学校创新创业竞赛项目和学生创新成果产出的母机。

据统计,山东师范大学 2019 届本科毕业生中有 537 人的 804 项创新实践成果参与了学分认定,共计获得创新创业学分 1274 分,如表 6-3 所示。其中,创新实践包含大学生竞赛、学术论文、科研成果(奖)、发明专利、科研活动、社会实践、创业活动等在内的 7 类成果。统计分析发现,大学生学术论文有 28 篇,合计兑换 128 学分;大学生竞赛的 440 个成果被认定为 749 学分;社会实践有 254 项成果,合计 285 学分。

表 6-3 2019 届毕业生的创新实践成果

创新实践成果类型	总学分	人数	奖项数
大学生竞赛	749	333	440
学术论文	128	26	28
科研成果(奖)	0	0	0
发明专利	31	10	13
科研活动	4	2	2
社会实践	285	198	254
创业活动	77	65	67

统计山东师范大学 2018—2020 年本科生创新创业学分认定数据(见表 6-4 和图 6-1)可知,本科生创新创业学分认定项次分别为 851 项、1826 项和 2201 项,认定学分总数分别为 2038 分、2948 分和 4039 分。可以看出,本科生创新创业学分认定项次和认定学分呈明显上升趋势,每年度约增加 1000 学分。

表 6-4 2018—2020 年本科生创新创业学分认定统计

年度	2018 年	2019 年	2020 年
项次	851	1826	2201
认定学分	2038	2948	4039

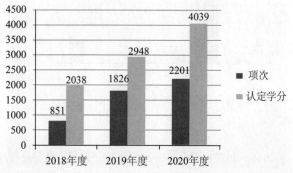

图6-1 2018—2020年度本科生创新创业学分认定对比图

统计山东师范大学 2018—2020 年度本科生创新创业分类别学分认定的情况,包含创新创业计划和创业、大学生竞赛、学术论文、发明专利、科研活动、社会实践等6类。通过表6-5、图6-2和图6-3可以看出，各年度大学生竞赛类学分认定人次与学分数最多，但占比在下降；发明专利和社会实践的占比在下降；创新创业计划和创业的占比在上升；学术论文和科研活动的占比明显上升。大学生竞赛学分认定数量和学术论文学分认定数量连年增加，得益于学校设计的培养方案中，明确了高端学术研究及顶尖竞赛获奖给予的学分认定。科研活动增多，尤其是2020年度科研活动认定学分明显增多，归功于学校实施的本科生科研训练计划，给予了本科生科研基金支持。

表6-5 2018—2020年度本科生创新创业分类别学分认定统计表

年度	创新创业计划和创业		大学生竞赛		学术论文		发明专利		科研活动		社会实践	
	认定人次	认定学分	认定人次	认定学分	认定人次	认定学分	认定人次	认定学分	认定人次	认定学分	认定人次	认定学分
2018年	55	79	426	1279	26	187	15	57	1	3	328	433
2019年	131	139	909	1685	133	393	52	74	58	77	542	580
2020年	292	297.4	1067	1520.7	265	919.2	36	37.7	302	1034	239	230

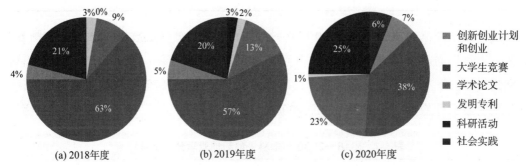

图6-2 2018—2020年度本科生创新创业分类别认定学分饼图

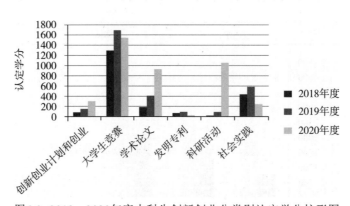

图6-3 2018—2020年度本科生创新创业分类别认定学分柱形图

表6-6给出了不同年级2020年度创新创业学分认定人次及认定学分，可以看出，2018级创新创业学分认定人次和认定学分达到1240和1461，占本次学分认定的主要

群体。2019 级创新创业学分认定人次和认定学分达到 643 和 288，2020 级学分认定学生也达到了 19 和 17。可以看到，在学校创新创业相关政策的持续支持与鼓励下，本科生创新创业学分认定人次与认定学分越来越高，同时低年级学生学分认定人次与认定学分明显增加，学校创新创业教育工作开展效果良好。

表 6-6 不同年级 2020 年度创新创业学分认定人次及认定学分

年级	2017 级及之前	2018 级	2019 级	2020 级
认定人次	357	1240	643	19
认定学分	783	1461	288	17

学校设计的培养方案中，明确了高端学术研究给予的学分认定。表 6-7 给出了分类别学术期刊 2019 年和 2020 年创新创业学分认定篇数及认定学分，对应的柱形图如图 6-4 所示。对比两个年度的数据可以看出，与 2019 年相比，2020 年学术论文认定篇数和认定学分有明显提高(见图 6-4)，一般类学术期刊认定篇数和认定学分最多，本科生发表高层次学术论文(主要指 SCI、SSCI 的 1 区和 2 区)的质量和数量显著提高，说明学校创新创业教育政策及新的培养方案初见成效。但相对于本科生总人数，在学校创建研究型大学的背景下，学术论文创新创业认定学分仍有较大上升空间，需要学校、学院、老师和学生的继续努力。

表 6-7 不同类别学术期刊创新创业学分认定篇数及认定学分

年度	一般类学术期刊		C刊、EI、全国中文核心期刊		SCI、SSCI		SCI、SSCI的1区和2区	
	认定篇数	认定学分	认定篇数	认定学分	认定篇数	认定学分	认定篇数	认定学分
2019 年	92	168	8	18	33	207	23	167
2020 年	188	349.2	9	28	68	542	43	378

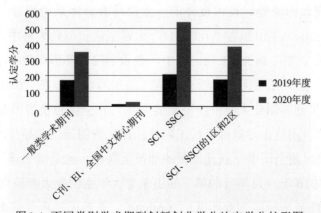

图6-4 不同类别学术期刊创新创业学分认定学分柱形图

(三) 挖掘创新创业课程内涵，促进产学融合，开发第三课堂

大学生创新创业能力和素质的提升是国家实施创新战略和经济社会转型发展的客观需要，是高等教育培养创新实践型人才的必由之路，更是大学生增强自身社会竞争力的重要手段。从大学生个体成长和素质能力提升的渐进发展规律来看，大学生创新创业能力和素质的培养与提升是一个复杂的社会系统工程，从大学生自身对创新创业认识的转变，主动提升其内在的各项能力与素质，到政府、高校、社会的协作配合、共同促进，应形成"四位一体"的大学生创新创业能力协同培养的良序机制。

正是基于以上深刻认识，山东师范大学与企业、地方政府等建立了紧密的合作关系。通过开展联合研发、业务培训、应用课程开发等项目的合作，增加学生参与解决实际问题的机会，提升学生科技成果转化意识和能力。同时，将企业的需求和问题引入课堂教学，以问题为导向，通过培养学生发现问题、解决问题的能力，逐步提升学生的创新素养，促进产学融合。山东师范大学充分发挥自身师范教育的专长，建立了省内包括地方政府、企事业单位等在内的共 400 余个大学生校外实践教育基地，对接企业的人员培训以及地方中小学职员的继续教育教学，选派大学生到企业、学校顶岗实践实习，邀请企业的专业人员到学校担任兼职教师、指导学生参与实践活动等，为校地、校企、校校合作奠定坚实的基础，从而保障了创新创业从学校无缝衔接地走向实战。

为了加快创新创业项目的商业性转化，学校设置专门的创新创业学院和招生就业指导中心，并于 2017 年 4 月，与济南市长清区政府合作建立了大学生创业孵化中心，搭建起了集大学生创业项目实践、落地、服务为一体的具有孵化器功能的大学生创新创业教育实训平台。将传统的课堂教学延伸至孵化中心，在实践中提升创新创业能力和素养。校内教师和企业导师在孵化中心的平台上，实现了教师的教和学生的做相结合，强调在实践中深化理论，在理论指导下学习创业、在创新创业实践中提升创业能力和素养。该孵化中心的建立最大限度地保障和支持大学生创业活动的顺利孵化、成长。

正是得益于在课内课外、校内校外的三重课程教育体系的指导，山东师范大学取得了一系列成果。2015 年山东省"互联网+"大学生创新创业大赛中，山东师范大学荣获金奖 1 项，银奖 4 项，铜奖 11 项。其中，音乐学院"幕影春秋"泰山皮影推广与传播系统在全国总决赛中表现优异，斩获金奖。山东师范大学在 2016 年第二届山东省"互联网+"大学生创新创业大赛中获得金奖 9 项，在全国总决赛中获得金奖 1 项、银奖 1 项、铜奖 2 项，团队指导教师李松玉院长获评优秀创新创业导师；山东师范大学荣获高校先进集体奖，是全国唯一获此殊荣的师范类高校，也是唯一连续两届获得金奖的师范类院校。在 2016 年 9 月举行的第三届山东省大学生创业大赛暨全省创业大赛(高校赛区)比赛中，学校音乐学院创业团队的《rubato 创意音乐》项目获得团队组第四名，

荣获决赛三等奖，山东师范大学荣获本次大赛最佳组织奖。在2016年11月举行的第三届山东省大学生科技创新大赛决赛中，学校荣获二等奖4项，三等奖3项。2020年11月，第六届"建行杯"中国国际"互联网+"大学生创新创业大赛总决赛中，山东师范大学取得了1金3铜的好成绩，其中"NASH美育"项目斩获金奖，山东师范大学也成为本次赛事全国唯一入围高教主赛道三强争夺赛的师范类高校；"灵芯创科——国内首家百纳米级超快激光直写非硅基芯片加工商""炫彩磷幕——国际前沿的低能耗有机室温磷光材料开拓者"和"曙天超声引导仪——放疗中的智能瞄准镜"项目获铜奖。

　　在良好的创新创业氛围中，山东师范大学涌现出很多创业典型。2014级孟川同学于2014年7月1日创立了"大川乒乓"项目，并于2016年6月注册"济南大川乒乓信息技术有限公司"。大川乒乓优酷平台播放量将近750万，占优酷体育乒乓球频道整体视频收视率的35%，日均器材销售额10 000元，大川乒乓网日均IP突破7000、PV达到15000，微信公众号粉丝突破50 000，今日头条阅读量达到700多万。2013级的郑懿同学在2016年一举拿下了全国"创青春"大学生创新创业大赛银奖，并正式注册成立雨点公益社会服务中心，承接政府服务项目，关爱社会弱势群体。之前，她于2014年5月正式注册成立天悦琴行，并获得山东省"创青春"大学生创新创业大赛金奖和第二届中国"互联网+"大学生创新创业大赛金奖，是全国获金奖项目里面唯一一个公益类项目。"NASH美育"项目负责人米怀源[①]，2017年毕业于山东师范大学美术学院，2016年创办米多多美术学校，主营3~14岁少儿美术教育。随着米多多美术学校业务的不断增多，2019年年初，发展到2家直营校、1家加盟校、174家课程植入合作校；同年，公司更名为山东米多多教育咨询股份有限公司；2020年1月于齐鲁股权交易中心挂牌上市；2019年8月正式发展加盟业务，截至2020年，已有加盟校69家、课程植入合作校1900家，业务遍布全国28省。"NASH美育"项目在2020年第七届"创青春"中国青年创新创业大赛中荣获银奖，2020年11月获得第六届中国国际"互联网+"大学生创新创业大赛金奖，入选"献礼建党100周年——全国高校创新创业成果展"山东高校优秀创业项目。

---

① https://www.meipian.cn/3eeiwpw4; http://www.midodo.art/about.html.

第七章
地方高校创新创业教育经验总结

自从党的十八大政府报告中提出"促进创业带动就业"的方针以来,创新创业的理念被正式引入高校大学生培养体系中。培养大学生创新创业的精神、创新能力和实践能力、创业意识等已经成为高等教育部门的使命之一。当前,国务院、教育部、人力资源部等国家部门和省、市等地方部门不断出台各类扶持政策,已经充分地建立健全了大学生创新创业政策支持体系。在这样的社会大环境下,针对高校大学生创业的各类指导、扶持和优惠政策不断颁布,各高校也积极响应,纷纷制定适合本高校的各类措施和方案,启发和培育各类创新创业活动的开展,并取得了显著成效。然而,对比双一流大学与省属地方高校,受限于高校财力和外部环境,省属地方高校在创新创业教育的顶层设计和课程体系的构建方面与双一流高校差距显著。因此,本章将承接上一章的内容,总结山东省地方高校在大学生创新创业能力培养中的有益经验和做法,为普通地方高校的创新创业教育提供借鉴和参考。

第一节 地方高校创新创业教育宏观分析

当前,无论是从国务院及国家部委层面还是地方政府层面,各类创新创业宏观政策为创新创业营造了良好环境。国家大学生创业政策主体的范围已经涉及国家各部委,除国务院外,还有教育部、人力资源和社会保障部、科技部、中华全国总工会、共青团中央、工业和信息化部、国家市场监督管理总局、中华全国工商业联合会、财政部、中国人民银行、国家税务总局等。总结起来,对大学生创业的政策支持内容主要包括对大学生创业给予税收优惠、为大学生创业提供担保贷款和进行政策贴息、免除有关行政事业性收费、给予培训补贴、取消高校毕业生落户限制、建立创新人才培养计划和机制、开发和开放创新创业教育课程、提供强化创新创业实践资源、改革大学生创业的教育培养模式等。这充分说明从中央到各级政府部门已经在政策上对大学生创新创业形成了基本共识，并对大学生创新创业给予了更加充分与广泛的重视。

在国家宏观政策指导下，高校成为大学生创新创业能力培养的主场地。高校的创新创业教育是在社会经济及国家政策环境下，制定与本高校相适应的人才培养机制、建立政府和企业相互促进和谐共处的创新创业教育生态、搭建各类资源平台，让大学生体验创新创业的过程[①]。各高校根据自身的学科特色和地域特点，从不同的视角对创业教育进行解读，采取不同的形式进行创新创业教育的尝试与探索。高校在制定创新创业教育课程体系的过程中，可以因时因势，针对大学生不同年级、不同专业知识背景等，制定一校一策、一校多策的创新创业课程体系和实施策略。自高校创新创业教育进入全面推进阶段以来，创新创业教育在国家政策法规、财政经费的支持下，各高校都在不断探索和尝试，创新创业教育得到了长足的发展，取得了优异的成果。

在高校创新创业教育实施过程中，地方高校对本地区双创人才培养、地域经济发展有着举足轻重的作用。我国的地方高校是隶属于省、自治区、直辖市或者港澳特区，由地方财政划拨经费的大学，承载着较多的育人任务。但是与教育部所属高校的创新教育环境和资源相比，省内地方高校财力和外部环境居于明显的劣势，创新创业教育的顶层设计和课程体系的构建与双一流高校差距显著。以山东省为例，作为我国人口大省，山东省内普通高校有 44 所，数量位列全国前列。在本科院校中，除了教育部所属的 3 所双一流大学之外，其余高校承载着山东省绝大部分的高等教育任务。因此，省内地方高校应充分利用地域优势，充分整合政府、企业和学校资源，加强和当地政府的合作，协助当地政府建立有利于创新创业教育的社会激励体系，为创新教育提供良好的培育土壤。

在某种程度上，当前国内多数地方高校的创新创业课程设置属于散点式的教育，系统性和逻辑性尚浅，在创新创业专门师资队伍建设方面还受到传统课堂教育的影响。正是基于上述情况，本章总结山东省地方高校在大学生创新创业能力培养过程中的有益经验和做法，着重介绍山东省地方高校创新创业教育中的普适性经验，以期为普通地方高校的创新创业教育提供借鉴和参考。

第二节 地方高校创新创业教育对策与路径

本节根据第六章所列山东省三所各具特色的高校(山东大学、青岛大学、山东师范

---

① 孔伟金，于永明. 青岛大学创新创业教育示范高校建设的探索与实践[J]. 山东高等教育，2017，5(06)：8-11+54.

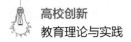

大学)的创新创业教育实践,从政府和社会的持续引导与支持,先进的育人理念、坚实的制度保障及平台支撑,科学、合理的培养体系等三个方面,详尽地归纳了地方高校发展创新创业教育的对策与路径。尽管这些经验总结来自山东省三所典型高校的创新教育实践,但也对其他有类似特点的兄弟地方院校有一定的参考意义。

一、政府和社会的持续引导与支持

第六章综述了国家部门及地方政府持续出台的各种创新创业政策,这些宏观政策的引导与支持,正是高校(特别是地方高校)开展创新创业教育的有力支撑。

1. 创新创业教育的发展首先得益于政府的政策举措

1999 年,教育部发布《面向 21 世纪教育振兴行动计划》,这是我国的创新创业教育第一次出现在国家层面的政策中。其中指出要"加强对教师和学生的创业教育,鼓励他们自主创办高新技术企业"。2012 年,党的十八大报告中提出了"促进创业带动就业"的方针,由此创新创业的理念被正式引入高校大学生培养体系中,培养大学生创新创业的精神、创新能力和实践能力、创业意识等立即成为高等教育管理部门的使命之一,我国创新创业教育迎来了繁荣发展的阶段。2015 年,国务院发布《关于大力推进大众创业万众创新若干政策措施的意见(国发〔2015〕32 号)》,提出了"大众创业、万众创新"。随后,山东省出台相关文件,统筹设计、综合施策。乘此东风,在随后一年左右的时间里,山东省内各高校认真研究并制定了创新创业教育改革实施方案。截至 2017 年年初,已有 120 余所高校完成了方案制定工作,并明确了创新创业教育管理机构。2016 年,教育部办公厅发布了《关于开展首批深化创新创业教育改革示范高校认定工作的通知(教高厅函〔2016〕92 号)》,遴选出包括山东省的四所高校山东大学、济南大学、青岛理工大学、山东师范大学和一所职业学院山东协和学院在内的 99 所深化创新创业教育改革示范高校。其后,教育部每年遴选出 100 所左右创新创业教育改革示范高校,为推动创新创业发展提供模范和榜样。

2. 国家及地方政府的创新创业竞赛引导地方高校人才培养的发展方向

当前有巨大影响力的中国"互联网+"大学生创新创业大赛由教育部在 2015 年首次举办。大赛基于移动互联网、云计算、大数据、物联网等新技术,从传统产业、新业态、公共服务及技术支撑平台等入手,发掘并培育以互联网为载体的新技术、新产品、新业态、新模式等,从而实现互联网与技术创新、教育、医疗等深度融合的公共服务创新。基于"互联网+"的创新创业大赛引起了全国范围内大学生对信息技术和互联网创新思维的学习、应用的浪潮。此外,还有全国大学生创新创业年会、国家级大学生创新创业训练计划"创青春"全国大学生创业大赛等多项全国性赛事。对应地,山东省也有省级创新创业竞赛，如山东省大学生科技创新大赛。这些竞赛极大地促进了高校的创新创业教育，激发了大学生的创新创业热情，取得了非常好的效果。

3. 政府和社会的持续引导与支持是高校创新创业教育的重要支撑

在相关政策的引导下，创新创业教育已经进入政府、社会和高校三方协同育人的阶段。以社会需求为导向，以政府政策为引导，高校有效对接校内外资源，为学校开展创新创业教育提供全方位的资源与保障。有些高校探索实施"高校专业联盟+行业企业"的校企合作模式，由企业支持高校的产学研，推动政校企组建协同创新平台。也有的高校实施"高校+政府+企业"项目，利用政府政策，依托企业实践平台，为大学生提供专业实践平台，建设一批创新创业学院，鼓励学生跨学校、跨学科、跨专业选修课程。

二、先进的育人理念、坚实的制度保障及平台支撑

高校创新创业教育实施过程中，理念、制度和平台这三个方面至关重要，缺一不可。先进的育人理念是先导，政策、措施构成的制度是保障，平台提供理念实现的空间和场地[①]。先进的育人理念是构建人才培养机制的灵魂，承担高等教育任务的教师、教育管理者如何将传统的教育理念转变为创新创业教育理念，促进人才培养模式的改革，是摆在创新创业教育任务承担者面前的艰巨任务。创新创业教育改革是高校科学研究与人的培养、服务社会以及促进经济发展等互动共进的必然结果，是大学促进社会与经济不断前进的重要推动力量，是教育理念与教育模式的根本改革。简单地说，创新创业教育理念就如同人的基因一样，应渗透每一个教育工作者的思想，全过程、全方位地嵌入教育的每一个环节，贯穿学生的每一门学科的学习以及所有学习时段。

(一) 转变高校创新创业能力培养的教育理念

高校应从狭义的创新创业培养转变为广义的创新能力培养，并将创新创业教育从少数人的专业化训练扩展到全民的大众化普适教育，从在校教育变为终身的学习过程。

1. 创新创业教育理念应从狭义概念走向广义范畴

创新创业教育应该包括创新创业精神、思维的培养，同时也包括"创新创业型行为方式、人生哲学、生活方式、生涯选择"等的引导与塑造[②]，应让全体学生都能最大限度地享受创新创业教育的权利，让每个学生都具备创新创业的能力，激发内驱力，提升领导力，加强行动力，让全体大学生都成为新时代开展创新创业活动的后备力量。

---

① 胡金焱. 创新创业教育：理念、制度与平台[J]. 中国高教研究，2018(07)：7-11.
② 王占仁. 创新创业教育的核心要义与周边关系论析[J]. 国家教育行政学院学报，2018(01)：21-26.

2. 创新教育应该从少数人的专业化训练扩展到全民的大众化普适教育

当前创新创业教育在诸多高校仍然只有较少的受众，很多大学生没有获得创新创业课程的学习机会，创新创业教育的区域性和层级差异化比较明显，表现为西部地区和沿海城市、中小学和大学的差异化比较明显。创新创业教育要严格执行"面向全体、分类施教、结合专业"的基本原则①，实现创新创业教育的全民覆盖，实现由小众走向大众的培养对象理念转变。

首先，要明确大学生的创新创业能力培养并不只是高等教育的任务，而是整个教育系统的共同任务；其次，要充分认识到创新创业人才的培养不应只覆盖大学生的大学学习阶段，而应贯穿人才成长和发展的全过程，正如国家"十三五"规划所要求的，培养学生的创新创业精神与能力应当从中小学做起，从教育的启蒙阶段起就渗透创新创业的内容，尤其是创新部分的内容；最后，要始终坚持大学生创新创业能力的持续培养，多角度、全方位、全过程地培养学生的创新创业能力，实现终身培育，为创新创业人才培养提供源源不断的动力支持，实现由"短程"走向"全程"的培养时间理念转变。

(二) 创新创业教育理念的实现要依靠制度建设提供坚实的保障

创新创业教育改革是高等教育适应新时代中国国情的现实需要，也是高等教育培养具有担当民族复兴大任的新人的现实需要而产生的必然变革。因此，制度建设是保障创新创业理念固化、行为规范和行为约束的必然要求。高校必须从学科建设、教育管理、人力资源管理与激励、经费支持及社会环境等方面建立健全制度，在课程教学、实践指导、科学研究等各方面加入创新创业行为的激励与规范，将创新精神、创业能力、创业意识渗透到教育教学的全过程，潜移默化地对大学生创新创业教育产生影响。

高校应该健全创新创业政策保障体系，与各地区政府及相关部门积极沟通，建言纳策，通过多渠道统筹安排资金，支持创新创业教育教学。高校应结合大学生创新创业项目整合财政和社会资金，支持高校学生创新创业活动。同时，大学生在创新创业项目中取得的成果又可以借助政府机构和社会资源进行推广与实现。

政策保障措施的实施过程中，可以针对不同高校的特点，实施不同的政策引导。部属高校应借助自身良好的师资和硬件资源，按规定合理使用中央高校基本科研业务费，配足配齐大学生创新创业活动经费，积极支持品学兼优且具有较强科研潜质的在校大学生提前进入科研团队，开展创新科研工作。对于地方重点发展高校，地方政府应着眼于本地产业经济和科技文化的发展，从资金和政策两个方面支持大学生的创新创业实践活动，并为他们提供展示、实现和推广的平台；同时，这些地方高校更应该积极作

---

① 关于深化高等学校创新创业教育改革的实施意见(国办发〔2015〕36号).

为,与各级各类政府、企业和组织合作,在资金、资源和政策上为大学生创新创业提供便利。对于一般的地方高校或者职业院校,学校应该立足于本地区人才需求,引导学生开展贴近本地生产和社会需求的创新创业项目,获得企业和社会组织的资金支持。

(三) 先进的创新创业理念的落地需要平台做支撑

创新创业教育平台是大学生检验创新创业知识、能力的必不可少的舞台,包括高校内部的各种实验室、社团和研究团体、创客空间等。大学生的课程知识内容的二次开发、仿真模拟、虚拟实战等形式是启发创新创业思维的良好载体,通过虚拟仿真等活动可以增强大学生对创新创业的体验感。这些活动一方面可以依靠高校良好的智力资源和丰硕的学术研究成果,另一方面可以进行社会资源的整合。高校借助政府、企业及社会资源,搭建高校、政府和社会三方面相互支持的创新创业平台,不仅可以为高校提供实践体验,而且可以为企业和社会提供虚拟实战平台,让大学生更好地理解社会的需求,将与创新创业教育活动有关的知识创新、知识创造融为一体。以学术研究为载体,与经济产业相融合的知识创新,可以提高大学内外部协同育人效率,为高技术产业培育、孵化新的经济增长点。

创客空间作为当前比较普遍的创新创业平台,是一个将创意转换为现实生产力的物理空间。高校的创客空间需要政府的政策引导、社会和企业的支持与帮助。比如,创客工作室、创业小镇、创客大街等形式的高校创客空间,需要高校及其师生的主动作为、超前作为。高校需要从传统的半封闭被动接受转为主动作为和开放,通过吸纳政府、社会和产业等资源,创立对学生富有吸引力、对产业发展有贡献力的创客空间,发挥高校创新创业教育对经济社会发展的引领作用。创客工作室、创业小镇、创客大街等可以为师生搭建起概念设计、技术实现、专利转让等互动交流的实战或虚拟平台。创客空间为师生和企业搭建了面对面的交流平台,是师生创意的聚集区,是实现创客与产业需求对接的空间。这种平台和氛围不仅可以吸引大学师生,还可能会实现高校知识的落地开花。

高校需要对既有的创新创业实践平台进行拓展和创新,增强平台的实践性与市场化水平。例如市场化运作校内社团活动和院校拟承办的论坛、大赛、发布会、运动会、庆典及对外公关活动,项目化运作社会实践活动,建立和运营既可以模拟实训又可以外包业务的工作室等,让学生在学习期间就可以在真实的职场里得到锻炼,体验真实的项目运作。开放教学实验室,提升创新素养,合理配置和利用高校内部实验室资源,提高实验教学质量。建立开放式实验教学管理系统,给学生提供相对充足的学习资源,发挥学生的独立性、主动性和创造性是培养创新人才的有效途径。让大学生参与科研实验项目和科研课题的研究,设立大学生科研创新项目和实验室开放基金项目,倡导以学生为主体,以教师为主导的方法,鼓励学生自主选题,筛选出合格的设计方案进行课题研究。

地方高校要积极推进应用型专业发展,建设应用型专业课程群,发挥本地政府、企业等区域资源优势,探索推行产学研结合的教育模式。在政策支持下,成立创新创业学院,并与其他平台相配合,构建双创教育协同机制。承接企业、政府以及与世界技术前沿、国家创新型战略产业和地区支柱产业相关的人才培养项目,在企业政府的订单式培养中发挥实践型特色,带动创新创业教育的改革和创新。

三、科学、合理的培养体系

高校应在培养目标、课程体系、课堂教学、实践教学、师资建设等方面制定政策和措施,有效保障创新创业教育的顺利实施。

教育心理学学家布鲁姆按照学习层次、人类认知的循序渐进发展规律,将教育目标分为知识、领会、应用、分析、综合、评价等六个类型。创新创业课程内容各模块之间的组合、理论与实践的结合、内容的前后逻辑等应该符合布鲁姆提出的认知发展规律:首先是创新创业基础知识和理论学习的初级阶段;然后是创新企业基础知识与实际应用相结合的高级阶段;最后是个性化培养的实践支撑阶段。由此,高校的创新创业教育不仅要加强创新创业基础知识的传授,还要充分体现课程教学内容与创业实践的有机结合,以课堂教学改革为突破口,在通识教育课、学科基础课和专业教学中渗透、融合创新创业教育内容。例如,将创新创业课程融入专业课堂教学的设计中,以课程目标为导向,采用团队任务驱动的学习方法,培养大学生的合作、创新和组织能力;以产出为导向,鼓励大学生展示思考成果和创意作品,培养大学生的创新意识和创造能动性。

地方高校一定要根据自身的学科类型、学生层次、专业院系,以及学校的发展阶段情况和特点,确立适合自身的创新创业教育人才培养目标,构建有针对性的创业教育目标体系。培养目标体系的构建要适应国内外以及地区社会经济发展状况,并有一定的前瞻性和引领性。培养目标要贴合国家相关政策及国家发展规划,体现人才培养的可持续性和科学合理性,同时要与地域经济发展、人文教育相适应。这里要注意的是,创新创业人才的培养目标不是单纯地提高大学生就业能力,也不是简单的职业生涯规划设计或者提高大学生就业率,制定的目标要兼具科学性、可用性、持续性及前瞻性等特点,具体有以下几点经验。

(一) 培养目标

从培养目标上,高校要打破专业壁垒,进一步优化学分制改革,加大创新创业学分与专业课程的有机融合,构建多学科深度融合的课程体系;从政策上,高校应制定与创新创业学分相关的文件和措施,将学生的创新创业实践能力作为课程过程考核的重要内容，组织选拔和培养创新型人才，为具有创新创业能力和实践能力的优秀学生开辟专门通道，让学生在创新创业教育中成长成才。

(二) 课程体系

高校在课程体系建设上要实现分层分类[①]。创新创业教育的课程体系不同于传统的教育，各高校要根据自身对人才培养的不同定位，建设有本高校特色的创新创业教育课程体系。总体来说，这种课程体系需要实现分层培养、分类培养的目标。分层包括教育教学对象的分层和教育目标的分层，两者是相互联系的。对于全体学生而言，应开展基础层面的创新创业教育；对于想要进行创新创业活动的学生而言，在能力培养的过程中重点对创新创业领导力、行动力进行深度培养。在课程内容的设计上要达到知识与实践相融合，专业与通识相统一的状态，只有在这样的课程体系下，创新创业教育才能更好地培养大学生的能力，使其成为创新创业人才。例如，针对应用型高校创新创业课程体系，应该建立包括内容融通、师资融通、技能融通、资源融通的创新创业理论与实践教学融通机制[②]。

(三) 课堂教学

在课堂教学模式的改革方面，将创新创业的思维模式融入专业课堂教学。创新创业教育在高校中主要通过课堂教学来实现，而创新创业的教育元素、思维模式及实现路径则需要积极推动以学生为主体的教学方式的改革，比如采用问题导入式、讨论式、研究式、案例式、诊断式等课堂教学模式激发学生独立思考的能力和创新思维，培养学生发现问题、解决问题的创新能力，激发探索精神的形成。鼓励教师开设创造学、创新思维、科学研究方法等创新创业教育类课程，举办学科发展前沿介绍、创造发明典型事例分析、大学生创新思维和能力训练等系列讲座，让学生尽早接受创新思维能力的训练，掌握必要的创新实践方法和技巧。所有这些努力都需要有良好的课堂教学模式的改革、设计与执行。因此，高校应该从微观上注重每门课程的课堂教学模式和教学过程，实现教师课堂教学全过程的设计和提炼。

(四) 实践教学

高校要从强化实践教学、促进产学研一体化等方面入手，着重培养学生的创业意识、创业精神和创业基本素质，强化创新创业实践教学，构建多元化实践平台。高质量

---

① 成希，张放平. 基于核心素养理念的高校创新创业教育课程建设[J]. 大学教育科学，2017(03): 37-42+50.
② 徐永其，隋福利. 应用型高校创新创业理论与实践教学融通机制的构建[J]. 创新与创业教育，2020，11(01): 121-125.

的创新创业教育对实践平台也提出了更高要求。高校可以在单一的实体实践平台基础上，结合多种实践平台优势，使用新媒体手段，联合企业，打造综合性的特色实践平台，主要措施有以下几条。

(1) 加强创新创业实践实训教学体系建设，建立实施创新创业实践学分的质量保障体系，开展第二课堂，实行实践学分认定制度。目前，高校在创新创业教育实施过程中备受质疑的问题莫过于理论知识的传授大于实践能力的培养，大学生毕业后，在较长的一段时间内不能适应实际岗位的实践要求。许多高校在课程体系中设置了"战略管理""人力资源管理""市场营销""财务管理"及"商业策划书撰写"等可模拟的课程，但是，学生一旦到实际操作层面就不知道如何解决问题。毕业生们总是发现现实问题与在校期间学习的知识差距很大。实践是检验知识的重要的方式之一，实践教学在培养学生创新创业精神的过程中具有重要作用。无论地方高校的办学理念和办学定位是什么，都是以服务地方经济和文化建设为重要目标。因此，紧密联系地方产业布局和发展需求，培养应用型人才是高校的重要任务。

(2) 构建仿真、实验、实训、实践于一体的综合性教学体系，构建学校与企业、学校与政府、学校与学校的共建合作模式，深化实验实践知识，提高实践能力。企业孵化器、创新创业实践基地等实践平台能更好地提高教育效果，提升人才培养质量。通过与企业的共建合作，实现产学研三方协作互助的良性生态发展模式。积极创造条件对创新创业活动中涌现的优秀创业项目进行孵化，切实扶持一批大学生实现自主创业。将理论课堂搬进实验室、企业孵化器、生产厂房等，搭建学生实践创新创业的平台，让学生广泛地接触实践、接触社会，用实践的大课堂激发学生的创造潜能，努力培养适应能力强、实干精神强、创新意识强，适合社会经济发展的应用型创新人才。

(3) 鼓励大学生参与科学研究活动，培养学生的科研实践能力，积极培养学生主动调查研究、查阅档案文献、设计方案、分析论证等的能力，鼓励优秀大学生参加校内外学术会议，加强大学生与专家、学者之间的交流和合作，感受学术氛围，在交流中提升创新创业能力。定期组织创新创业教育经验交流会、座谈会、调研活动，总结并交流创新创业教育经验，推广创新创业教育优秀成果，组织编写创新创业教育先进经验材料汇编和大学生创业成功案例集等。

(4) 创客教育是创业实践走向实际产业的桥梁。创客教育的核心是通过实践培养人的创新意识、创新思维和创新能力，最终让受教育者的创意走向现实应用。创客教育的价值特征体现了以个人发展的全过程作为教育目标、以专业能力作为教育基础、以工匠精神作为教育核心。创客教育的典型模式包括基于创业驱动的社会创客教育、基于学科专业驱动的学校创客教育两种。为了使创客教育实现预期目标，应该以家庭、中小学、高校、政府和社会"五位一体"协同教育为基本路径，积极培养家庭、学校和社会的创客教育文化，推动创新创业人才培养模式和教育体制的改革[①]。

(5) 设立大学生科研创新创业活动基金，加大学生创新创业训练奖励力度，加大对学生创新创业实践活动的经费投入，对学生发表科研论文、申请发明专利和获得创新竞赛奖项给予资助。实践平台的建设也应该顺应时代，比如建设"互联网+"实践平台，既可以让学生实现虚拟创业，又降低了人力、物力的投入，还可以降低风险。学生实训实践过程中，高校可以针对学生创新成果和实践活动的质量与数量进行考核，并对这些活动进行学分认定，从而激发学生参与实践的积极性和能动性。

(6) 完善学生管理体系，拓宽实践参与渠道。国内多数高校对大学生采取的是保姆式管理，学生在校期间要服从学校的规章制度，人身安全与校园稳定是两个最重要的任务。因此，大学生对学习的内容多数以被动的方式接受和执行，少有个性张扬的教育教学。实际上，这种管理模式限制和约束了大学生的个体发展，不利于个性化创新能力的发展和创新文化氛围的塑造。另外，大学生即使能够参加学生会、社团的一些相关活动，这些活动也多带有功利主义色彩，如与德育成绩相关的活动，而且参与的学生比例较低，多数学生并没有机会参与学校的管理，社交机会和社会实践较少。而创新创业活动恰恰需要激发学生的能动性和主动性，因此，建议高校把学生管理中的学生自主管理和学校规范有机结合，大学生社团活动实行开放化和项目化，引进竞争和合作机制，形成自主、自觉、自治的管理体系，让学生有更多的项目参与和管理实践机会，以积累更多的创新创业活动经验。

高校应在实践教学培养体系中增加实践教学的比重，明确创业实践活动与专业实践活动的成绩比例，加强两者之间的有效衔接。创新创业教育必须接近创业实战或实际，才能满足学生的实际需要。因此，需要改革创新创业课程的教育模式，更多地结合现实，让学生置身于创业实践的具体情境中，让学生在"做中学，学中做"，增加实践锻炼的机会，强化创业的实践能力。促进产学研的结合，推动产学研一体化是提升高校创新创业教育实践水平的有效途径。学校要建立校企合作机制，为学生自主创业提供机会。

(五) 师资建设

高校可以采取"引培并举"的措施，培养与聘请两措并举，培养具备专业理论知识，又具有专业实践能力、科技创新能力和专业示范技能的"双师型"专业教师队伍[②]，提升创新创业教育师资水平。高校教师是教育功能实现的主要承担者。实施创新创业教育，必须配备一支适应社会经济快速发展、具备创新意识和创业精神的教师队伍。

[①] 杨刚. 创客教育：我国创新教育发展的新路径[J]. 中国电化教育，2016(03)：8-13+20.
[②] 刘华海. 高校创新创业教育，青年教师实践"短板"与应对[J]. 科研管理，2017，38(S1)：628-632.

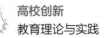

这种既具有创新创业理论储备又具有实践能力的教师也是高校师资建设的难点，因为这种类型的教师不仅具有创新创业精神还具有实践能力，他们安心从事教书育人工作的可能性很小。而高校中科研成果丰硕，且具备创新创业意识和创新创业能力的教师，其工作重心往往落到科学研究而不是教学。即使有的教师既具有较高的创新创业能力，还善于吸收和应用前沿科研成果并融入教育教学，但是往往因为对人的教育产出时间长、见效慢和量化效果差，加之高校的绩效考评的量化指标的导向性，导致这些教师职业发展的状况并不理想，致使其投入创新创业教育的热情和能动性受到打击。

因此，地方高校应该立足于地方经济和社会发展的现状，提高创新创业教育在高校中的地位，发挥创新创业实践型教师的能动性，制定相应的激励措施，鼓励教师加大对创新创业教学研究的重视，完善教师教学荣誉体系和绩效评价体系，鼓励教师将自身创新创业成果运用到教学活动中。

在师资建设上，鼓励教师参与创新创业实践，根据创新创业教育需要组建跨学科的教学团队，同时加强创新创业教育专业师资团队的建设。高校还应重视培养方案的优化设计，科学、合理地设置符合专业培养目标的创新创业课程体系，保障课程教育对学生创新创业素养塑造的科学性，积极进行课程改革，实现专业教育与创新创业教育的有机结合，培养专注于创新创业教育的教师团队。

除了组建专业师资团队外，高校还应拓宽创新创业教育师资的选拔渠道，要坚持"走出去"与"引进来"并重的举措，积极推动校内教师到企业参与实战。同时，将优秀企业家、职业经理人、科技创新先锋等邀请到学校担任课程教师或者兼职导师，开设短期或者专题性的创新创业教育课程或讲座，指导大学生参加创新创业实践，让大学生在校内零距离接受创新创业经验和方法等的教育，感受企业的真实工作状态。

创新创业教育师资建设过程中，还应该注意其绩效评价应满足创新创业教育改革的需要，支持和鼓励教师产出实践教学成果。尤其是对于实践型教师，绩效考核的指标应该着重引导他们在实践环节进行成果转化，并给予有力的激励。

参考文献

[1] 马斯·拜尔斯 H，理查德·多尔夫 C，等. 技术创业：从创意到企业[M]. 4 版. 北京：北京大学出版社，2017.

[2] 李伟，张世辉. 创新创业教程[M]. 2 版. 北京：清华大学出版社，2019.

[3] 兰小毅，苏兵. 创新创业学[M]. 北京：清华大学出版社，2019.

[4] 刘延，高万里. 大学生创新创业基础[M]. 华中科技大学出版社，2020.

[5] 杨雪梅，王文亮. 大学生创新创业教程[M]. 2 版. 北京：清华大学出版社，2020.

[6] 张立峰，柏文静，李红艳. 创业基础：大学生的创新创业之道[M]. 2 版. 北京：中国人民大学出版社，2021.

[7] 吕云翔，唐思渊. 大学生创新创业教程[M]. 2 版. 北京：清华大学出版社，2021.